Unsere Schrift

Eine Einführung in die Schriftkunde

Grundwissen Genealogie 1

Unsere Schrift

Eine Einführung in die Schriftkunde

von Heribert Sturm

Verlag Degener & Co., Inh. Manfred Dreiss
unveränderter Nachdruck
Insingen 2015

Titelabbildung: Gotische Kursive und gotische Minuskel
(aus der 2. Hälfte des 14. Jh.), vgl. Abb. 49 auf S. 48

ISBN 978-3-7686-1008-7

© 2015 Verlag Degener & Co.
Am Brühl 9, D-91610 Insingen
http://www.degener-verlag.de • e-mail: degener@degener-verlag.de

Druck und Bindung: dimograf, Bielsko-Biała

Inhaltsübersicht

Vorliegende Veröffentlichung ist die umgearbeitete 2. erweiterte Auflage der in
der Reihe „Bayerische Heimatforschung" als Heft 10 (München-Pasing 1955)
herausgegebenen und inzwischen vergriffenen „Einführung in die Schriftkunde"

Einleitung

Ein mittelalterlicher Schreiber faßte den Vorgang des Schreibens in die Worte zusammen: *tres digiti scribunt totumque corpus laborat* (drei Finger schreiben, aber der ganze Körper arbeitet dabei). Das will besagen, daß nicht ein mechanisches Aneinanderreihen angelernter Schriftzeichen und Schriftformen zu Worten und Sätzen das Wesen des Schreibens ausmacht, sondern dieses vielmehr der Ausdruck der persönlichen Eigenart des ganzen Menschen ist, seines Denkens und Fühlens ebenso wie seines Könnens und Wissens. Der Mensch ist aber mit seiner Umwelt und seiner Tradition nach Herkunft, Erziehung, Gewohnheit und Lebensart stärker verbunden als ihm gemeinhin zum Bewußtsein kommt. Ihn schließt ein zeitlich bedingter Lebenskreis ein, der selbst wieder einem stetig fortschreitenden Wandel unterworfen ist. Damit spiegeln Schriftzüge zugleich auch in unverkennbarer Weise das jeweilige Zeitkolorit wider. Die Schrift, die sich schon in knapp aufeinanderfolgenden Generationen in ihrem Äußeren merklich unterscheidet, kann mithin sowohl in ihrem Gesamteindruck (Duktus) wie auch in der Form der einzelnen Buchstaben nicht anders als aus dem Insgesamt der Zeit verstanden werden, aus der die Niederschrift stammt. Sie ist kein für sich bestehendes Faktum, das man allein für sich betrachten und beurteilen kann, sondern aufs engste und vielfältigste verknüpft mit allen Wesensäußerungen des menschlichen Daseins innerhalb einer zeitbedingten Umwelt. Und deshalb gehört zum Verständnis der Schrift, auch wenn nur sie insbesondere im Mittelpunkt des Interesses steht, ein hohes Maß von Einfühlungsvermögen, das die Ausdrucksformen des jeweiligen Sprachgebrauches ebenso berücksichtigt wie die zeitbedingten Wesensäußerungen etwa in der Baukunst, im Kunsthandwerk, in der Malerei, der Plastik, der Graphik, aber auch im Geistesleben, in der Musik, im Rechtsempfinden, im Brauchtum, kurz in allem, was sich an Traditionswerten einer vergangenen Zeit als gegenständliches, geistiges oder schriftliches Überlieferungsgut bewahrt hat.

Wer von dieser Einstellung aus an das Lesen von Handschriften früherer Zeitperioden herangeht, wer sich in die jeweilige Umwelt hineinzuversetzen versteht, in der die Niederschrift entstanden ist, wird nicht nur leichter und zuverlässiger die Schriftzüge im einzelnen in unsere heute gewohnte Form übertragen, sondern auch ihren Sinngehalt richtig verstehen und beurteilen können. Das einwandfreie Lesen alter Hand-schriften und deren Auslegung setzt also mehr voraus als nur das mecha-nische Kennenlernen der Schriftformen und deren Eigenheit im Wandel der Jahrhunderte.

Wenn im folgenden trotzdem der Versuch unternommen wird, fußend auf rein Formalem, die Grundzüge der Schriftentwicklung aufzuzeigen, um eine übersichtliche Anleitung zur Einführung in das weitverzweigte Sachgebiet an die Hand zu geben, dann geschieht dies in der Einschrän-kung, nur einen kleinen, auf Äußerlichkeiten gerichteten Einblick ver-mitteln zu können.

Die römischen Grundlagen der abendländischen Schriftentwicklung

Grundlage und Ausgangspunkt der abendländischen Schriftentwicklung bilden die Schreibformen, die im Römerreich in Gebrauch waren und ihrerseits auf die Schrift der Griechen und Phöniker zurückgehen. Der Heimatforscher wird freilich kaum in die Lage kommen, sich mit den römischen und den daraus erwachsenen früh- und hochmittelalterlichen Schriftformen im besonderen befassen zu müssen. Trotzdem kann er aber auf die Kenntnis der allerwichtigsten Entwicklungsvorgänge gerade dieser Schriftwandlung nicht verzichten, da viele Einzelheiten, die sowohl für die Formgebung der einzelnen Buchstaben als auch für den ganzen Duktus der Schrift in jeder Phase der Entwicklung kennzeichnend wurden, nur aus den Wurzeln in der römischen Schrift erklärbar sind.

Es hat sich in der Wissenschaft ein gesonderter Forschungs- und Lehrzweig herausgebildet, der sich in kritischer Wertung mit den Veränderungen der Schrift seit der Antike befaßt und einen Hauptpfeiler der Historischen Hilfswissenschaften bildet: die Lateinische Paläographie. Obgleich diese die unumgängliche Voraussetzung für das tiefere Verständnis der Schriftentwicklung auch vom Spätmittelalter an bietet, kann zu dem in vorliegender Veröffentlichung beabsichtigten Zweck einer kurzen Einführung doch nur ein sehr knapper Überblick als Hinweis auf eine breitere Grundlage gegeben werden, ohne die die nachfolgende Schriftentwicklung in ihrem Wesen nicht begriffen werden kann. Im übrigen sei zur Vertiefung der Materie auf die in der Schrifttumsübersicht angeführten hauptsächlich einschlägigen Veröffentlichungen verwiesen.

Am Beginn der zu überblickenden Schriftentwicklung steht als älteste Form der lateinischen Schrift die R ö m i s c h e K a p i t a l e , eine monumentale Schrift von eleganter Ebenmäßigkeit mit betont epigraphischem Charakter. Sie läßt sich auf römischen Denkmälern bis in das 6. oder 5. vorchristliche Jahrhundert zurückverfolgen und hat bis zum Beginn der römischen Kaiserzeit ein Alphabet von 23 Buchstaben entwickelt, die noch heute die Grundformen der lateinischen Versalien bilden: A B C D E F G H I K L M N O P Q R S T V X Y Z. Möglicherweise ist die Kenntnis von dem betont epigraphischen Charakter der römischen Kapitale einseitig daher bestimmt, daß die erhaltenen Schriftdenkmäler dieser frühen Periode nur als Inschriften in Stein und Erz überliefert sind, womit sich

D·M·I·VL·QVIETVS·VIV·FEC'
SIB·ET·VERATIAE
SEROTINAE·CONIVGI·ET

Abb. 1: Römische Kapitale

von selbst versteht, daß die Grundform jedes einzelnen Buchstabens eine
klare Einfachheit und der Schriftcharakter in seiner Gesamtheit eine durch
das Material bedingte Monumentalität verkörpert. Und doch läßt das Nebeneinander zweier in sich verschiedener Schriftarten — einmal einer in
gleichbleibender Regelmäßigkeit (scriptura monumentalis), bei der die
Buchstaben sich einzeln in das geometrische Element eines Quadrates ein-
fügen, und zum andern in einer freieren Formgebung (scriptura actuaria),
die durch Überhöhung einzelner Buchstaben und durch leicht verzerrte
Rundungen gekennzeichnet ist, — die Vermutung zu, daß der Schriftcharakter der ältesten lateinischen Schrift auch in ihrem Gebrauch auf anderen Schreibstoffen als Stein und Erz zumindest ähnlich der Schrift der
erhaltenen Inschriften, also weitgehend epigraphisch gewesen sein mag.
Hier wie überhaupt bei der Entwicklung der Schrift auch in späteren
Etappen war die Verwendung des Schreibstoffes (Stein, Erz, Wachs, Papyrus, Pergament, Papier) von ausschlaggebender Bedeutung für die Gestaltung der Schriftzeichen im einzelnen und für die Wandlung des
Schriftbildes im allgemeinen. Schon der Unterschied zwischen dem Meißel,
mittels dem aus Stein der Buchstabe gehauen wurde, und dem Stift, der
mühsam den Buchstaben in das Erz eingrub, oder dem Griffel, der mit
leichtem Druck die Schriftzeichen in das weiche Wachs ritzte, und dem
Schreibrohr, das handlich über den gerippten Papyrus und später über
das glatte Pergament und Papier glitt, zeigt die vielfältigen Möglichkeiten
auf, die der Wandlungsfähigkeit der 23 Grundelemente des lateinischen
Alphabetes gegeben waren.

Außer dem Gebrauch der römischen Kapitale in der Epigraphik ist
deren früheste Verwendung als Buchschrift durch ein Papyrusfragment
aus Herculaneum mit einem Gedicht auf die Schlacht von Actium (Niederschrift zwischen 31 vor bis 79 nach Christi Geburt) bezeugt. In der
weiteren Entwicklung der römischen Kapitale unterscheidet die Wissenschaft analog der scriptura monumentalis und scriptura actuaria die
beiden Schriftarten capitalis quadrata oder elegans und capitalis rustica.
Dabei liegt der Unterschied zwischen beiden Schriftgattungen nicht so
sehr in einer Gegenüberstellung im Sinne von vornehm und grob als

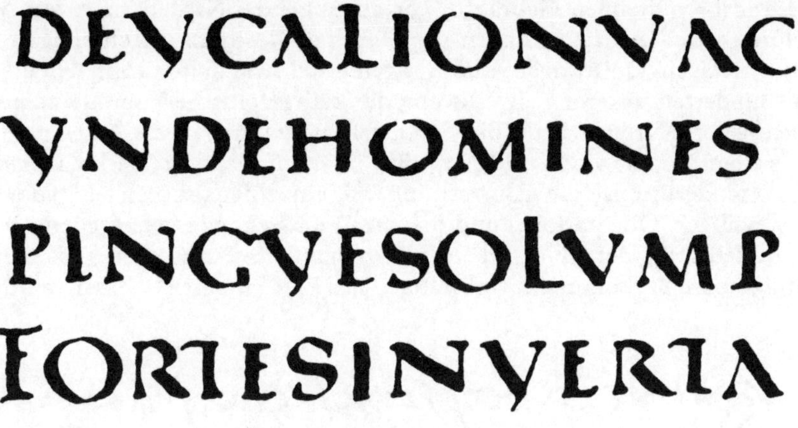

DEYCALIONVAC
YNDEHOMINES
PINGVESOLVMP
TORTESINYERTA

Abb. 2: Capitalis quadrata (4. Jh.)

vielmehr darin, daß die capitalis quadrata in ihrem feierlichen und wuchtigen Duktus noch weiter das epigraphische Formenelement betont, während die capitalis rustica schwungvoller, etwas flüchtiger und damit trotz der auch ihr innewohnenden Vornehmheit mehr als eine Gebrauchsschrift zu erkennen ist. Infolge ihres monumentalen Charakters wurde sie als Buchschrift noch bis in das 6. Jahrhundert, also während der ganzen römischen Kaiserzeit, besonders für die Aufzeichnung von poetischen Werken, dann in der Karolingerzeit oft seitenweise bei Prachthandschriften und darüber hinaus in Buchtiteln, Kapitelüberschriften, Schlußschriften und Initialen auch in jüngeren Zeitabschnitten verwendet, als der allgemeine Schriftcharakter sich bereits wesentlich gewandelt hatte. Ebenso fand in der mittelalterlichen Epigraphik die Majuskel vielfache Verwendung. Und heute noch lebt die alte römische Kapitale in den Großbuchstaben (Versalien) unserer lateinischen Druckschrift weiter.

ARGVTOCONIVNXPERCVRRITPECTI
AVIDVICISMVSTIVVICANODECOOV
ETFOLIISVNDAMIEPIDIDESPVMATA
ATRVBICVNDACERESMEDIOSVCCID

Abb. 3: Capitalis rustica (5. Jh.)

Im fortschreitenden Gebrauch, vor allem bei der Niederschrift von Mitteilungen und Aufzeichnungen des täglichen Geschäftsverkehrs, etwa bei Kaufverträgen, Quittungen, Rechnungen u. dgl., wandelte sich in den ersten Jahrhunderten unserer Zeitrechnung die kalligraphische Kapitale zu einer flüchtigeren Kurrentschrift, die von der Paläographie als die Ä l t e r e r ö - m i s c h e K u r s i v e bezeichnet wird. Das auffallendste Merkmal in dieser Veränderung ist die Abweichung der einzelnen Buchstaben von der regelmäßigen Quadratform und die damit entstehende verschiedene Breitenausdehnung der Buchstaben untereinander: Buchstaben, in denen Schräglinien vorkommen, verbreitern sich, die anderen werden schmal.

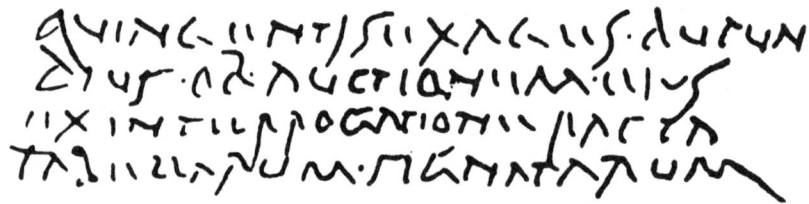

Abb. 4: Ältere römische Kursive auf einem Wachstafeltriptychon (1. Jh. n. Chr.)

Dabei ist das Bestreben erkennbar, die senkrechten und auch teilweise waagrechten Striche schräg zu stellen, offenbar bedingt durch den zunehmenden Gebrauch des Papyrus, um den Strukturrillen des Schreibstoffes auszuweichen. Auch verursachte das Auf- und Absetzen des Schreibrohres einen leichten Druck beim Ansatz und am Ende des Buchstabens, wodurch die Schäfte am Kopf und Fuß kleine Verdickungen erhielten. Und schließlich kamen bei einzelnen dafür geeigneten Buchstaben kurze Schaftverlängerungen nach unten und in zunehmendem Maße Buchstabenvereinigungen (Ligaturen) auf. Damit gewann die Schrift gegenüber der feierlichen Kapitale eine flüssigere Form. Zudem bewirkte die Anpassung an den Schreibstoff und das Schreibwerkzeug allmählich eine Wandlung der Schrift nicht nur im Duktus, sondern auch in der Formgebung der einzelnen Buchstaben in der Weise, daß das Zweilinienschema der Kapitale (Majuskelschrift) sich nach und nach zu einem vierlinigen Zeilensystem für Buchstaben mit verschiedener Größe (Minuskelschrift) veränderte.

Gleichzeitig mit diesem vorbereitenden Umwandlungsprozeß in der Scheidung von Buchstaben mit Ober- und Unterlängen bildeten sich die Wurzeln zweier weiterer Entwicklungselemente heraus, die für spätere Schriftarten von kennzeichnender Bedeutung wurden: Die Neigung zur Rundung der vorher geraden Schäfte (Entwicklung zur Unziale) und das

Bestreben, die Buchstaben untereinander zu verbinden (Entwicklung zur Minuskelkursive).

Wie sehr dabei der Schreibstoff von ausschlaggebender Bedeutung gewesen ist, zeigt sich in jener flüchtigen Alltagsschrift in den ersten Jahrhunderten unserer Zeitrechnung, die bei Verwendung von Wachstäfelchen entstand und teilweise eine völlige Auflösung der Grundformen der Buchstaben aufweist. Der Gesamteindruck dieser Schrift bietet ein an Kritzeleien gemahnendes Gewirr dem Anscheine nach kaum zusammenhängender Schriftzeichen mit merkwürdigen Nebenformen. Auf sie besonders einzugehen erübrigt sich in unserem knappen Überblick, weil die weitere Schriftentwicklung von dieser Abart der älteren römischen Kursive im wesentlichen nicht weiter beeinflußt worden ist.

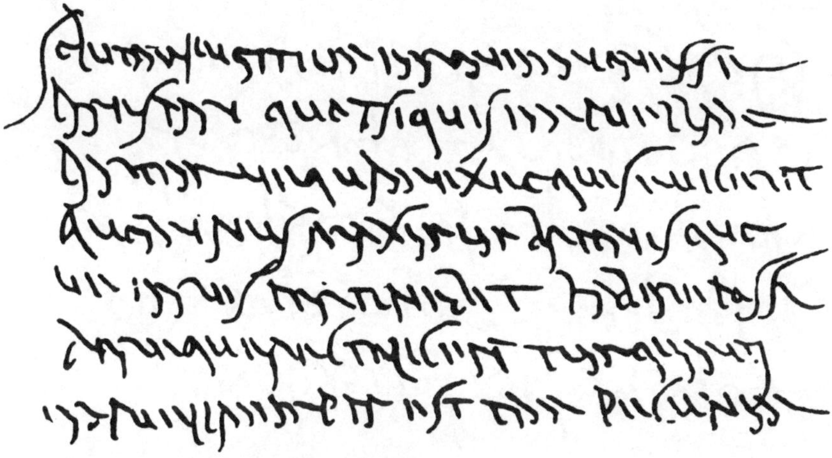

Abb. 5: Ältere römische Kursive (2. Jh. n. Chr.)

Mit dem dritten nachchristlichen Jahrhundert war die Wandlung der älteren römischen Kursive so fortgeschritten, daß für sie die Wissenschaft nunmehr eine neue, im einschlägigen Schrifttum allerdings nicht einheitliche Bezeichnung einführte. Am meisten steht der Ausdruck J ü n g e r e r ö m i s c h e K u r s i v e im Gebrauch. Sie knüpft unmittelbar an die ältere römische Kursive an und ist deshalb von besonderer Bedeutung, weil in ihr erstmals die Grundformen der „kleinen Alphabete" der heutigen Druck- und Schreibschrift enthalten sind. Ein entwickeltes Minuskelalphabet im Vierliniensystem, bei dem sich die Buchstaben in Mittel-, Ober- und Unterlängen gliedern lassen, ist hier freilich noch nicht vorhanden;

aber die Entwicklungstendenz strebt eindeutig diesem späteren Stadium zu. Mit ihrer älteren Vorläuferin hat die jüngere römische Kursive die flüchtige Form der Buchstaben, die Neigung zu Buchstabenverbindungen (Ligaturen) und die ungleiche Höhe der Buchstaben gemeinsam. Im allgemeinen aber wird die Schrift differenzierter und löst sich konsequent aus der ursprünglichen monumentalen Ebenmäßigkeit, wie sie die Kapitale in gekonnter Vollkommenheit ausgebildet hatte, los. Damit tritt

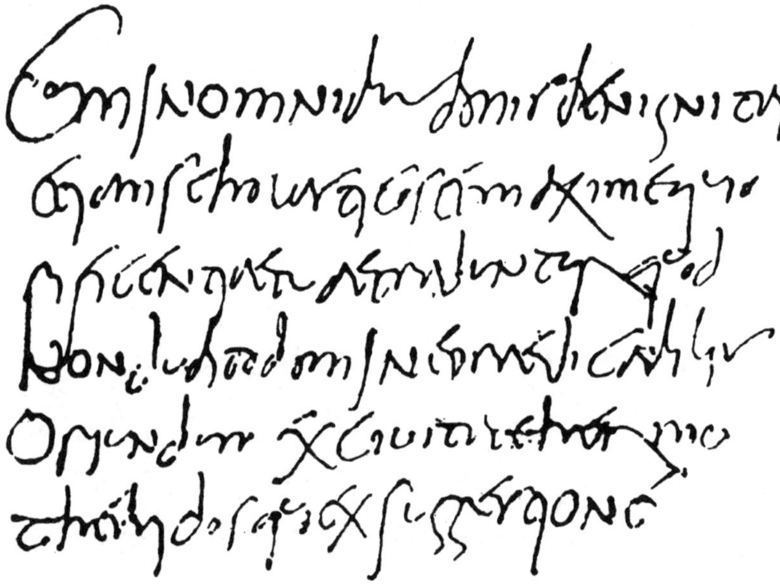

Abb. 6: Jüngere römische Kursive (4. Jh.)

im Gesamtbild dieser Schrift der Majuskelcharakter immer mehr in den Hintergrund. Ihr Duktus wird nun im wesentlichen durch drei Buchstabengruppen von verschiedener Größe bestimmt: a, m, n, o, t und u formen sich zu Mittelbuchstaben, b, d, h und l erhalten Oberlängen und g, p und q Unterlängen. Die Gestalt der übrigen Buchstaben ist sehr uneinheitlich. Außerdem bewirkt die zunehmende Flüchtigkeit der Schrift, verbunden mit der steigenden Verwendung von Ligaturen, vielfach eine Umformung und nicht selten überhaupt die Auflösung der Grundformen der bisherigen Buchstaben. Ständig ist die Entwicklung in Fluß, wobei nicht nur die Art der häufigen Ligaturen, sondern auch die Formen der einzelnen Buchstaben mit ihren zahlreichen Varianten eine große Mannigfaltigkeit aufweisen und die Lesbarkeit bedeutend erschweren. Die jüngere römische Kursive, die vornehmlich als Urkundenschrift verwendet wurde und als solche vor allem in Süditalien (neapolitanische Urkundenschrift) noch nach Jahrhunderten in Gebrauch stand, als sich inzwischen längst andere Schriftformen ausgebildet hatten, bot durch die ihr innewohnende Wandlungsfähigkeit der Buchstaben eine entscheidende Grundlage für die Weiterentwicklung der abendländischen Schrift.

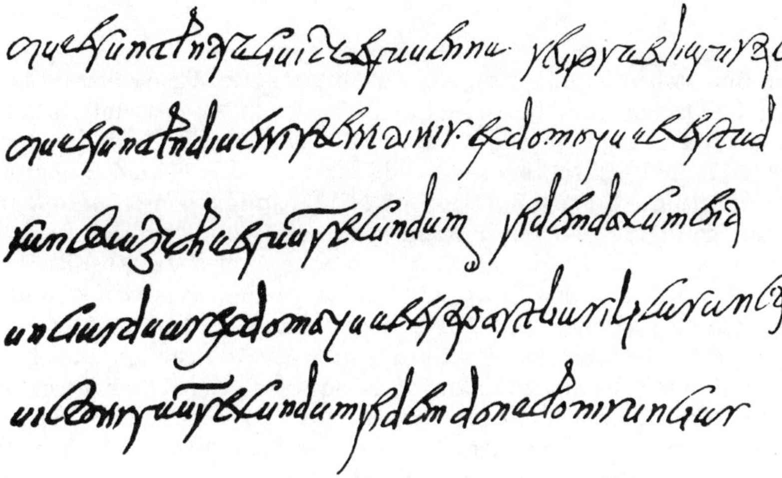

Abb. 7: Jüngere römische Kursive (6. Jh.)

Gleichzeitig mit der Ausbildung der jüngeren römischen Kursive in ihrer vorrangigen Verwendung als Urkundenschrift war in der Zeitspanne vom 4. bis zum 8. Jahrhundert vorwiegend als Buchschrift die U n z i a l e in Gebrauch. Sie ist eine Fortbildung der Kapitale und hat mit dieser das Charakteristikum gemeinsam, daß die Buchstaben in der Regel von gleicher Höhe sind. Das Zweilinienschema ist hier also noch weiterhin als besonderes Kennzeichen gewahrt. Gegenüber der Kapitale unterscheidet sich die Unziale im wesentlichen durch die kräftige Rundung der vorher geraden Schäfte der einzelnen Buchstaben. Besonders kennzeichnend für das Unzialalphabet sind die Buchstaben A (Schrägrechtsschaft mit kleiner Schlinge), D, E, H, M und Q, wobei diese trotz ihrer Stellung im Zweiliniensystem in der Grundform unseren kleinen lateinischen Druckbuchstaben enge verwandt sind. Damit kommt gerade in der Gestalt der ein-

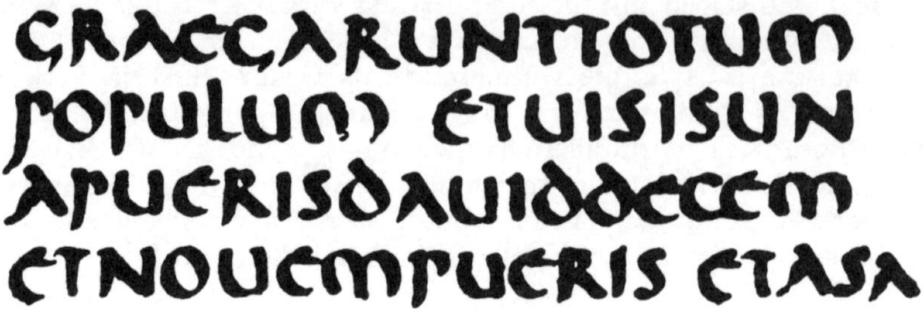

CRACCARUNTTOTUM
POPULUM ETUISISUN
APUERISDAUIDDECEM
ETNOUEMPUERIS ETASA

Abb. 8: Unziale (4. Jh.)

zelnen Buchstaben jene Hinneigung der Unziale zur Minuskelschrift zum Ausdruck, die ein besonderes Merkmal der in ihrem Gesamtbild noch weitgehend der Kapitale angeglichenen Schrift darstellt. Nur die Buchstaben D, H und L ragen etwas über die obere und F, Q und P über die untere Schriftlinie hinaus. B, C, F, G, I, N, O, R und S weisen noch keine oder nur geringfügige Abweichungen von der Grundform der Kapitale auf, bei P, S, T und U sind die Rundungen gegenüber der Rustika noch stärker betont. Der Buchstabe U ist in seinem zweiten, senkrecht gestellten Schaft nach rechts umgebogen. Durch die Betonung der Rundung, die sich im gesamten, übrigens sehr kräftigen Schriftduktus ausprägt, und durch das Zurücktreten der waagrechten Striche formt die Unziale den schwellenden Ausdruck einer blühenden künstlerischen Reife. Von besonderem Einfluß auf die Gestaltung dieser Schrift war die zunehmende Verwendung von Pergament als Schreibstoff und der Gebrauch der Rohrfeder, die weicher dem Druck nachgeben konnte als das für den Papyrus geeignetere Rohrstäbchen.

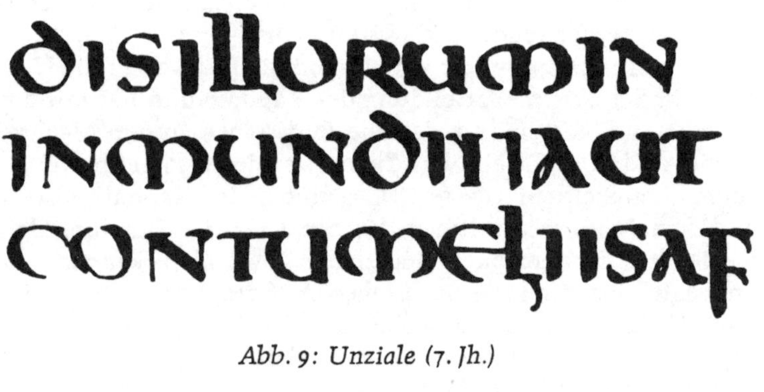

DISILLORUMIN
INMUNDITIACT
CONTUMELIISAF

Abb. 9: Unziale (7. Jh.)

Gleich der Kapitale wurde auch die Unziale wegen der ihr innewohnenden Eleganz und Schönheit noch in späteren Zeitabschnitten als Zier- und Auszeichnungsschrift weiterverwendet. Als ausgesprochen repräsentative Schrift, die in verschiedenen Gebieten des römischen Reiches eine ungleichmäßige Entwicklung (von der gedrungenen Form, die außerdem durch große Regelmäßigkeit im Wechsel von kräftigen und zarten Linien ausgezeichnet war, bis zu der in die Breite gehenden und das Zweiliniensystem immer mehr durchbrechenden Schriftart der späteren Zeit) nahm, steht die Unziale in einem offensichtlichen Gegensatz zu der um vieles flüssigeren jüngeren römischen Kursive, obgleich auch gegenseitige Beeinflussungen beider Schriftarten im einzelnen festzustellen sind.

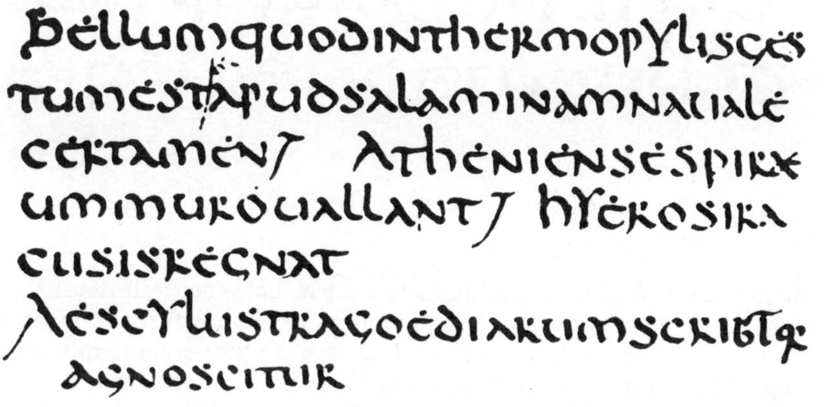

Abb. 10: Unziale (5. Jh.)

Offenbar aus dem Bedürfnis nach einer Schrift für den täglichen Gebrauch entstand ziemlich gleichzeitig mit der als feierliche Buchschrift verwendeten Unziale und der älteren Kapitale und im zeitlichen Nebeneinander mit der vor allem für Urkundenausfertigungen verwendeten jüngeren römischen Kursive eine andere Schriftart, die als H a l b u n z i a l e oder — eine spätere Entwicklung teilweise vorwegnehmend — vorkarolingische Minuskel bezeichnet wird. Diese durch Ausbildung der Ober- und Unterlängen gekennzeichnete Schrift vermittelt, ohne selbst schon ausgesprochen eine Minuskelschrift zu sein, den endgültigen Übergang vom zweilinigen zum vierlinigen Schriftsystem. Sie ist — was allenfalls aus dem Namen geschlossen werden könnte — aber keine Untergruppe der Unziale, etwa im Sinne des Verhältnisses unseres Kleinalphabetes zu den Versalien, sondern eine durchaus selbständige Schriftart, bei der sich von allem Anfang an Elemente sowohl der Kapitale wie der Unziale und auch der jüngeren römischen Kursive zu einem Neuen vermengen.

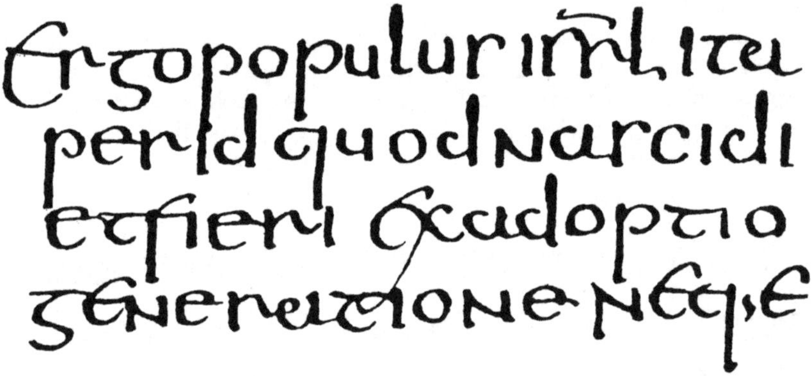

Abb. 11: Halbunziale (Beginn 6. Jh.)

Kennzeichnend für die Halbunziale sind insbesondere die Buchstaben a, g, N und r. Neben dem unzialen a kommt als besonders charakteristisch ein a wie ein doppeltes c vor (cc), außerdem ein a mit einem großen und hohen Bogen an der linken Seite. Das g hat statt des ringförmigen Kopfes einen geraden oder gewellten Querbalken, an dem sich die untere Länge groß und offen anschließt, so daß der Buchstabe dem heutigen langen z ähnelt. N ist als Majuskelbuchstabe zwischen den beiden Mittellinien eingeengt und der Schulterstrich des r ist breit und vielfach tief herunterhängend. Das S wird sowohl in der Majuskelform wie auch in der Minuskelform des sogenannten langen s verwendet. Mannigfaltig ist die Form des e, das außerdem stark zu Ligaturverbindungen neigt, ähnlich den hiefür ebenfalls besonders geeigneten Buchstaben f, g, r und t. Bei m ist kennzeichnend, daß sich der letzte Schaft stark nach außen wölbt. Die Buchstaben b, d, h, l und f, g, p und q betonen markant die Ober- und Unterlängen. Der Gebrauch der Halbunziale, die zu Beginn des 6. Jahrhunderts von Nordafrika ihren Ausgang nahm und bis in das 9. Jahrhundert verwendet wurde, verbreitete sich über das ganze Abendland. Für die Wandlung der Schrift in der Folgezeit ist die Halbunziale deshalb von besonderer Bedeutung, weil sich in ihr erstmals eine ganze Reihe von Formen des heutigen lateinischen Kleinalphabetes vorgebildet hat.

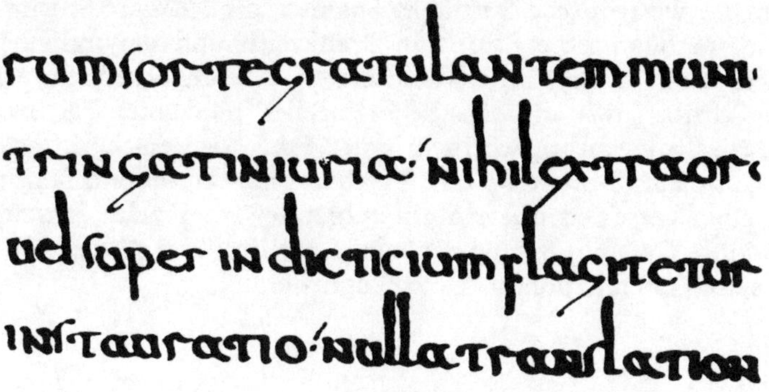

rum for tegratulantemmun
Tringaatiniuriæ nihil extraor
ad super indicticium plagitetur
infrauratio nulla translation

Abb. 12: Halbunziale (7./8. Jh.)

Nach dem Untergang des römischen Reiches wirkten die in Jahrhunderten verwurzelten römischen Schriftarten ohne fremde Beeinflussung weiter, indem sie von den jungen Völkern übernommen wurden. Insofern beruhen die Grundlagen unserer heutigen Schrift auf jenen Schriftformen, wie sie sich im römischen Reiche ausgebildet hatten. Die bei den germanischen Völkerschaften heimischen Runenzeichen, das gemeingermanische Futhark mit seinen 24 Runen, und die jüngeren nordischen und angelsächsischen Runenreihen hatten ebenso wenig die Kraft, sich gegenüber der römischen Schrift durchzusetzen und weiterzuentwickeln, als die von Ulfila im 4. Jahrhundert bei den Westgoten auf dem Balkan geschaffene zweite germanische Schrift, die nur von den Ostgoten übernommen wurde. So waren es also die römischen Schriftformen, die seit der Berührung der germanischen Völkerschaften mit dem Römerreich und insbesondere durch das Bekehrungswerk der katholischen Kirche, je nach Zeit und Gelegenheit, zwischen dem 4. und 7. Jh. auch bei den veränderten politischen Gegebenheiten weiterhin die Entwicklung der abendländischen Schrift bestimmten.

In der Folgezeit erwiesen sich die Halbunziale und die Kursive als die fruchtbarsten Keime unter den römischen Schriftgattungen, während die Kapitale vorwiegend in Prunkhandschriften und als Auszeichnungsschrift und die Unziale zwar noch in größerem Ausmaß als Buchschrift, aber allmählich doch in einer verderbteren und plumperen Form, Verwendung fanden. Insbesondere bildete vorerst die Kursive die tragfähige Grundlage der weiteren Schriftentwicklung in den germanischen Reichen, wobei sich infolge der starken politischen Zersplitterung während und nach der Völkerwanderungszeit sehr bald landschaftliche Sonderformen herausbildeten. Früher hatte man diese verschiedenartigen Schriftgattungen unter der

19

Bezeichnung N a t i o n a l s c h r i f t e n zusammengefaßt und verstand darunter die westgotische Schrift in Spanien, die insulare Schrift in England, die merowingische Schrift in Frankreich und die italische Schrift in Italien, diese in der Unterscheidung in die langobardische und süditalische Schrift, sowie die päpstliche Kuriale. In neuerer Zeit neigt man mehr dazu, alle diese Schriften mit dem Sammelbegriff v o r k a - r o l i n g i s c h e M i n u s k e l (Praecarolina) zu bezeichnen und die provinziellen Verschiedenheiten untereinander in einzelne Schreibschulen (Rom, Monte Cassino, Bobbio, Toledo, Luxeuil, Metz, Corbie, St. Martin in Tours, St. Gallen, Fulda usw.) aufzugliedern.

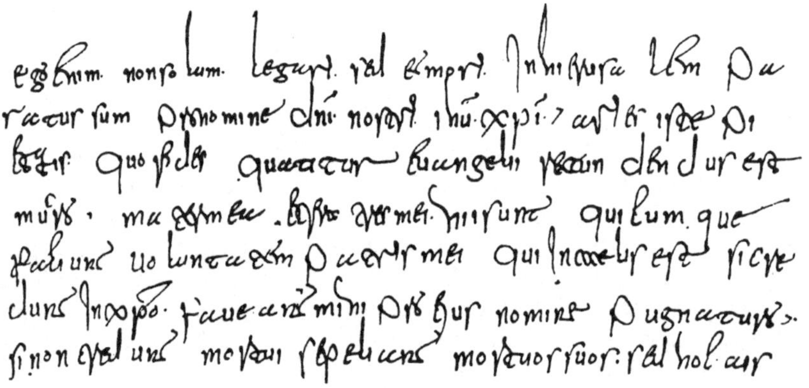

Abb. 13: Vorkarolingische Minuskel (Mitte des 8. Jh.)

Mit dem Aufkommen dieser verschiedenartigen Schriftgattungen von provinzieller Besonderheit ist der bisherige universale Charakter der römischen Schrift zugunsten einer Parallelgliederung mit eigenen Entwicklungsmöglichkeiten abgelöst worden. Für die geradlinige Fortführung jenes Entwicklungsganges, der dann die Schriftarten in Deutschland entstehen ließ, können mithin die Sonderentwicklungen in Italien, Frankreich und England außer acht gelassen werden; nur die sogenannte merowingische Schrift ist als Bindeglied zwischen der römischen und den Anfängen der Schrift unseres Volkes noch mit einigen, ihr Wesen kennzeichnenden Worten hervorzuheben. Sie ist gleich den übrigen Nachfolgeschriften der antiken Überlieferung aus der jüngeren römischen Kursive erwachsen und charakterisiert sich im wesentlichen dadurch, daß die Buchstaben stark in die Länge gezogen sind, in der Mitte wie eingeschnürt erscheinen und oft keulenförmige Verdickungen an den Oberlängen aufweisen. Die Überhöhung der Buchstaben vor allem durch starke Ausbildung der Oberlängen, was einen ungewöhnlich breiten Zeilenabstand bedingt, und damit die Betonung des senkrecht Aufstrebenden, des Vertikalen, hat diese Schriftgattung mit allen jenen Schriftarten gemeinsam, wo der Einfluß germanischer Völkerschaften wirksam werden konnte.

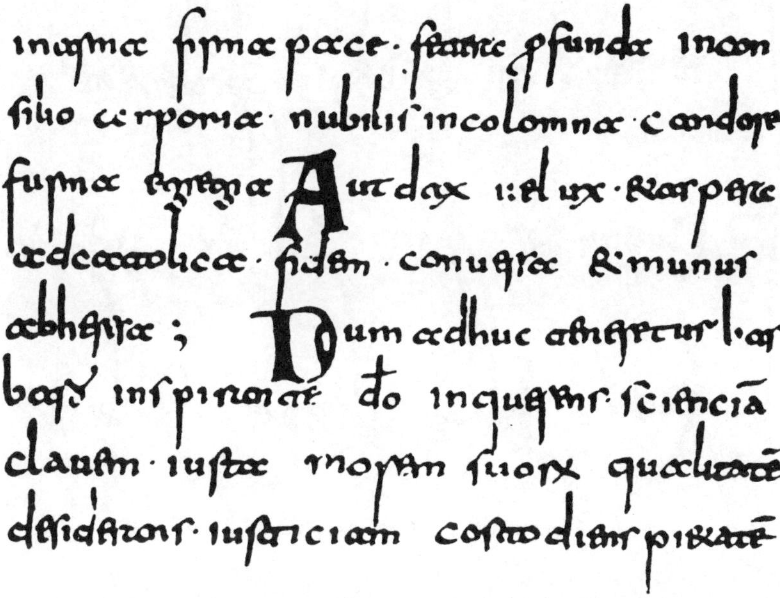

Abb. 14: Merowingische Buchschrift (Ende des 8. Jh.)

In Spanien, das vor der maurischen Eroberung stärker germanisiert war als Frankreich und Italien, ist die Steilstellung der Buchstaben sogar soweit übertrieben, daß nicht selten eine Linksneigung der Buchstaben den Duktus der Schrift kennzeichnet. Demgegenüber betonen die auf romanischer Tradition fußenden italischen Schriften, insbesondere die päpstliche Kuriale, die Rundungen und damit das horizontale Prinzip. Eine weitere Einflußnahme der germanischen Bevölkerungsteile auf die Fortentwicklung der sogenannten merowingischen Schrift erblickt man in der Verwendung dieser kursiven Schriftart als Buchschrift (Hessel: „Nur Mönche germanischen Blutes, nicht ihre romanischen Kollegen, konnten sich meines Erachtens von der antiken Tradition so frei fühlen").

21

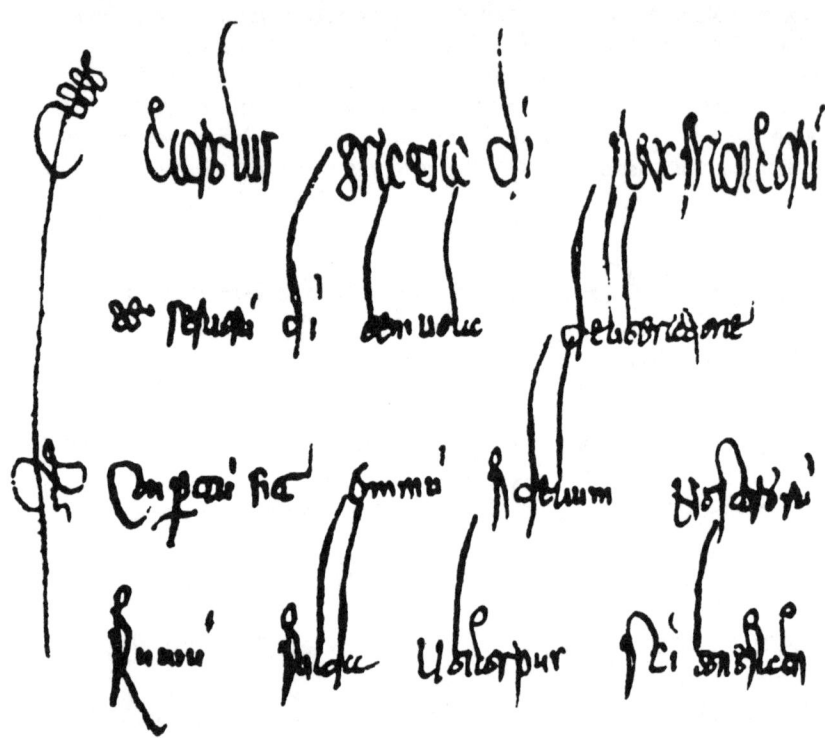

Abb. 15: Merowingische Urkundenschrift (Ende 8. Jh.)

Im einzelnen ist für diese Schrift das oben offene a charakteristisch, das aus spitzen, dünnen, meist stark nach links abbiegenden und unten mehr eckig als rund auslaufenden Schäften besteht und häufig in Verbindung mit dem nachfolgenden Buchstaben hochgestellt wird. Das t weist eine Linksschleife des Balkens auf, ähnlich dem Balken für g, und wird in Ligaturen auch als „gestürztes T" verwendet; c, e und i sind Oberlängenbuchstaben und in ihrer Mitte eingekerbt. Die erwähnten Buchstaben a, e, t, g und dann auch d, p, q verändern sich durch ihre ausgesprochene Neigung zu Ligaturen übrigens sehr mannigfach, wie überhaupt die häufigen Buchstabenverbindugen ein Charakteristikum der Schrift darstellen und den deutlichen Hinweis auf die Abstammung der Schrift aus der jüngeren römischen Kursive erweisen. Nur i, n, m und u gehen keine Verbindungen mit anderen Buchstaben ein. Das u erscheint in dreierlei Gestalt: einmal als Zweischaftbuchstabe innerhalb der Mittellinie, dann in gleicher Stellung als bloßer Haken und schließlich, meist in den Endungen

-rum, -tum, als übergeschriebenes Kürzungszeichen. Die mannigfache — um nicht zu sagen inkonsequente — Art der Gestaltung der einzelnen Buchstaben und die einzelnen Ligaturen, von denen nur ein Teil eine bereits stets gleichbleibende Form gewonnen hat, stellen an das Leben dieser sogenannten merowingischen Schrift hohe Anforderungen. Als merowingische Urkundenschrift beschränkte sie sich nicht lediglich auf die Kanzlei der ersten fränkischen Dynastie, sondern wurde auch von den fränkischen Hausmeiern und den ersten Karolingern und selbst noch in der ersten Zeit Karls des Großen verwendet. Über das 8. Jahrhundert hinaus sind aber Handschriften in dieser Schriftform nicht entstanden.

Bemerkenswert ist in der merowingischen Urkundenschrift, daß die Rekognitionsformel und die Unterschriftszeile in einer, die Vertikale noch ganz besonders betonenden engen Gitterschrift geschrieben sind, bei der

Abb. 16: Signumzeile einer Urkunde König Karlmanns (9. Jh.)

die eigentlichen Buchstaben nur ganz untergeordnet erkennbar werden und die eng aneinander stehenden, meist durchwegs als Oberlängen ungewöhnlich hoch hinaufgezogenen Schäfte der Buchstaben die ornamentale Form dieser Zeilen ausmachen. Diese nicht selten in Spielerei ausartende Schriftgestaltung bedarf in diesem Zusammenhang der Erwähnung, weil hier zum ersten Male jenes Formempfinden erkennbar wird, das später das gotische Stilelement entstehen ließ. Man wird es nicht als einen bloßen Zufall bezeichnen dürfen, daß aus der Landschaft, in der sich unter germanischem Einfluß die ohnehin stark vertikal bestimmte Schriftform der merowingischen Urkundenschrift und insbesondere die Übertreibung dieses Prinzipes in den beiden hervorgehobenen Urkundenzeilen zuerst und in charakteristischer Weise entwickelt, nämlich Nordfrankreich, jene einzigartigen Kathedralen hervorgingen, die den gotischen Baustil des Abendlandes begründeten.

Der Widerstreit in der Ausdrucksform des vertikalen (germanischen) mit dem horizontalen (romanischen) Schriftprinzip bestimmt in der Folgezeit analog den allgemeinen geschichtlichen Vorgängen bei aller gegenseitigen Beeinflussung im wesentlichen doch die weitere historische Entwicklung der abendländischen und insbesondere der Schrift in Deutschland. Alle späteren, oft für Jahrhunderte gültigen Schriftformen — die gotische Schrift, die Humanisten(Renaissance)schrift, die barocke Schrift, unsere heutige Unterscheidung in Kurrent- und Lateinschrift: um nur einige Haupttypen künftiger Entwicklungsstadien vorwegzunehmen — lassen sich zwanglos auf diese grob verallgemeinernde Unterscheidung zurückführen. Noch einmal aber hatte in der nächsten Etappe der Schriftentwicklung das romanische Prinzip den ausschlaggebenden Einfluß.

Zu Ende des 8. Jahrhunderts, als sich das umspannende Reich Karls des Großen bildete und das Bekehrungswerk der katholischen Kirche die weiten Landgebiete diesseits der Alpen für die abendländische Gemeinschaft erschloß, entstand, an die besten Formen der antiken Schrifttradition anknüpfend und die bisherigen provinziellen Sonderentwicklungen der sogenannten Nationalschriften in verhältnismäßig kurzer Zeit überwindend, eine neue Schrift, die K a r o l i n g i s c h e   M i n u s k e l. Sie ist eine in sich selbständige Schriftgattung, die sich in offensichtlicher Anlehnung an Nebenformen der Halbunziale entwickelt und unter insularer, italischer und westgotischer Einwirkung zu der sie kennzeichnenden Form gewandelt hat. Im Gesamtablauf der abendländischen Schriftentwicklung nimmt sie eine epochale Stellung ein. Während der Übergangszeit vor der Begründung des fränkischen Großreiches durch Karl den Großen war die Kultureinheit des Abendlandes zerbrochen; die territoriale und lokale Entwicklung überwog. So konnte keine der provinziellen Schriftarten einen entscheidenden Einfluß auf die Gesamtentwicklung des Schriftwesens nehmen. Erst nun boten die politischen Verhältnisse für eine größere Gemeinsamkeit bessere Voraussetzungen. Da aber gegenüber dem romanischen Kulturkreis in den übrigen europäischen Ländern die Schrift gerade auch im Rechts- und Wirtschaftsleben zugunsten mündlicher Absprachen in den Hintergrund getreten war, konnte im Bereich der geistigen Kultur, deren Träger überall der Klerus war, ein weitgehend gleichmäßiger Einfluß Eingang finden (Foerster: In der Geschichte der Minuskel tritt die starke Einheitlichkeit einer wesentlich kirchlich gefärbten Kultur des frühen Mittelalters zu Tage). Und deshalb wurde die Karolingische Minuskel zur Grundlage der Schriftformen aller europäischen Sprachen, der aus dem Vulgärlatein entstammenden romanischen ebenso wie der deutschen, der englischen, der holländischen, der westslawischen und der

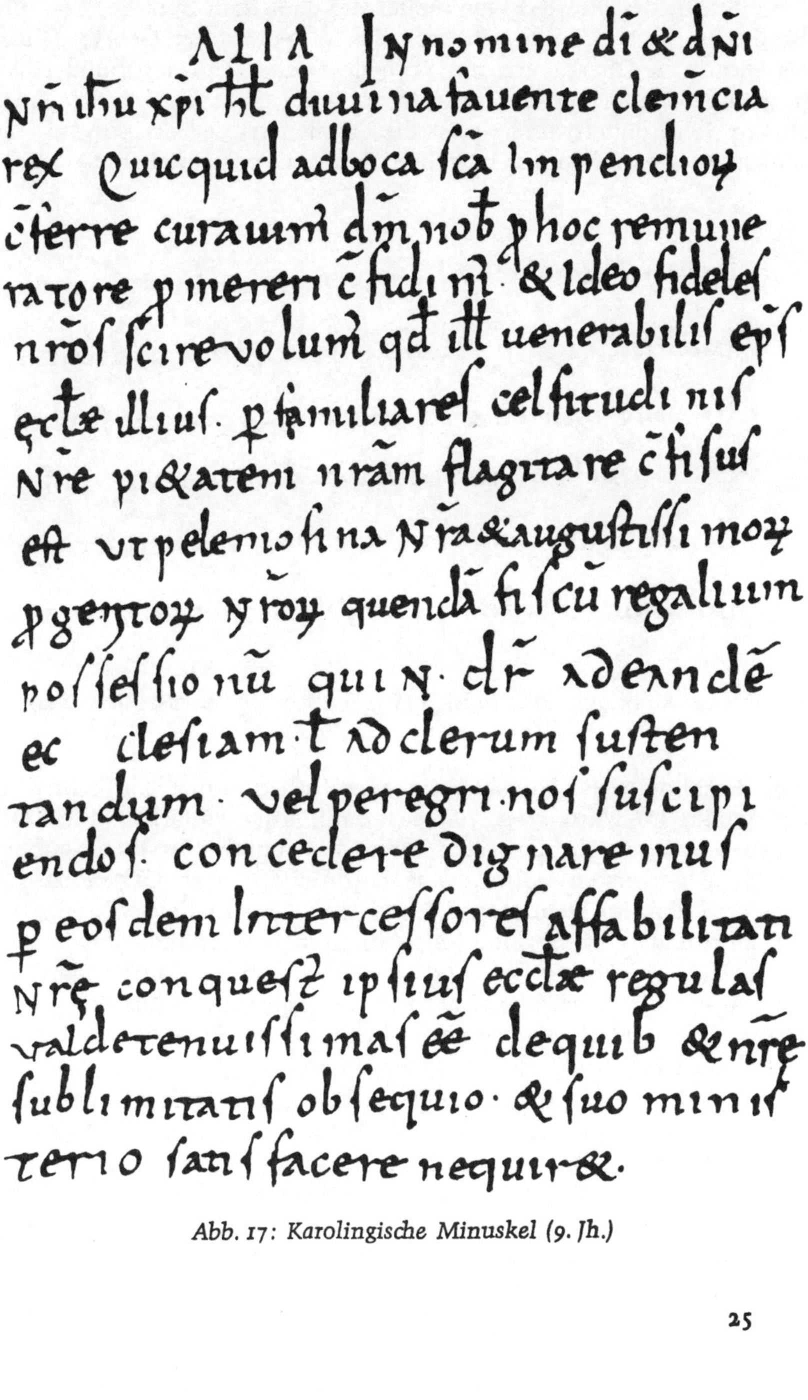

ALIA In nomine di & dni
nri ihu xpi ht diuina fauente clemcia
rex Quicquid adboca sca lin pendioꝝ
cferre curauim dm nob p hoc remune
ratore p mereri c fidi ni & Ideo fideles
nros scire volum qd ill uenerabilif eps
ecte illiuf. p familiares celfitudi nif
Nre pietatem nram flagitare c fi suf
eft ut pelemosina Nra&augustissimoꝝ
p genitoꝝ yroꝝ quenda fiscu regaliuin
posseffionu qui N. dr adeande
ec clesiam t ad clerum suften
tandum. vel peregrinos fuscipi
endof. concedere dignaremuf
p eofdem Intercessoref affabilitati
Nre conquest ipsiuf eccte regulas
valde tenuiffimaf ee dequib &nre
sublimitatif obsequio. & suo minif
terio fatiffacere nequireꝝ.

Abb. 17: Karolingische Minuskel (9. Jh.)

skandinavischen. Sie ist — um im engeren eigenen Kulturkreis zu bleiben — die Schrift der ältesten Denkmäler der deutschen Sprache, des Hildebrandliedes (Kloster Fulda um 800), des Wessobrunner Gebetes (Kloster Wessobrunn in Oberbayern um 813), des Heliand (9. Jahrhundert), der Merseburger Zaubersprüche (Beginn 10. Jahrhunderts), der Straßburger Eide (10. Jahrhundert) und sie ist die Schrift, aus der sich sowohl unser lateinisches wie auch unser kurrentes Alphabet entwickelt hat.

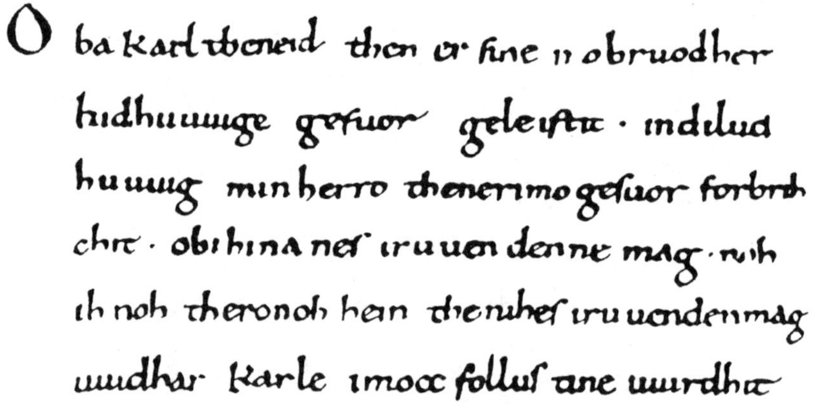

Abb. 18: Karolingische Minuskel (Straßburger Eid aus dem Jahr 842)

Die Karolingische Minuskel, im eigentlichen Sinne die Schrift des Abendlandes im Mittelalter, hat sich dank ihrer einfachen und klaren Formen sehr rasch durchzusetzen vermocht: zunächst in Frankreich, wo sie noch in der ersten Hälfte des 9. Jahrhunderts auch Urkundenschrift wurde, und dann in Deutschland, Nord- und Mittelitalien ebenfalls noch im 9. Jahrhundert, in England (mit Ausnahme von Irland) und in Skandinavien im 10. Jahrhundert und in Spanien im 11. Jahrhundert. Um 1050 gewann die neue Schrift auch in der päpstlichen Kanzlei in Rom Eingang. Damit ist die Karolingische Minuskel der Hauptträger der antiken und christlichen Überlieferung geworden.

Und so wie in ihrer Verbreitung war die Karolingische Minuskel auch in ihrer Anwendung eine universale Schrift; sie kam als Buchschrift ebenso in Gebrauch wie als Urkundenschrift und selbst zu geschäftlichen Aufzeichnungen des täglichen Lebens. Mit ihr verschwand der Dualismus zwischen Buch- und Bedarfsschrift. Die Durchschlagskraft der Karolingischen Minuskel bestand im wesentlichen darin, daß sie gegenüber den

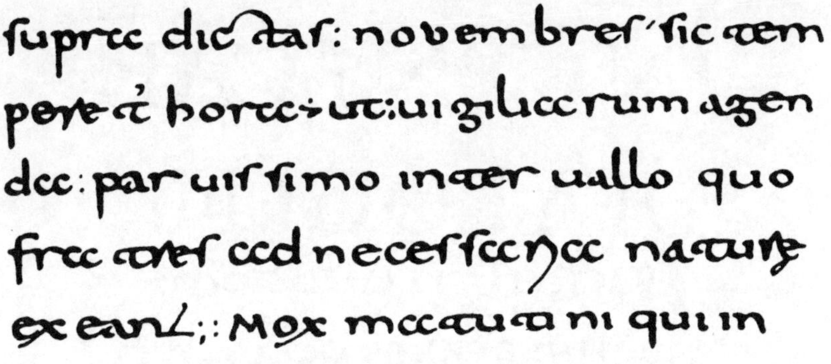

[Karolingische Minuskel Schriftprobe]

Abb. 19: Karolingische Minuskel (Wende 8./9. Jh.)

oftmals verwilderten und deshalb nur schwierig lesbaren Schriften der Zeit unmittelbar vorher einen leicht aufnehmbaren, formschönen und allmählich festigenden regelmäßigen Duktus aufwies.

Im einzelnen sind die Buchstaben dieser Schrift dem Vierliniensystem voll angepaßt. Der Charakter der Minuskelschrift ist damit vorherrschend. Die Buchstaben a, c, e, i, m, n, o, r, t, u, v und teilweise z beschränken sich auf die beiden einander stärker genäherten Mittellinien, b, d, f, h, k, l und das lange s sind mit Oberlängen, g, p und q mit Unterlängen ausgebildet. Außerdem ist bei manchen Buchstaben die Zurückbildung der in der Unziale und Kursive übernommenen Formen in ihre ursprüngliche Grundgestalt deutlich erkennbar; das oben offene kursive a wird immer mehr von dem geschlossenen a verdrängt, ebenso verschwinden die in ihrer Überhöhung und Einkerbung kursiven Formen des c und e; das r, dessen Unterlänge ebenfalls in der Kursive charakteristisch war, beschränkt sich allmählich auf die Mittellinien; der sich sehr lange als Majuskel-N von der Kapitale über die Unziale gehaltene Buchstabe wird nun zum Minuskel-n und durch Umbiegen der Schäfte bei i, m und n nach rechts bildet sich ein weiteres Merkmal der Schrift heraus, die deutlich die Grundformen des uns heute vertrauten lateinischen Kleinalphabetes in sich trägt. Im ganzen Schriftbild erleichtern die fortschreitende Worttrennung, das Setzen von Punkten bei Satzabschnitten und das allmähliche Hervorheben von Anfangsbuchstaben am Satzbeginn um vieles die Lesbarkeit der Texte.

Über den Ursprung der Karolingischen Minuskel sind die Auffassungen der Paläographen geteilt. Zunächst vertrat man die Meinung, daß die nach Karl dem Großen benannte Schrift auf Reformbestrebungen des

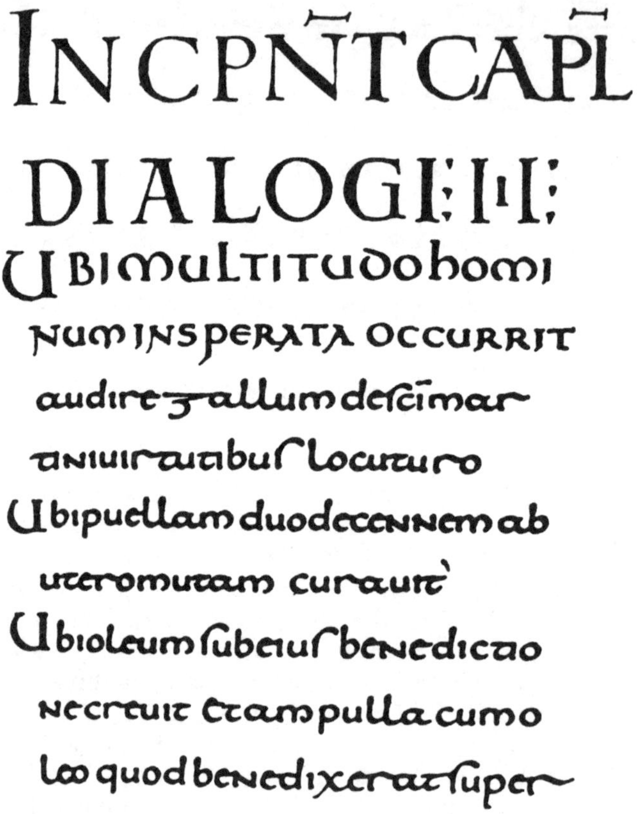

INCPNTCAPL

DIALOGI:II:

Ubimultitudohomi
numinsperata occurrit
audire gallum descimar
tiniuirtatibus locuturo
Ubipuellam duodecennem ab
uteromutam curauit
Ubioleum subeiusbenedicto
necreuit Ctampullacumo
loo quod benedixerat super

Abb. 20: Römische Kapitale, Unziale und Karolingische Minuskel (9. Jh.)

Kaisers zurückzuführen und die kaiserliche Palastschule für die Schöpfung der neuen Schrift maßgebend gewesen sei (Mabillon, Menzel, Janitschek). Dann wieder räumte man der Schreibschule von St. Martin in Tours unter der Leitung Alkuins den bahnbrechenden Einfluß ein (Delisle). Von anderer Seite wurde geltend gemacht, daß den Römern „wenn nicht die Erfindung der Minuskel, so doch ein frühzeitiger und großer Anteil an der Ausbildung und Verbreitung derselben" beizulegen sei (Th. Sickel), oder man begriff die Karolina als das Ergebnis eines neuen Aufschwunges im System der Halbunziale (Brandi, Schiaparelli). Indes dürfte keine der vielen Schreibschulen für sich allein den Anspruch erheben können, die Ausbildung eines einheitlichen Minuskelalphabetes, die Verselbständigung der Buchstaben, die fast restlose Beseitigung der Ligaturen und die strenge Anpassung an das Vierlinienschema in einem schöpferischen Vorgang hervorgebracht zu haben (H. Foerster); eher ist anzunehmen, daß sich der Prozeß weit extensiver vollzog und die Karolingische Minuskel ihr Entstehen weniger einem einzigen gewollten Schöpfungsakt als vielmehr dem gleichzeitigen Zusammenwirken der für die Schriftreform reif gewordenen Tendenzen aller europäischen Länder verdankt, wobei dem Klerus als dem Träger der kirchlichen Einheit und der in ihr geformten Kultur eine entscheidende Rolle zufiel.

So bildet die Karolingische Minuskel den krönenden Abschluß einer mehr als tausendjährigen Schriftgeschichte des römischen Kulturkreises und zugleich die breite Grundlage für die in der Folgezeit darauf aufbauenden Schriftformentwicklungen der abendländischen Nationen.

Die Stilformen der Schrift in Deutschland
Die romanische Schrift

Die ältesten Schriftdenkmäler der deutschen Sprache weisen die Züge der Karolingischen Minuskel auf. Es sind dies verhältnismäßig wenige Niederschriften von Dichtungen oder Aufzeichnungen altüberlieferter Brauchtumsformeln; die Sprache des öffentlichen Lebens und der Kultur war nach wie vor und noch für lange Zeit auch in Deutschland die lateinische, die für damals Weltgeltung hatte. So vermochte sich die durch ihre Einfachheit, Klarheit und allgemeine Verwendbarkeit ausgezeichnete Karolingische Minuskel für alles Schreiben im Verbreitungsgebiet der lateinischen Sprache nicht nur sieghaft durchzusetzen, sondern für einen Zeitraum von rund weiteren drei Jahrhunderten uneingeschränkt zu behaupten. In Deutschland stand sie bis zum Ende des 12. Jahrhunderts in ständigem Gebrauch.

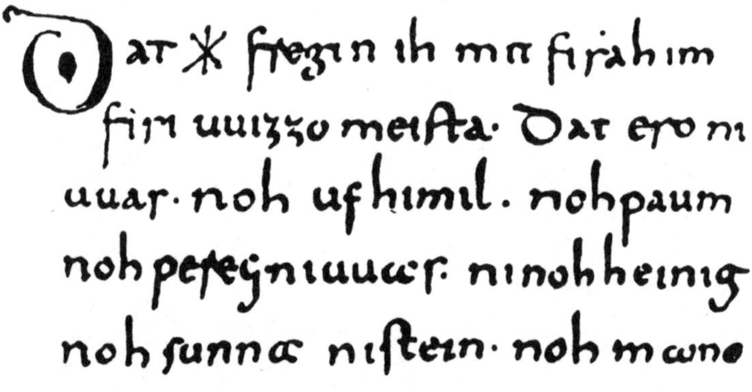

Abb. 21: Anfang des Wessobrunner Gebetes (9. Jh.)

Während dieser Periode, die politisch durch die Entstehung und Blüte des mittelalterlichen Imperiums und in der Kunstentfaltung durch den romanischen Stil gekennzeichnet ist, entwickelte sich die Schrift nur langsam, aber stetig weiter, und zwar im Sinne einer Ausgestaltung und Fortbildung ihrer allgemeinen Grundlagen, ohne dabei freilich merkbar voneinander zu unterscheidende Entwicklungsstufen zu bilden. Ein einheitlicher Name für sie hat sich im Fachschrifttum nicht eingebürgert, weil ihr kennzeichnendster Grundzug in der Vollendung der Karolingischen Minuskel liegt. Meist bezeichnet man die Schrift als Minuskel mit der Angabe des Jahrhunderts; gelegentlich liest man den Ausdruck „ausgebildete Minuskel" (Wattenbach) oder „nachkarolingische Minuskel" (Sickel) oder für das 10. Jahrhundert „neukarolingische" und für das 11. und 12. Jahrhundert „vollendete Minuskel" (Paoli) oder „abendländische Minuskel" (Brandi), schließlich finden sich auch Anlehnungen an die kunstgeschichtliche Periodisierung, wie etwa „jüngere Rundbogenminuskel" (Chroust) oder „romanische Schrift" (Löffler).

Zu Beginn der durch die Konsolidierung der karolingischen Minuskel gekennzeichneten Schriftperiode ist vorerst noch — landschaftlich unterschiedlich — ein mehr oder weniger beharrliches Festhalten an den bis dahin gebräuchlichen kursiven Formen oder ein Vermengen dieser mit der regulierten Art des Schreibens zu beobachten. Erst gegen Ende des ersten Drittels im 9. Jahrhundert vollzieht sich die allgemeine Wendung zur Vereinheitlichung der Schrift, wobei im großen und ganzen der fränkische Duktus, wahrscheinlich vor allem durch den weit ausstrahlenden Einfluß der über das ganze Reich sich verbreitenden Schrifterzeugnisse aus Tours begünstigt, im gesamten abendländischen Kulturbereich dominierend wird. Die in der Anfangsphase landschaftlich unterschiedlich verwendeten Besonderheiten, insbesondere die Doppel- und Nebenformen einzelner Buchstaben, verlieren sich weitgehend und es setzt sich in wenigen Jahrzehnten die Tendenz nach Gleichmäßigkeit und guter Lesbarkeit überzeugend durch, wenn auch die Schrift infolge der erstrebten Einfachheit zuweilen nüchtern wirkt.

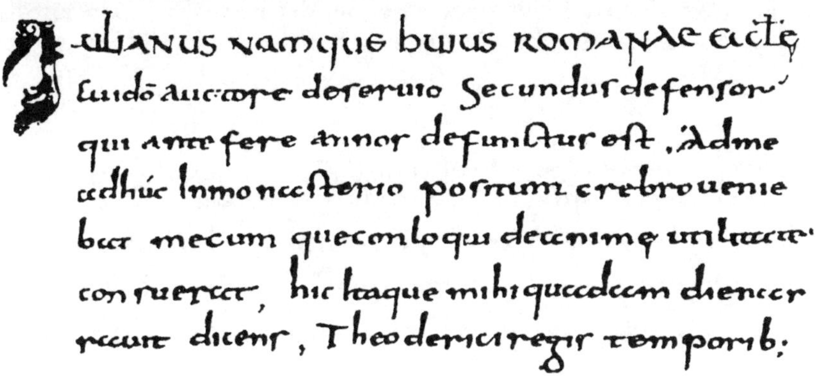

Abb. 22: Karolingische Minuskel aus Verona (Wende 8./9. Jh.)

Ein ausgeprägtes Formempfinden drückt sich demgegenüber in den neben der karolingischen Minuskel für Prunkhandschriften verwendeten und nach dem Vorbild vollendeter Muster der Kapitale, der Unziale und gelegentlich auch der Halbunziale reformierten Majuskelschriften aus. Bis zur Mitte des 11. Jahrhunderts reicht die ausgesprochen als Bibliophilie zu bezeichnende Blütezeit dieser Art von Schreibkultur, die ihrerseits auch für die Gebrauchsschrift von Einfluß gewesen ist, und zwar nicht nur in der Verwendung bei Auszeichnungsschriften, sondern auch bei Anwendung von Einzelbuchstaben als Versalien.

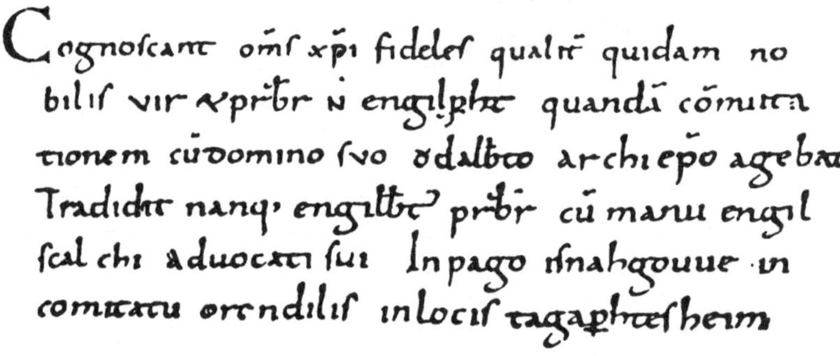

Abb. 23: Aus dem ältesten Salzburger Traditionskodex (um 935)

Infolge der nur allmählich fortschreitenden Ausgestaltung der karolingischen Minuskel ist es gerade für diese Periode schwierig, aus charakteristischen Merkmalen und Einzelformen Anhaltspunkte für die jeweilige Entstehungszeit zu gewinnen. Im allgemeinen kann man aber sagen, daß eine Handschrift als desto älter gelten kann, je stärker die Rundform gewahrt ist. Im besonderen bildet der Buchstabe a ein untrügliches Kennzeichen für die schrittweise Entfaltung der Schrift in den

Abb. 24: Aus dem zweiten Salzburger Traditionskodex (um 973)

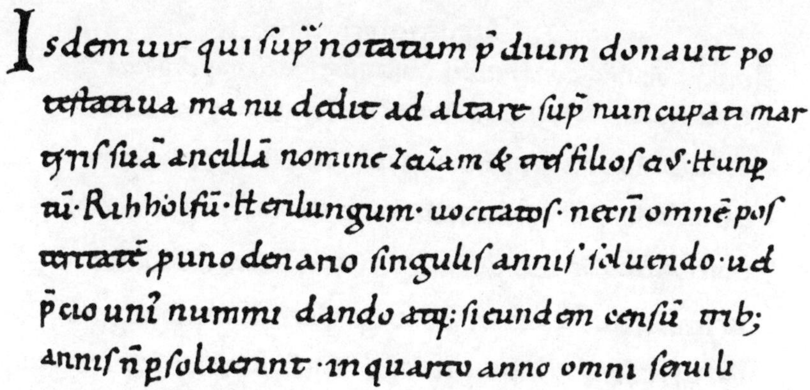
Isdem uir qui sup̄ notatum p̄dium donauit po
testatiua manu dedit ad altare sup̄ nuncupati mar
tyris suā ancillā nomine Zalam & tres filios ac̄ · Hung
nū · Rihbolfū · Herilungum · uocitatos · nec n̄ omnē pos
teritatē sub uno denario singulis annis soluendo · uel
p̄cio uni᷑ nummi dando atq; si eundem censū trib;
annis n̄ p̄soluerint · in quarto anno omni seruili

Abb. 25: Aus dem ältesten Tegernseer Traditionskodex (um 1048/1068)

einzelnen Schreibergenerationen: Das oben offene a (teilweise dem cc, teilweise dem u ähnlich) kommt im allgemeinen auf der Zeile nur noch bis zum frühen 10. Jahrhundert vor, dafür zeigt die karolingische Minuskelform, die infolge der Herkunft des Buchstabens aus der Unziale aus einem Schrägrechtsschaft mit linker Schlinge besteht, eine zunehmende Neigung zur Steilstellung des Schaftes. Im 12. Jahrhundert steht dieser völlig senkrecht, wobei aus der anfänglichen Linksschlinge ein bauchiger Rundbogen geworden ist. Bei den Mittellinienbuchstaben i, u, m und n ist schon für das 10. Jahrhundert charakteristisch, daß die Schäfte gleichmäßig stark von oben nach unten auslaufen; bei m und n biegen die letzten Schäfte leicht nach rechts ab und erhalten – wie übrigens auch i, p und q – kleine Abschlußstriche. Als Merkmal des 10. Jahrhunderts gilt auch das geschwänzte ę (e caudata), das auch für ae neben der sonst gebräuchlichen Ligatur und insbesondere im 12. Jahrhundert als typisches Merkmal auftritt. Das Vorkommen des runden s, zunächst hoch-

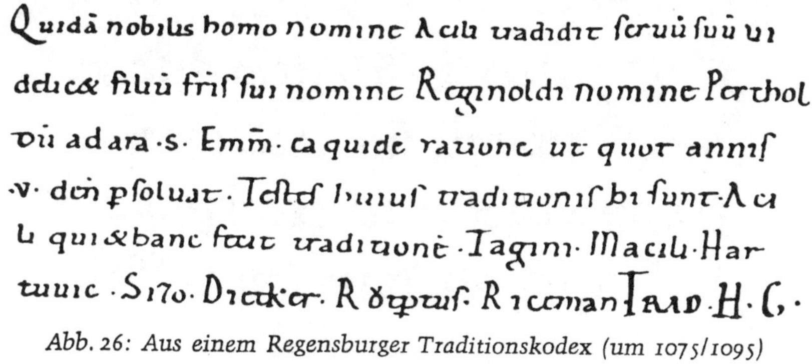
Quidā nobilis homo nomine Acili tradidit seruū suū ui
delic& filiū fris sui nomine Regnoldi nomine Perthol
dū ad ara · s · Emm̄ · ea quidē ratione ut quot annis
· v · den p̄soluat · Testes huius traditionis hi sunt · Aci
li qui & hanc fecit traditionē · Tagini · Macili · Har
tuuic · Sizo · Dietker · Rodprecht · Riccman · Tarb · H · G ·

Abb. 26: Aus einem Regensburger Traditionskodex (um 1075/1095)

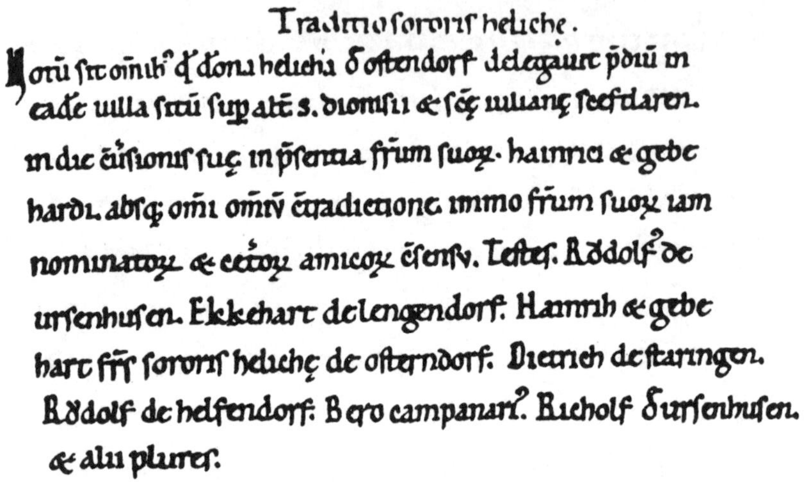

Tradmo sororis heliche.

Ortu stt oīnih q̄ dōna heliehā ſ oſtendorſ deleǥaurt p̄rū m
cade uilla ſitū ſup att s. diomſii & ſc̄ǥ uuuanǥ ſeeſdaren.
m die ā̃ſionis ſuc̄ m p̄ſentia ſm̄u ſuoǥ. hainrici & ǥebe
hardi. abſq̄ oīni oīnī ētradietione. immo ſm̄u ſuoǥ iam
nominatoǥ & eetoǥ amicoǥ ē̃ſenſ. Teſteſ. Rodolf de
urſenhuſen. Ekkehart de lengendorſ. Hainrih & ǥebe
hart ſm̄ ſororis heliche de oſterndorſ. Dietrich de ſtaringen.
Rodolf de helſendorſ. Bero campanari. Richolf ſurſenhuſen.
& alii plureſ.

Abb. 27: Aus einem Schäftlarner Traditionskodex (um 1172/73)

gestellt, dann am Wortende, bietet einen Anhaltspunkt für das 11. Jahrhundert, während sein Auftreten in der Wortmitte auf das 12. Jahrhundert verweist. Für den Laut w ist vorerst ein Doppel-u, dann ein vu
oder vv und schließlich das ineinandergeschobene Doppel-v, die Urform
unseres w, üblich geworden. Als Merkmal des 11. Jahrhunderts führt
man das häufige Vorkommen eines r mit Unterlänge an sowie die Gepflogenheit, die einfachen Ansatzstriche der Schäfte durch die Andeutung
einer Gabelung zu ersetzen. Zur Unterscheidung des Doppel-i vom u
werden seit dem Ende des 11. Jahrhunderts leichte i-Striche (für das einfache i erst zum Ende des folgenden und im übernächsten Jahrhundert)
üblich. Beim k ist im 12. Jahrhundert die Rundung oben meist geschlossen, auch wird seit dem 13. Jahrhundert der als geschwänztes ę
(e caudata) bezeichnete Laut mit einem einfachen e wiedergegeben.

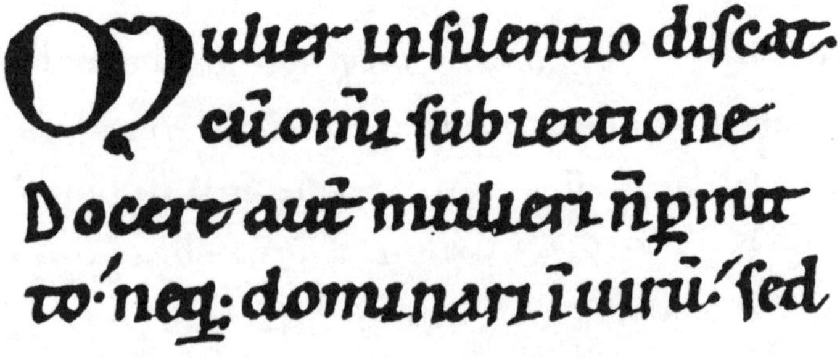

Mulier in silentio diſcat.
cū omi ſubiectione
Docere aut mulieri n̄ p̄mitto·
to·neq; dominari in uiru· ſed

Abb. 28: Romanische Buchschrift (Wende zum 13. Jh.)

34

Gegenüber diesen Einzelbeobachtungen ist der Gesamteindruck der Schrift in seiner Entwicklung vom 10. bis zum Ende des 12. Jahrhunderts dadurch bestimmt, daß die Buchstaben, deren Formgebung offensichtlich von der Rundung zu der dann für die folgende Entwicklungsperiode kennzeichnenden Brechung überleitet, zunehmend enger aneinander gestellt werden; dabei werden die senkrechten Grundstriche kräftig betont und die Abgrenzungsstriche am Kopf und Fuß der Buchstabenschäfte deutlich hervorgehoben. Diese Wandlung vollzieht sich im Laufe einer langen Zeit fast unmerklich. Dazu kommt in der allmählich sich durchsetzenden Betonung des vertikalen Prinzips eine Streckung der Buchstaben innerhalb der Mittellinien, und zwar ebenfalls im fortschreitenden Wandel nur schrittweise, ohne daß sich im besonderen entsprechende Entwicklungsphasen voneinander abheben. Am Schluß dieser Periode zeigt die Schrift aber doch ein wesentlich verändertes Aussehen, ist dicht aufgeschlossen und von einer fast steifen Regelmäßigkeit, wobei durch das Hinzutreten der spachtelförmigen Verdickungen der Oberlängen, die nicht selten bereits zu Schaftgabelungen führen, im 12. Jahrhundert ein weiteres, zur Gotik überleitendes Element zum auffälligen Kennzeichen geworden ist.

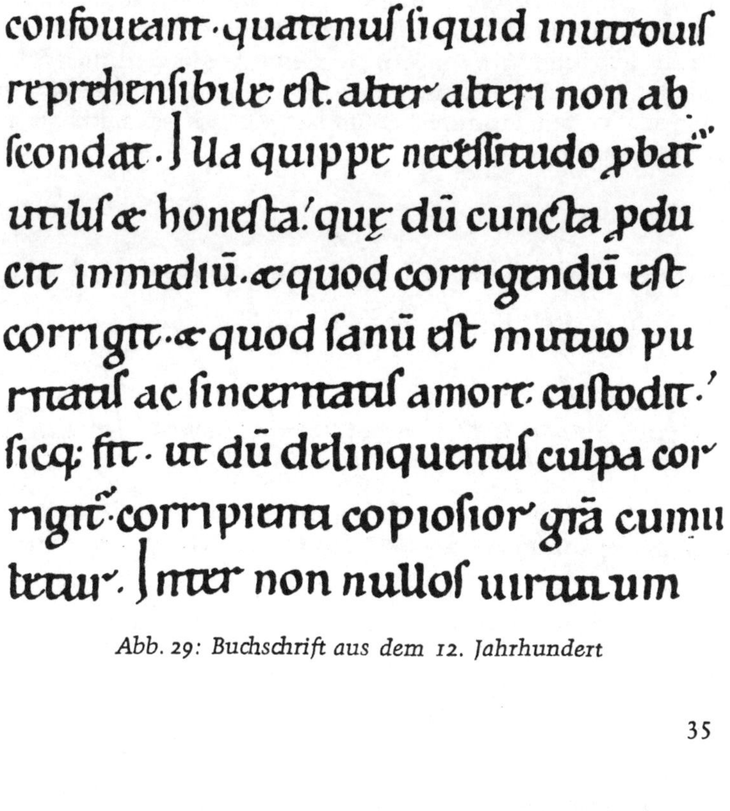

Abb. 29: Buchschrift aus dem 12. Jahrhundert

Stärker noch als in der Verwendung dieser Schrift zu Buchtexten tritt die Betonung des Vertikalen im gleichzeitigen Gebrauch bei Urkundenausfertigungen in Erscheinung. Nicht allein, daß bei den im Schriftbild besonders hervorgehobenen Formelzeilen zu Beginn und am Schluß der Urkunde die Buchstaben stark überhöht und gitterförmig eng aneinander gestellt werden, sind sämtliche Oberlängen auffallend hoch emporgezogen, wodurch der Zeilenabstand — ähnlich wie bei den Urkunden der vorkarolingischen Zeit — zwangsläufig weit auseinanderrückt. Im übrigen zeigt die Entwicklung der Urkundenschrift vom 9. zum 12. Jahrhundert die gleiche grundsätzliche Formwandlung wie die zeitgenössische Buchschrift. Zu Beginn der Periode, in der frühkarolingischen Kanzleischrift, ist ein unverkennbarer Anschluß von der merowingischen Schriftart her gegeben, indem die weiten Zeilenabstände den entsprechenden Raum bieten für die überhöhten Oberlängen und die nach unten ragenden Unterlängen, nur daß nunmehr die Mittellinienbuchstaben gleichmäßiger sowie ohne die häufigen Ligaturen und nicht in der gestreckten Gedrängtheit beieinanderstehen. Seit etwa der Mitte des 9. Jahrhunderts ist auch in der Urkundenschrift die Abkehr von den mit landschaftlich unterschiedlichen Besonderheiten vermengten kursiven Elementen und die Hinwendung zu einer gleichmäßigen Einheitlichkeit feststellbar. So entsteht die „diplomatische Minuskel", die im wesentlichen dem Aussehen der Buchminuskel entspricht, dazu aber die hochgezogenen Oberlängen nicht nur beibehält, sondern sie vielmehr mit zierlichen Schlingen und Schleifen besonders betont, wobei die ebenfalls zu Oberlängen ausgebildeten markanten Ligaturen ct und st vielfach schmuckhaft auseinandergezogen werden.

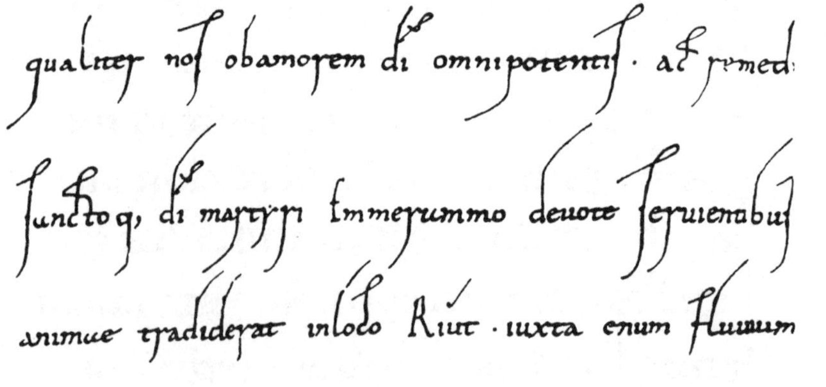

Abb. 30: Urkundenschrift aus der Mitte des 10. Jahrhunderts (969)

memoria nostra ecclesie archidiac. atque nepotis vualteri

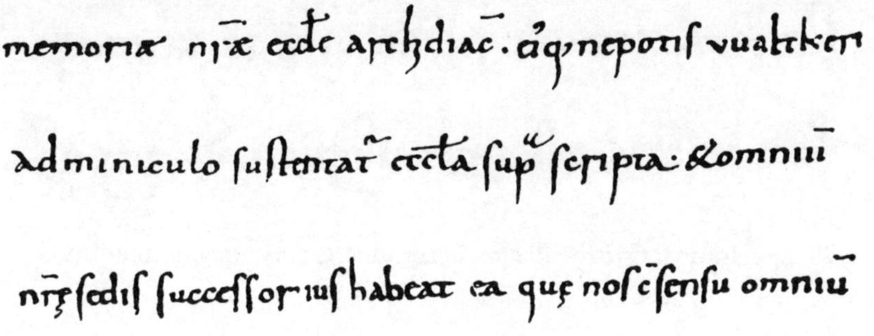

adminiculo sustentari ecclesia supscripta: & omnium

nostre sedis successoribus habeat ea que nos consensu omnium

Mitte 10. Jh. (959)

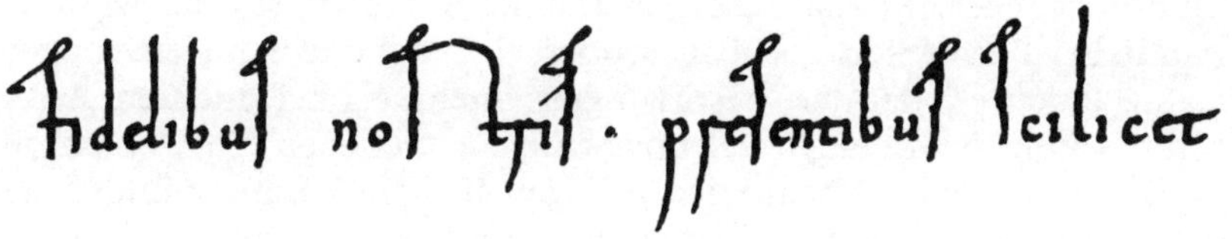

fidelibus nostris xpi . presentibus scilicet

Mitte 11. Jh. (1049)

Ob hoc disponente dno sum ad regimen ecclesie assumpti.
diuinu tpis donaria largim. uegu etia que pie memorie an
manda roborem. Nouerit itaq; tam presentiu qm ptriturox
clesie pposito suiuq; ipris ad nos accedint. humillima petitim ap

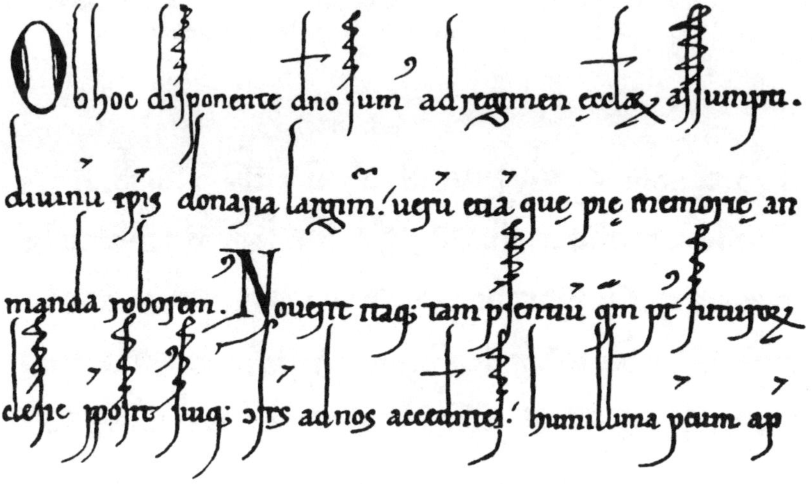

Ende 12. Jh. (1195)

Abb. 31–33: Urkundenschriften vom 10.–12. Jahrhundert

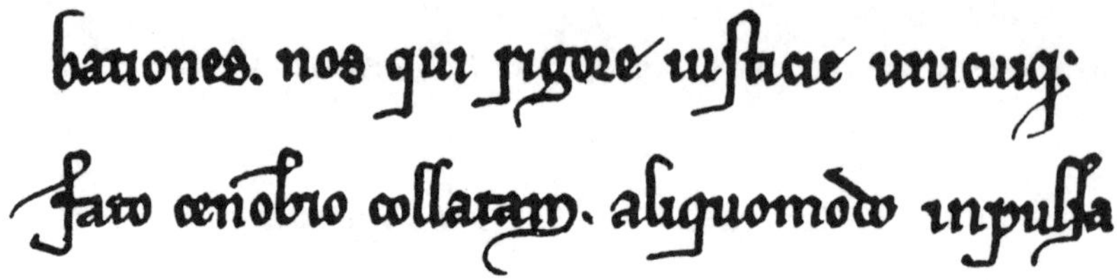

bationes. nos qui pigure iustiae uniaug: faro cenobio collatam. aliquomodo inpulsa

Damit formt sich der Duktus der diplomatischen Minuskel des hohen Mittelalters zu einer Schrift, bei der die Senkrechte als besonderes Kennzeichen stark in den Vordergrund tritt. Im Vergleich zu der zeitgenössischen Kunst, etwa der dem romanischen Baustil eigentümlichen Schwere und gedrungenen Körperhaftigkeit, erscheint die Schrift, sowohl in ihrem Gebrauch bei Buchtexten als insbesondere bei Urkundenausfertigungen, weit aufgelockerter, leichter, beschwingter: mehr als bei anderen Äußerungen des künstlerischen Gestaltungswillens bietet eben die Handschrift die Möglichkeit, den zeitbedingten Stil gemäß dem Formempfinden des einzelnen Menschen unmittelbar zum Ausdruck zu bringen. Insofern sind gerade in der Minuskel des 10. bis 12. Jahrhunderts sowohl im Schriftbild wie in Einzelheiten der Schriftformen Besonderheiten erkennbar, die an verwandte Züge germanischen Einflusses in der vorkarolingischen Zeit gemahnen und in ihrer Eigenart stärker zur nachfolgenden gotischen Periode überleiten, als dies sonst zu beobachten ist.

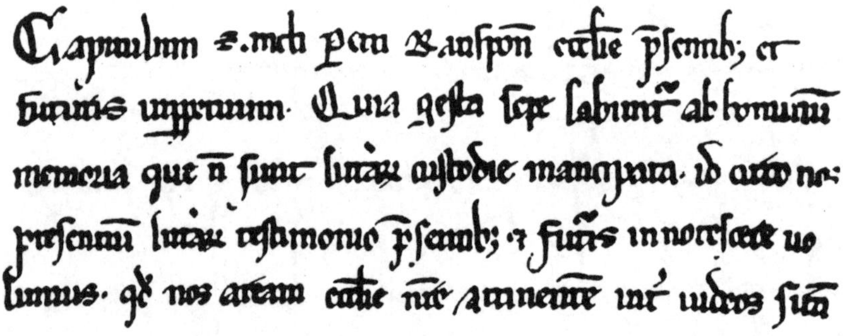

Abb. 35: Urkundenschrift aus der Mitte des 13. Jahrhunderts

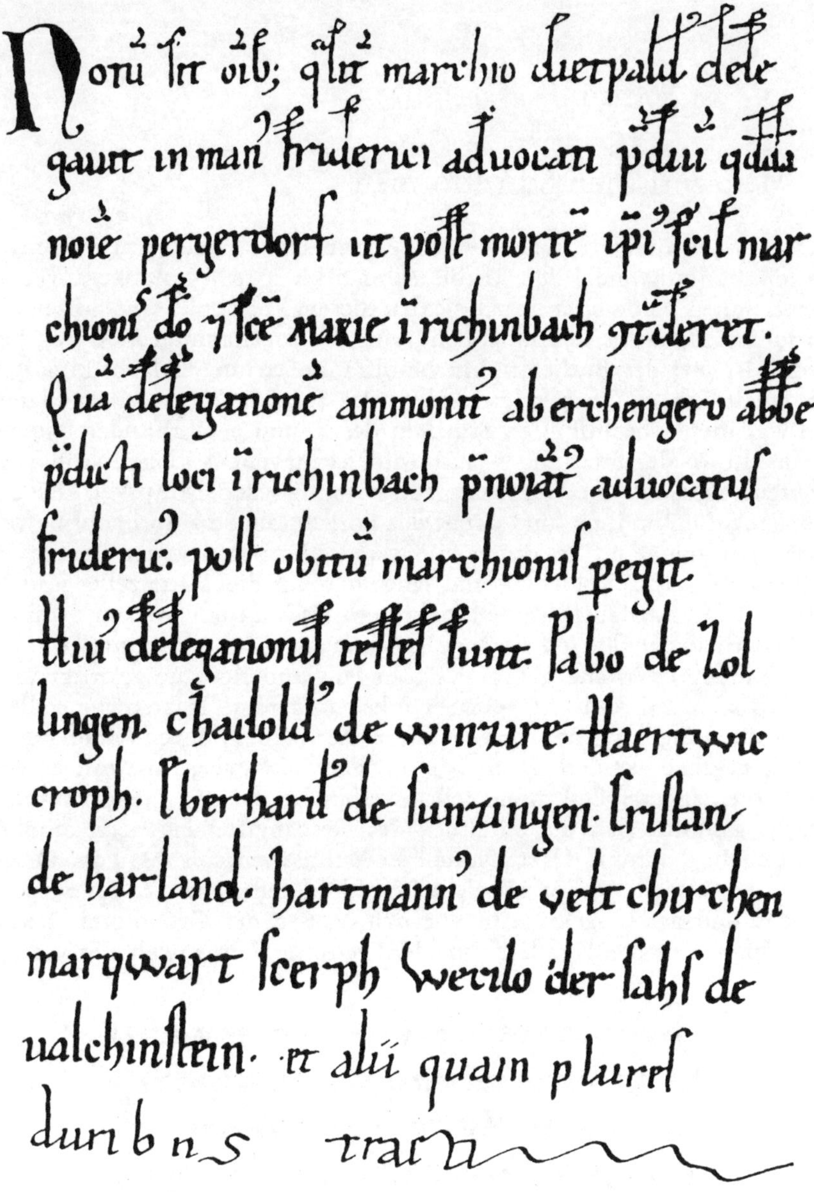

Notū sīt oīb; q̄lr̄ marchio dietpald dele
gauit in man̄ fruderici aduocati pdiu qdā
noīe pergerdorf ir post morte ipi scil mar
chionis do 7 sce marie i richinbach gtderet.
Quā delegatione ammonit ab erchengero abbe
pdūcti loci i richinbach pnoiāt aduocatus
fruderic. post obitu marchionis pegit.
Huic delegationis testes sunt. Pabo de Zol
lingen. chadold de winzire. Haertwic
croph. Eberhard de sunzingen. Cristan
de harland. hartmann de veltchirchen
marqwart scerph werilo der sahs de
ualchinstein. et alii quam plures
duribns trach

Abb. 36: Buchschrift mit Merkmalen der Urkundenschrift (12. Jh.)

Die gotischen Schriftformen

Das 13. Jahrhundert bedeutet den Beginn eines neuen Entwicklungsabschnittes im Wandel der Schrift. Allmählich in den vorangegangenen Generationen vorbereitet, setzte sich zu diesem Zeitpunkt eine Schreibart durch, deren Duktus kennzeichnend von der sogenannten Brechung bestimmt ist. Bei der Buchschrift in Nordfrankreich und Belgien kündigte sich bereits im 11. Jahrhundert dieser neue Stil an, der in den insularen und von diesen beeinflußten Schriften des 8. und 9. Jahrhunderts sowie — hinsichtlich der Brechung — auch in der beneventanischen Schrift vorbereitend anklang. Im Gegensatz zur karolingischen Minuskel, die als Grundzug die Rundung (und damit das horizontale Schriftprinzip) bevorzugte, tritt nun eine Streckung und gerade Aufrichtung der Schäfte in Erscheinung, die selbst bei f und langem s auf die Mittelzeile gestellt werden. Die Buchstaben werden mehr hoch als breit und wirken dadurch schmal, schlank und — da sie enge zusammenstehen — gedrängt. Außerdem werden die Schäfte gleichmäßig an Fuß und Kopf umgeknickt und erhalten scharfe Ecken und spitze Winkel, und feine Haarstriche stellen die Verbindung zwischen den Schäften her, die in ihren Oberlängen zierlich gegabelt werden. Dazu kommt, daß Buchstaben, die mit einem Bogen aneinanderstoßen, unmittelbar verbunden werden („Bogenverbindung"), wodurch sich der Eindruck des Gedrängtstehens noch erhöht. Dies und die Betonung der steilgestellten Senkrechten, sowohl in den Oberwie in den Unterlängen geben dem Schriftbild den Ausdruck des Emporstrebens und des Losgelöstseins von den Maßen der Grundform: leicht findet man hier die Parallele zur gleichzeitigen Formenwelt der Gotik.

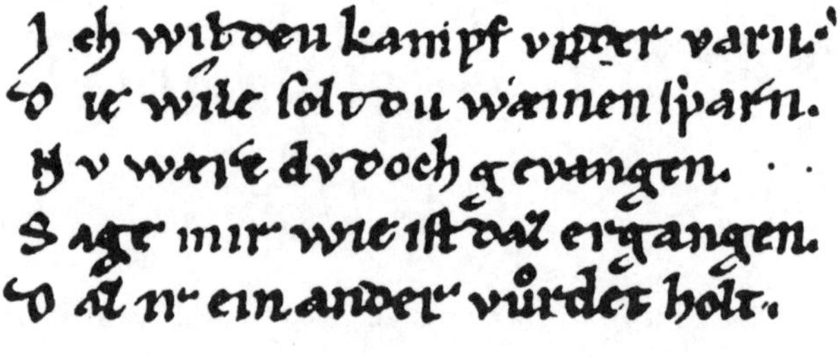

Abb. 37: Aus dem Amberger Parzivalbruchstück (13. Jh.)

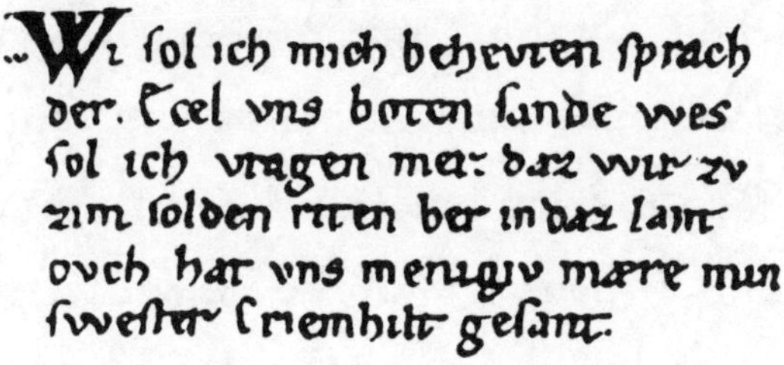

Wi ſol ich mich beheuten ſprach
der. Ccel vns boten ſunde wes
ſol ich vragen mac: daz wir zv
zim ſolden riten ber in daz lanc
ovch hat vns menugiv mære mun
ſweſter Criemhilt geſant.

Abb. 38: Aus der St. Galler Handschrift des Nibelungenliedes (13. Jh.)

Seit dem 18. Jahrhundert nennt man diese Schrift dann auch die gotische. Diese Bezeichnung hat mit dem Volk der Goten allerdings nichts zu tun; sie wurde von den Humanisten, die das Mittelalter als barbarisch und die Goten als typische Vertreter des Barbarentums betrachteten, herabsetzend für alle Kunstformen jenes mittelalterlichen Lebensgefühles geprägt und später mit dem gleichen geringschätzigen Unterton auf die Schriftformen des 13.—15. Jahrhunderts übertragen. In dieser unfreundlichen Benennung einer ganzen Zeitperiode spiegelt sich, freilich von einem nur aus der Denkungsart der Renaissance verständlichen eingeengten Standpunkt aus, die gefühlsmäßige Ablehnung einer anders gearteten Formenwelt wider, die aber doch für das ganze Abendland bedeutsam war. Denn die Gotik blieb nicht Ausdruck nur einer Nation, sondern hatte gemeinabendländische Gültigkeit: im Baustil, in der darstellenden Kunst und auch in der Schrift. In Deutschland wirkte indes die gotische Schrift noch stärker und anhaltender nach als in anderen europäischen Ländern und es entstand aus ihr in gerader Linie unsere deutsche Kurrentschrift als eine der deutschen Sprache und ihrer Eigentümlichkeit besonders angepaßten Schriftform.

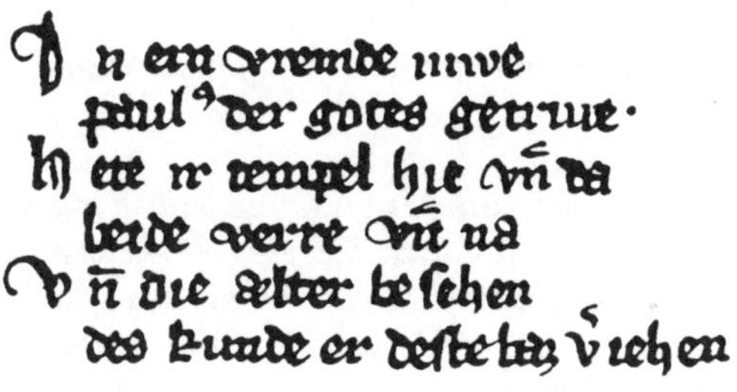

In ein vremde inve
phil der gotes getruuet ·
h ete rr tempel hie vñ da
beide verre vñ na
V ñ die ælter beſehen
des kunde er deſte bas v iehen

Abb. 39: Gotische Buchschrift aus der Wende zum 14. Jahrhundert

41

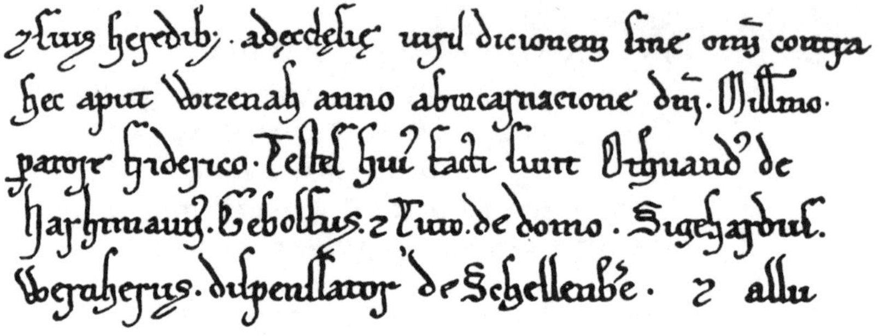

Abb. 40: Urkundenschrift aus der 2. Hälfte des 12. Jahrhunderts

Für die Weiterentwicklung der Schrift war die seit dem hohen Mittelalter zu beobachtende ständige Zunahme der Schreibertätigkeit von ausschlaggebender Bedeutung. Es entfaltete sich damit die Schrift in eine Vielheit von landschaftlich und individuell verschiedenen Handschriften; von Jahrhundert zu Jahrhundert wird es daher immer schwieriger, aus der Vielgestaltigkeit der Schrift die allgemeinen Grundzüge der Veränderung im einzelnen herauszuschälen. In dieser mannigfachen Verschiedenheit des Schriftcharakters im Zeitabschnitt vom 13. zum 15. Jahrhundert lassen sich im wesentlichen zwei Hauptgruppen unterscheiden: die gotische Minuskel und die gotische Kursive.

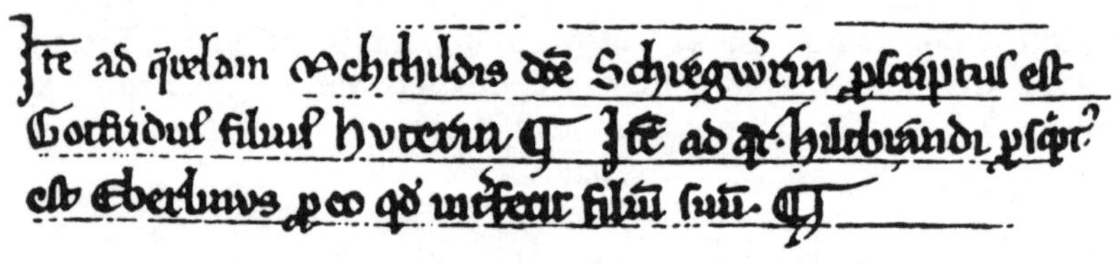

Abb. 41: Gotische Buchminuskel (Ende des 13. Jh.)

Die gotische Minuskel ist zum Unterschied von der aufgelockerten und flüssigeren Kursive vor allem durch Regelmäßigkeit und Formenstrenge im Schriftduktus gekennzeichnet. Es überwiegt hier die Sorgfalt im Einhalten der Buchstabengrößen und der Schreibformen. Damit verkörpert die Schrift zugleich im Bestreben nach möglichster Geschlossenheit eine nach kunstfertigem Gleichmaß strebende Form von eigenartigem Reiz.

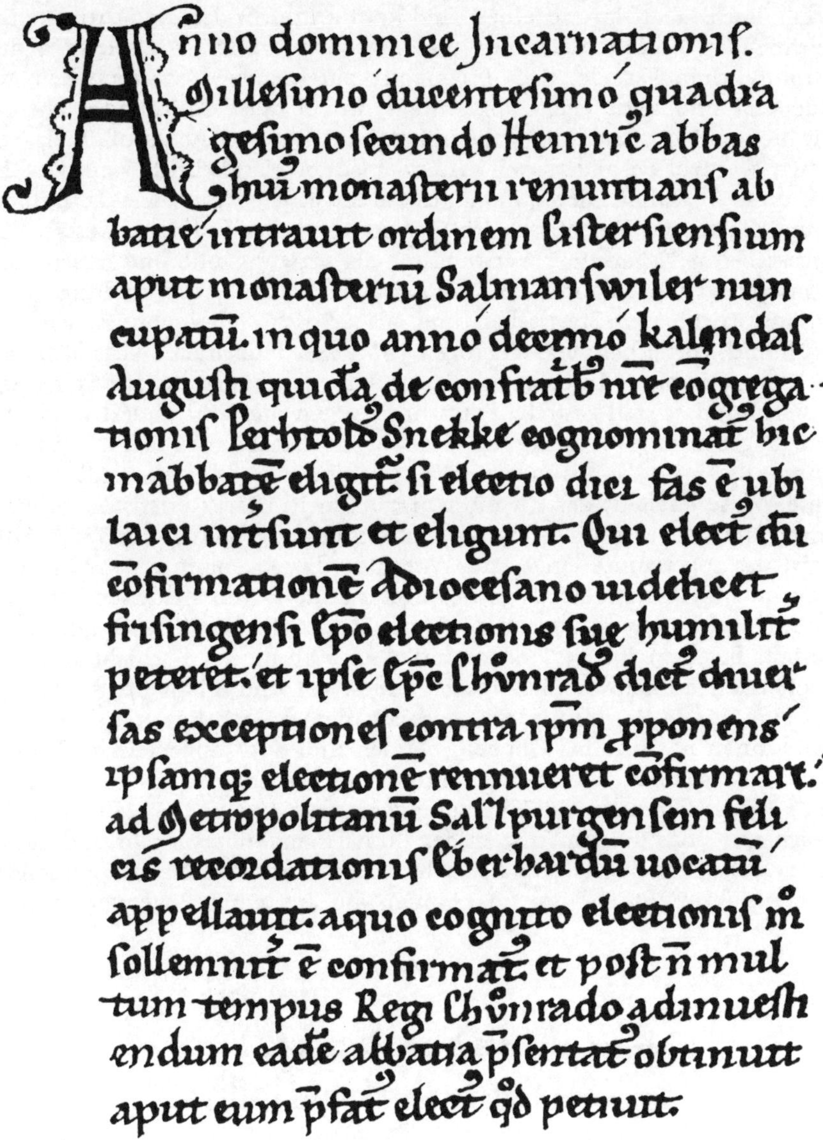

Anno dominice Incarnationis. Millesimo ducentesimo quadra
gesimo secundo Heinricus abbas
huius monasterii renuntians ab
batie intrauit ordinem Cistersiensium
apud monasterium Salmansuiler nun
cupatum. in quo anno decimo kalendas
augusti quidam de confratribus nostre congregationis Perhtolt Snekke cognominatus hic
in abbatem eligitur. si electio diei fas est ubi
laici intersunt et eligunt. Qui electus domino
confirmatione dyocesano videlicet
frisingensi episcopo electionis sue humilitr
peteret. et ipse episcopus Chunrad dicet diuer
sas exceptiones contra ipsum proponens
ipsamque electionem renuueret confirmare.
ad Metropolitanum Saltzpurgensem feli
cis recordationis Eberhardum uocatum
appellauit. a quo cognito electionis in
sollemnitate confirmaret et post non mul
tum tempus Regi Chunrado adinuesti
endum eadem abbatia presentatus obtinuit
apud eum prefatus electus quod petiuit.

Abb. 42: Buchschrift aus dem 13. Jahrhundert

Die Buchstaben im einzelnen sind kräftig und in der die Schrift kennzeichnenden Brechung deutlich und klar. Die früher, vor allem in der
karolingischen Periode, nach links spitz zulaufenden Schäfte stehen gerade und sind nach rechts abgeschrägt, wobei diese Knickungen ebenso
wie der eckige obere Buchstabenansatz durch zarte Abschlußlinien be-
grenzt werden. Besonders bei kalligraphischen Handschriften entwickeln
sich diese Abschlußlinien zu einer charakteristischen Zier, wie dann überhaupt die feinen Haarstriche im Gegensatz zu der kräftigen Gestalt der
Buchstaben bei sparsamer Verwendung als schwungvolle und meist nach
rechts gebogene Auslauflinien zwischen den Zeilen, als Verbindungs- und
Anfangsstriche der Buchstaben und als i-Striche über den Zeilen das
Schriftbild vorteilhaft verlebendigen. Von den einzelnen Buchstaben ist
bei der gotischen Minuskel wiederum das a hervorzuheben. Seine im
12. Jahrhundert steil gestellte Form hatte gegen die Jahrhundertwende zu
eine bogenförmige Ausbiegung des oberen Schaftendes nach links erfahren, die im 13. Jahrhundert die das a formende Schlinge berührt. Auf
diese Weise entsteht das für die gotische Schrift charakteristische doppel-
geschossige a. Der Buchstabe s ist am Wortanfang und in der Wortmitte
meist das sogenannte lange, am Wortende das sogenannte runde s, und
zwar im 13. Jahrhundert als geschlungene Linie in verschiedenen Formen,
im 14. Jahrhundert in einer dem B und weiterhin der Ziffer 8 ähnlichen
Gestalt. Bei dem im 13. Jahrhundert dem c ähnlichen t schiebt sich der
Querbalken allmählich mehr gegen rechts vor und erhält als Abschluß-
zier eine dünne Bogenlinie. Die noch aus dem 11. Jahrhundert stammenden dünnen i-Striche bei Doppel-i werden nun auch allgemeiner für ein-
faches i verwendet, namentlich wenn dieses zwischen m, n und u steht.
Der i-Punkt kommt im 14. Jahrhundert auf. Sonst ist von einzelnen Buchstaben nur noch die zunächst in der Buchstabenverbindung or und dann
im 15. Jahrhundert selbständig neben dem normalen r vorkommende
zweite, gekrümmte r-Form zu nennen, die aus einer Bogenverbindung

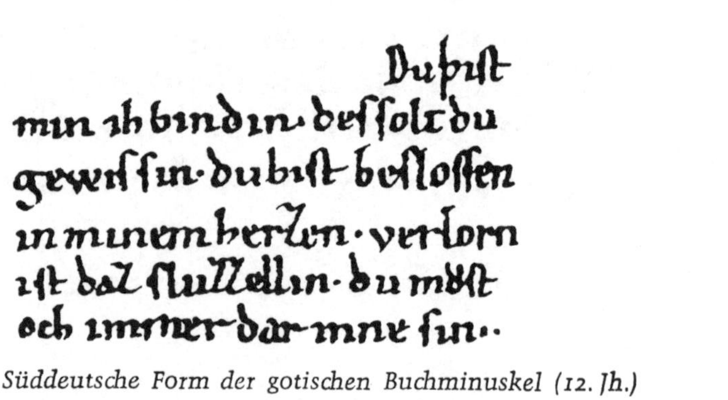

Abb. 43: Süddeutsche Form der gotischen Buchminuskel (12. Jh.)

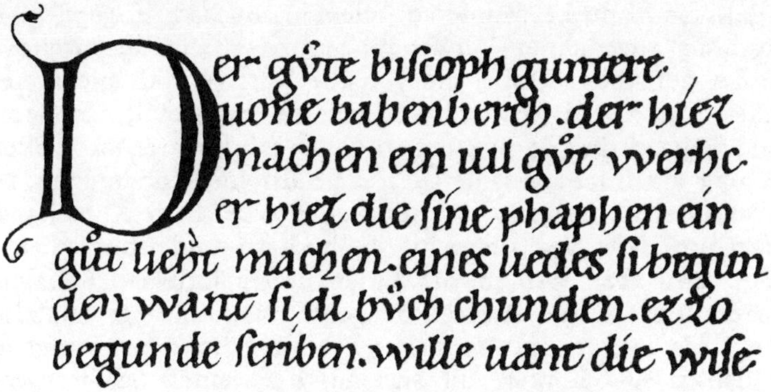

Abb. 44: Anfangszeilen des Ezzoliedes (12. Jh.)

entstanden ist. Die Buchstaben sind bei nun vollständig durchgeführter Worttrennung eng aneinandergestellt und werden im Fortschreiten der Entwicklung durch dünne Striche miteinander verbunden. Außerdem nimmt die Verschmelzung von Buchstaben durch Berührung der Schäfte schrittweise derart zu, daß man aus dem Grade, wieweit dieser Prozeß fortgeschritten ist, auf die frühere oder spätere Entstehung einer Handschrift schließen kann. Die schon in vorausgegangenen Schriftperioden geübte Gepflogenheit, Kapitelüberschriften, Satzanfänge und einzelne Worte, vor allem Namen, durch einen Majuskelbuchstaben oder einen größer geschriebenen Minuskelbuchstaben hervorzuheben, ist auch in der gotischen Schrift beibehalten; nur wird dieser Gebrauch hier häufiger und regelmäßiger. Der Beginn eines besonderen Textabschnittes wird zudem noch mit einem, den Schriftgrad weit überragenden Großbuchstaben betont, dessen Grundform nicht selten aus der Unziale entlehnt ist. Als kunstvoll ausgestaltete und mit Linien und Ornamenten, häufig auch mit zeichnerischen Darstellungen ausgeschmückte Versalien nennt man sie Initialen.

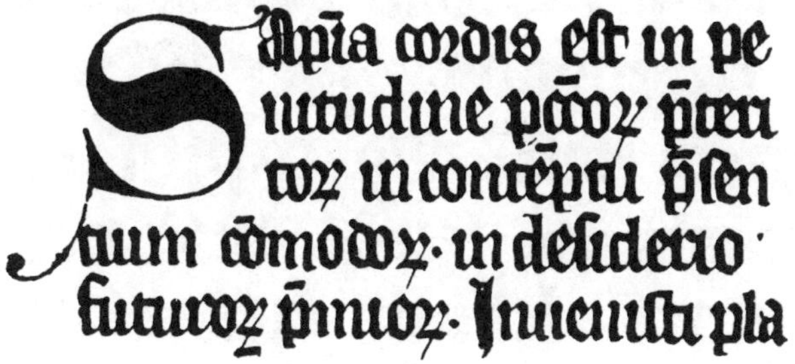

Abb. 45: Vorstufe der Textura (13. Jh.)

45

Die gotische Minuskel wurde vor allem als Buchschrift gepflegt, kommt aber auch in allgemeiner Verwendung vor, so wie die zweite Hauptgruppe der gotischen Schrift, die gotische Kursive, sich nicht mehr auf Urkunden und diesen verwandte Schriftsätze beschränkt, sondern ebenfalls bei Niederschrift von Buchtexten üblich ist. In ihrer formvollendeten Ausprägung als *littera grossa seu psalterialis* insbesondere im 14. und 15. Jahrhundert ist die gotische Minuskel eine prächtige Kunsthandschrift geworden und fand vor allem in Meßbüchern und liturgischen Handschriften, dann aber auch in fürstlichen und städtischen Kanzleien für Rechtssammlungen und Amtsbücher eine vielfach abgewandelte Verwendung. Als *Textura* mit doppelter Brechung der Schäfte und quadratischen Füßen und Köpfen, die sich aus den feinen Schrägstrichen im Ansatz und Auslauf der Buchstaben gebildet haben, war diese ausgeprägte Form der gotischen Minuskel die Schrift der ersten Druckwerke Johann Gutenbergs.

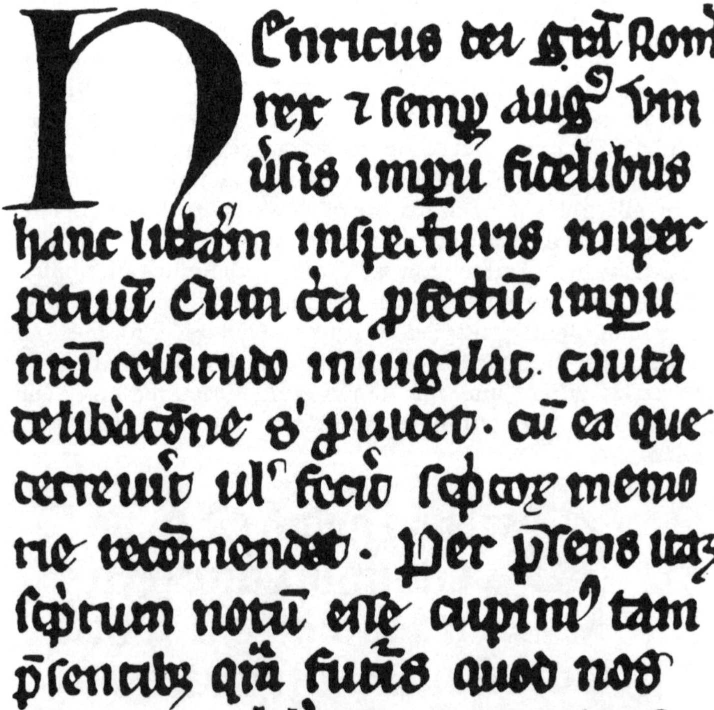

Abb. 46: Textura (14. Jh.)

Gegenüber dieser in Deutschland sich vollziehenden Ausgestaltung der gotischen Minuskel entwickelte sich in Italien eine, die Brechungen mehr abschwächende Form, die man als *Rotunda* oder auch, da sie besonders häufig in juristischen Handschriften der Universität Bologna auftritt, als *littera Bononiensis* bezeichnet. Bei aller Betonung der vertikalen Grundstriche macht sich hier ein Zug zur Breite geltend. Diese Formen der gotischen Minuskel und dazu die im 14. Jahrhundert ebenfalls in Italien sich bildende *Gotico-Antiqua*, auch Petrarca-Handschrift genannt, bei der im besonderen frühe Einflüsse der Renaissance bestimmend waren, stehen zwar außerhalb der Schriftentwicklung in Deutschland, bedürfen aber wenigstens der kurzen Erwähnung, da sie als Vorstufen der Renaissance-Antiqua anzusehen sind, die ihrerseits später wieder Einfluß auf den Schriftwandel in Deutschland genommen hat.

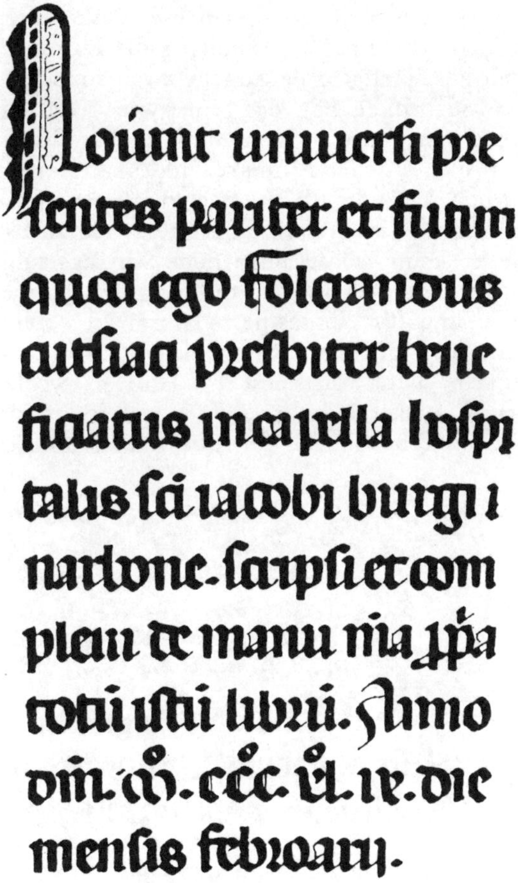

Abb. 47: Rotunda (14. Jh.)

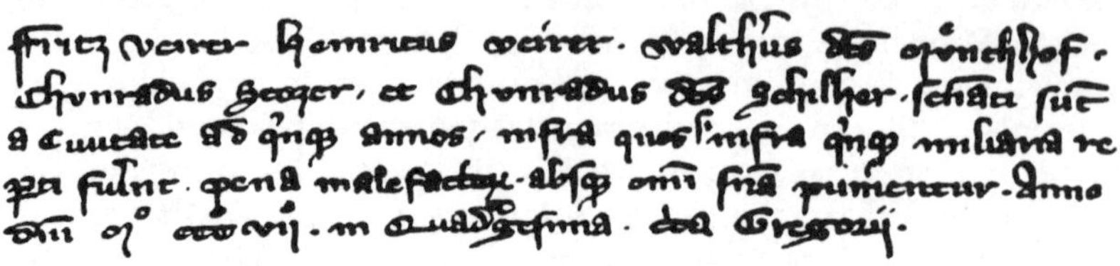

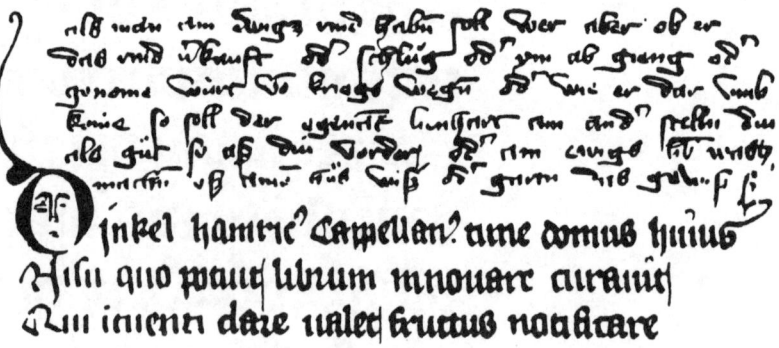

Abb. 48: Gotische Kursive aus dem Beginn des 14. Jahrhunderts (1307)

Infolge des Aufschwunges des geistigen Lebens und des daraus sich ergebenden Anwachsens der schriftstellerischen Tätigkeit sowie durch den zunehmenden Gebrauch, in den Kanzleien der weltlichen und geistlichen Verwaltungen Rechtsvorgänge nicht nur in Urkundenausfertigungen schriftlich festzuhalten, gewann das Schriftwesen seit dem hohen Mittelalter immer mehr an allgemeiner Bedeutung. Eine materielle Voraussetzung hierfür bot im besonderen die Einführung des Papiers, welches das weit kostspieligere Pergament zwar zunächst nicht verdrängte, aber doch die Möglichkeit bot, das Schriftwesen auf einer breiteren und allgemeineren Basis erheblich zu fördern. Für den gesteigerten Alltagsgebrauch war die gotische Minuskel indes zu formstreng und für ein rasches Schreiben wohl auch zu ungelenk. So entwickelte sich gleichzeitig mit der gotischen Minuskel eine flüssigere Gebrauchsschrift, die gotische Kursive. Sie ist keine selbständige neue Schriftgattung, sondern im wesentlichen die in naturgemäßer Fortbildung der gegebenen Schriftformen entstandene und für ein rascheres Schreiben vereinfachte Abart der gotischen Minuskel. Ihr Hauptzweck, eine flüssige Gebrauchsschrift für den Alltag zu sein, bietet von selbst den Hinweis, worin der Unterschied gegenüber der Minuskel besteht. Sie ist vor allem kleiner und ungenau in den Größenverhältnissen der Buchstaben untereinander; sie verwischt die

Abb. 49: Gotische Kursive und gotische Minuskel (aus der 2. Hälfte des 14. Jh.)

48

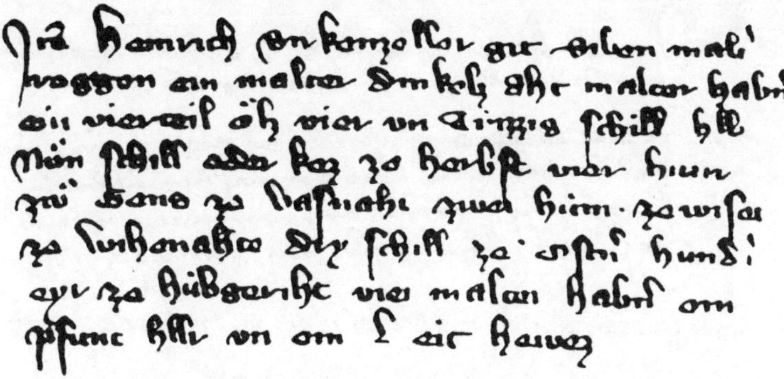

Abb. 50: Gotische Kursive aus dem Ende des 14. Jahrhunderts

Brechung und verbindet in zügiger Form die Buchstaben miteinander, allerdings so, daß die Schäfte nicht mehr oben und unten die Verbindungslinien aufweisen, sondern (wie in unserer Kurrentschrift) durch einen Diagonalstrich aneinandergereiht sind. Dieser Vorgang ist im besonderen bei den Mittellinienbuchstaben i, n, m und u zu beobachten, wobei zur Unterscheidung des n vom u der zuletzt genannte Buchstabe mit einem Haken versehen wird. Kennzeichnend für die gotische Kursive ist weiters die Ausbuchtung der Oberlängen durch Schlingen und Schleifen, die meist zugleich auch der flüssigen Verbindung mit dem folgenden Buchstaben dienen. Die Schlinge des d erhält dabei eine starke Linksneigung mit Schwungtendenz nach rechts. Die Buchstaben v und w ragen, namentlich seit dem 14. Jahrhundert, vielfach über die Mittellinien hinaus, indem die Form eine dem oben bauchigen l bzw. lb ähnliche Gestalt annimmt. Die untere Schlinge des g wird schwunghaft von unten links nach oben gezogen, durchkreuzt in ihrem Auslaufen nicht selten die Mittellinienschlinge und wendet sich dann zu einem Rechtsbogen; bei der flüchtigen Konzeptform stellt die hochgezogene untere Schlinge über der

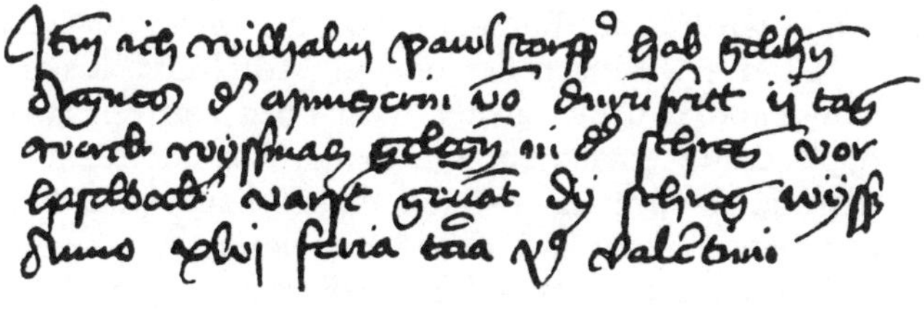

Abb. 51: Gotische Kursive aus der Mitte des 15. Jahrhunderts

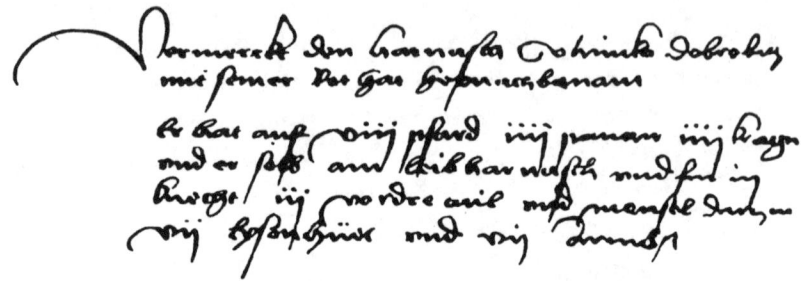

Abb. 52: Gotische Kursive aus der Mitte des 15. Jahrhunderts (1459)

Obergrenze des Buchstabens hinweg die Verbindung mit dem nachfolgenden Buchstaben her. Die Rundung des in der Oberlänge mit einer Schlinge ausgebildeten h zieht sich in kräftigem˙ Schwung unter die Mittelzeile und setzt im Laufe der Zeit selbst auch eine Schlinge an. Auf diese Weise wird das mit Ober- und Unterlänge versehene lange h unserer kurrenten Schreibschrift vorgebildet. Das a gibt sich einmal in der einfachen Form des Buchstabens mit gelegentlich weit hinausgezogenem Bogen, zum andern als ein dem griechischen Alpha ähnlicher Buchstabe. Das r besteht aus einem senkrechten Hauptstrich zwischen den Mittellinien, von dem ein kurzer Diagonalstrich nach rechts oben weggezogen ist; oder es schmiegt sich dieser dünne Schrägstrich beim Hinaufziehen an den Schaft an und bildet an dessen oberem Ende einen kurzen, abstehenden Schulterstrich; oder es besteht schließlich und am häufigsten der Buchstabe aus einem links offenen Bogen, an dem sich unten ein kleiner waagrechter oder abgeschrägter Strich anschließt. Die s-Formen sind in der gotischen Kursive ebenfalls vielgestaltig. Das runde s ist zunächst am Wortanfang und in der Wortmitte noch sehr selten. Am Wortende steht es in der unserer heutigen Druckschrift ähnlichen Form, doch wird es auch oben oder unten oder an beiden Stellen geschlossen und nähert sich damit dem Aussehen der Ziffer 8. Gelegentlich ähnelt es dem Majuskel-B oder es wird etwas gestreckt nach unten gezogen. Immer aber — und das ist bei der Erkennung in schwierigen Texten zu beachten — wird dieser Buchstabe von der Mitte aus zu schreiben begonnen. Das lange s wird von der oberen Mittellinie aus zuerst nach unten und dann parallel dazu wieder nach oben gezogen, wodurch gelegentlich Doppelschäfte entstehen, um dann über der Mittelzeile nach rechts (hier manchmal auch in einer Schlinge) abzubiegen. Beim t wird der Querbalken häufig nicht auf den Schaft aufgesetzt, sondern durch dessen oberen Teil durchgezogen oder daneben gesetzt, wobei dann die Unterscheidung vom c schwierig ist. Der Schaft beim c und t wird üb-

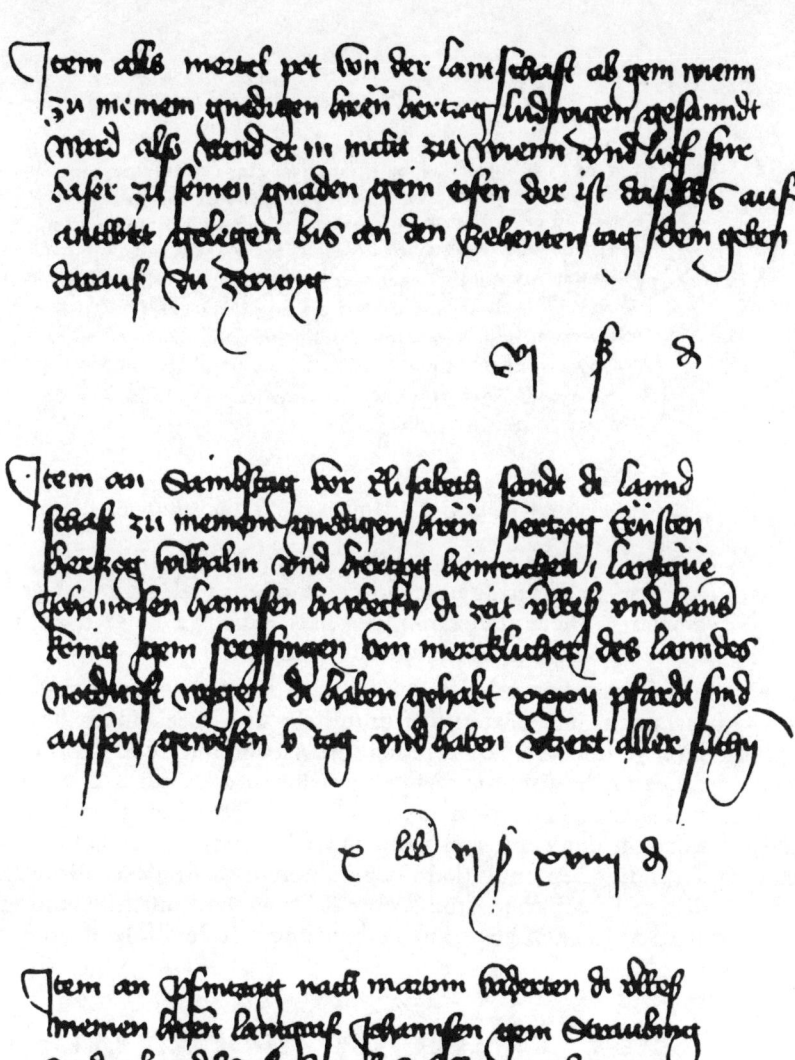

Abb. 53: Gotische Kursive aus der 1. Hälfte des 15. Jahrhunderts (1426)

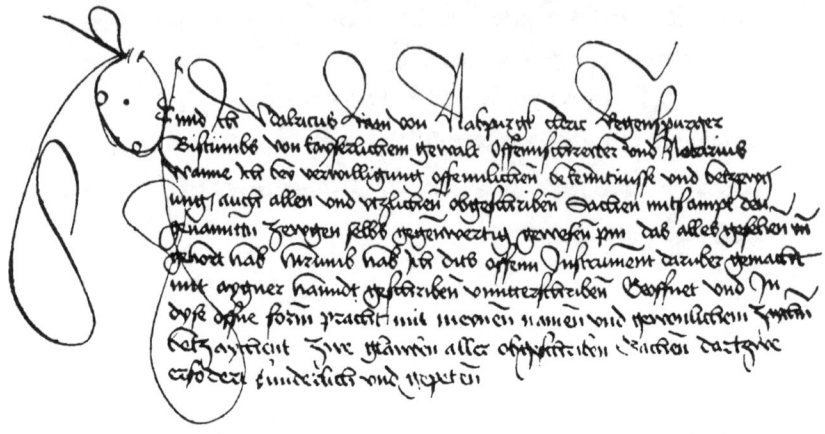

Abb. 54: Gotische Kursive aus der 2. Hälfte des 15. Jahrhunderts (1472)

rigens unten nicht nach rechts umgebogen, sondern verläuft meist geradlinig nach abwärts. Die Entwicklung des Buchstabens z neigt dazu, eine Unterlänge mit Schlingenschwung auszubilden.

Die Anfangsbuchstaben erhalten einen nach links gebogenen rüsselförmigen Ansatzstrich, der gewöhnlich unterhalb des Buchstabens beginnt. Durch die häufige und vielfach regelmäßige Anwendung von „Großbuchstaben" am Beginn bestimmter Wörter entstehen allmählich eigene, aus dem Wesen des gotischen Formempfindens gestaltete Schriftzeichen, die ihre Herkunft von der Minuskel wohl erkennen lassen, aber allmählich doch neue Grundformen entwickeln. Charakteristisch in dieser Beziehung ist das R, dessen Schaft oben eine kleine Schlinge und anschließend eine waagrecht nach rechts gezogene, zur Verbindung mit dem folgenden Buch-

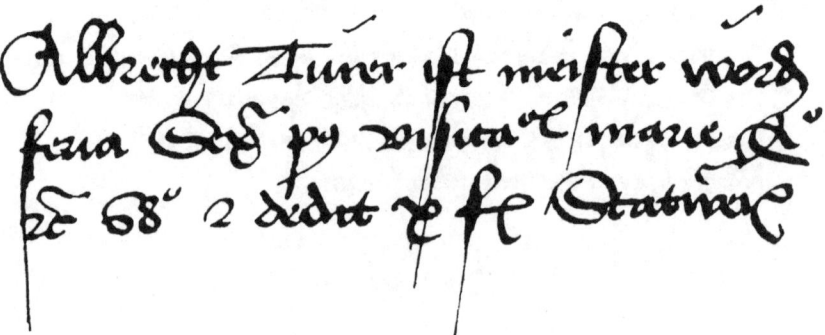

Abb. 55: Gotische Kursive aus der 2. Hälfte des 15. Jahrhunderts (1468)

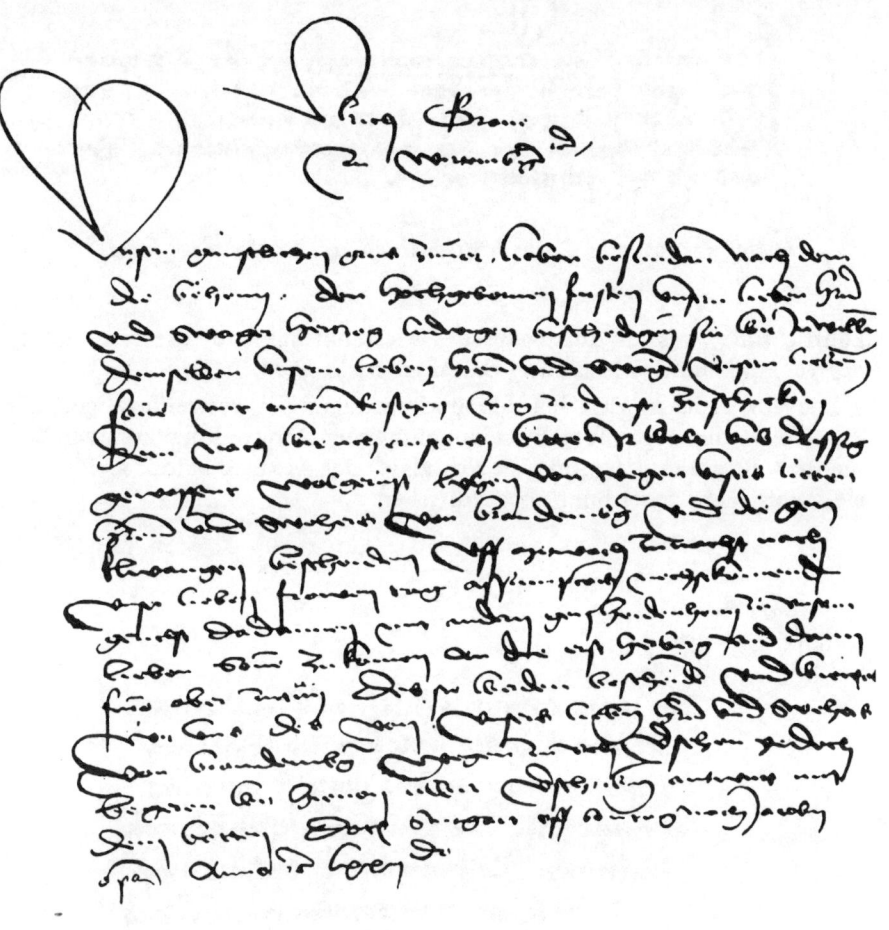

Abb. 56: Gotische Kursive aus der 2. Hälfte des 15. Jahrhunderts (1472)

staben ausgezeichnet geeignete Zunge aufweist, oder das S, das als von der Mitte heraus gezogenes sogenanntes rundes s etwa dem gleichen Buchstaben in der Schwabacher Druckschrift entspricht.

Im übrigen beleben das Schriftbild schwunghafte Ansatzbögen, die vor allem bei den Wortanfängen sowohl von unterhalb der Zeile herauf als auch aus dem Bereich der Oberlängen zur Mittelzeile geführt werden. Dabei zeigt sich in den dafür geeigneten Schäften (z. B. bei v oder dem ersten Schaft des w, dann auch bei der Schlinge des d oder dem Ansatzstrich zum e) eine zunehmende Druckverstärkung nach schräg unten in

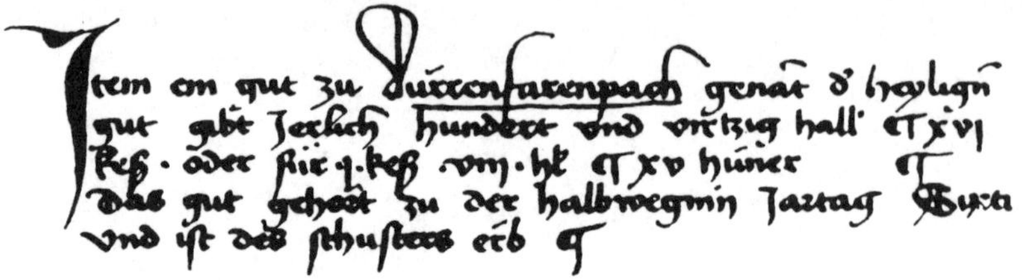

Item ein gut zu Durrenfarenpach genant der heyligen gut gibt Jerlich hundert und viertzig hall' ... xvi kes · oder für 1 kes · viij · hl ... xv huner ... Das gut gehort zu der halbwegnin Jartag Sixti und ist des schusters erb

Abb. 57: Gotische Buchschrift aus dem 15. Jahrhundert (1462)

Laufrichtung, was als durchgehendes Merkmal dann für die erste Hälfte des 16. Jahrhunderts besonders charakteristisch wird.

Die zur gleichen Zeit bei den Bucheintragungen verwendete gotische Kursive ist demgegenüber trotz zunehmender Anwendung kursiver Elemente weit gezähmter und gibt sich gleich der Textura betont ästhetisch; sie ist oft mehr gezeichnet als geschrieben.

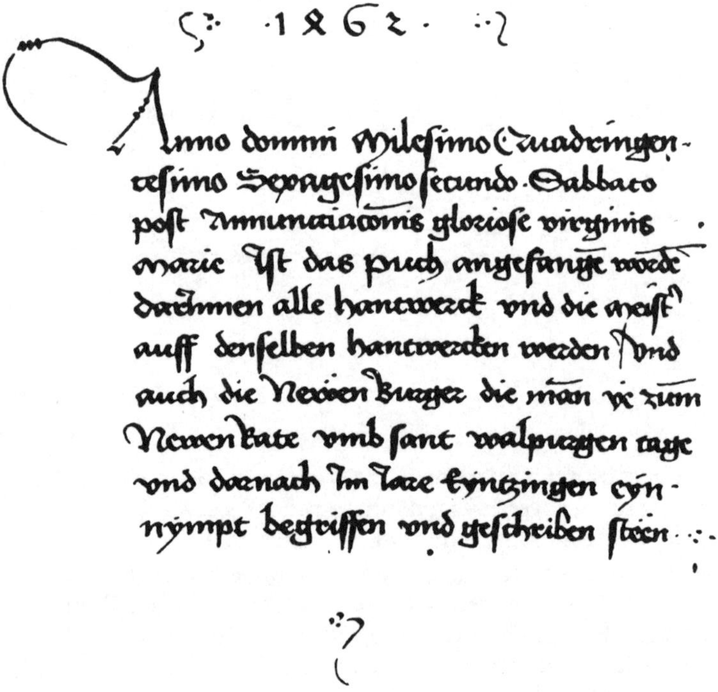

1462

Anno domini Millesimo Quadringentesimo Sexagesimo secundo · Sabbato post Annunciacionis gloriose virginis marie Ist das puch angefangen worden dar Inen alle hantwerck und die meister auff denselben hantwercken werden Und auch die Newen Burger die man ye zum Newen Rate umb sant walpurgen tage und darnach Im Jare Eyntzingen eynnympt begriffen und geschriben steen

Abb. 58: Gotische Buchschrift aus dem 15. Jahrhundert (1462)

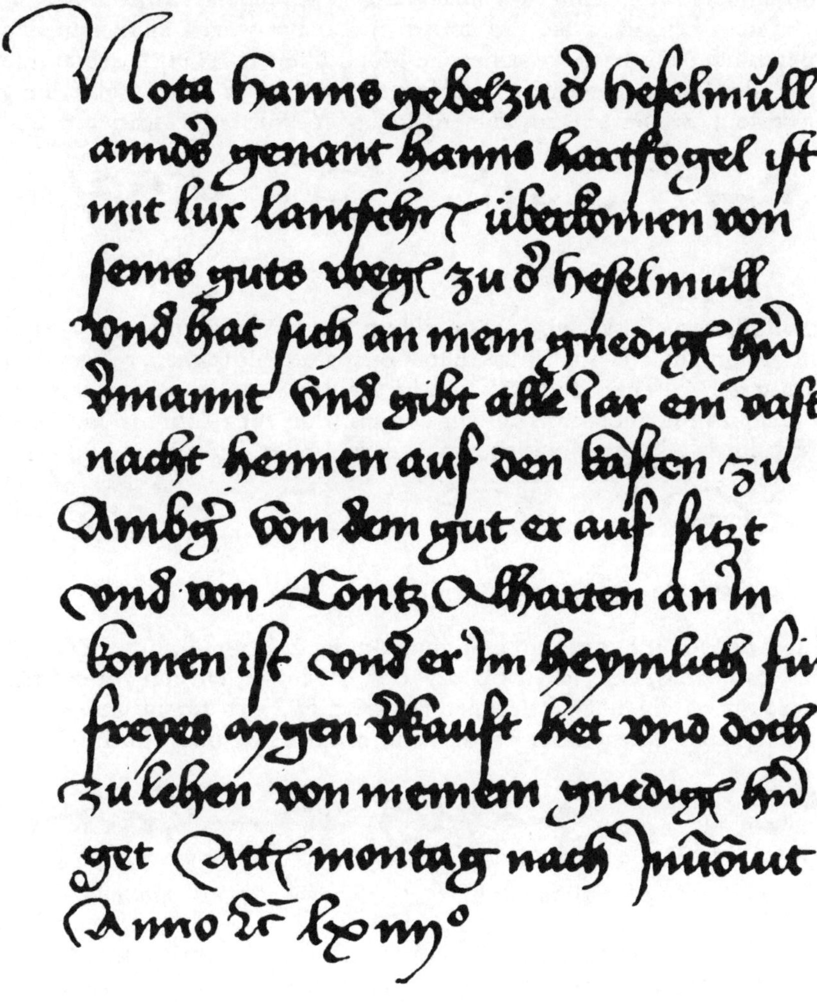

Nota hanns gebel zu d hefelmüll
ander genant hanns hartfogel ist
mit lux lantfchr überkomen von
feins guts wegen zu d hefelmull
vnd hat fich an mein gnedign hrn
vmannt vnd gibt alle Jar ein vaft-
nacht hennen auf den kasten zu
Ambg von dem gut er auf fitzt
vnd von Contz Alharten an in
komen ist vnd er Im heymlich für
freyes aygen kauft het vnd doch
zu lehen von meinem gnedign hrn
get Act montag nach Inuout
Anno ꝛc lxiiij°

Abb. 59: Gotische Buchkursive aus dem 15. Jahrhundert (1464)

Infolge des Bestrebens nach schnellem Schreiben tritt das in früheren Schriftperioden wechselnd von Bedeutung gewordene lateinische Abkürzungssystem besonders bei der gotischen Kursive wieder stärker in den Vordergrund. Man hatte verschiedene Möglichkeiten, häufiger gebrauchte Worte oder Buchstabengruppen zu kürzen, und zwar durch Abbrechung (Suspension), wobei ein zusammenhängender Wortteil geschrieben und

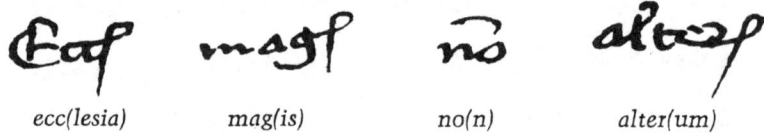

ecc(lesia)   mag(is)   no(n)   alter(um)

der Schluß weggelassen wird; zum andern durch Verkürzung des Wortes (Kontraktion), indem nur einige charakteristische Buchstaben, gelegentlich auch nur der Anfangs- und Schlußbuchstabe den Sinn des Wortes vermitteln (z. B. nrm für nostrum, dni für domini, rlois für relationis und dgl.); weiters durch Abkürzungszeichen von bestimmter Bedeutung wie etwa

ep(iscopu)m   om(ne)s   t(ame)n   d(omi)n(u)s

ein Rechtsbogen für con, cum und cun, ein der Ziffer 9 ähnliches Zeichen für us, os oder is, ein Haken für ur, ir, ri, r oder er, ein der 7 ähnliches Zeichen für et, ein überschriebener waagrechter Strich für m und n, ein der 4 ähnliches Zeichen für orum, rum, arum usw.; oder durch Abkür-

l(itte)rar(um)   quor(un)d(am)   p(a)p(a) (et) card(inales)

zungszeichen von wechselnder Bedeutung wie z. B. das unten quer durchstrichene p für per, por oder par, das p mit einem Querstrich darüber für prae, das an der Unterlänge umschlungene p für pro, das mit einem Querstrich überschriebene q für quae, das unterstrichene q für qui, das

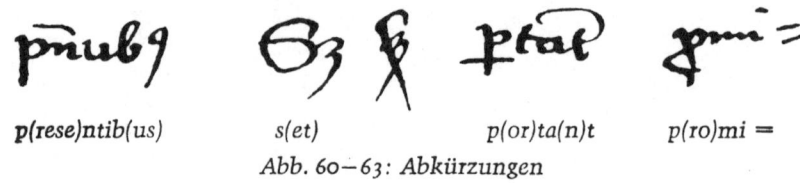

p(rese)ntib(us)   s(et)   p(or)ta(n)t   p(ro)mi =

Abb. 60–63: Abkürzungen

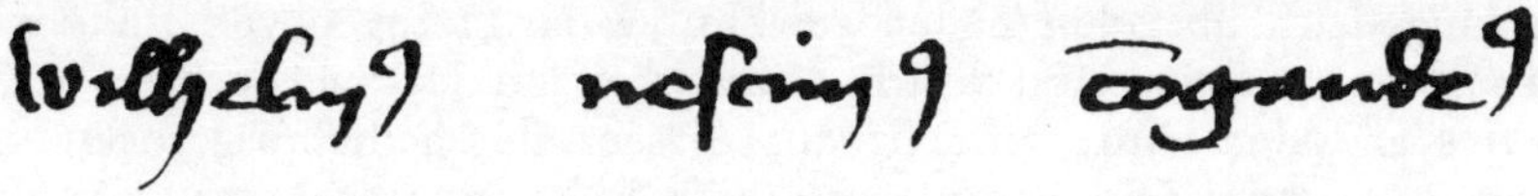

| Wilhelm(us) | nescim(us) | co(n)gaude(mus) |

unterstrichene Doppel-q für quoque usw. Oder man konnte Abkürzungen von Worten erreichen durch Überschreiben von Buchstaben wie z. B. a über g für erga, i über g für igitur, o über v für vero, o über m für modo usw. und schließlich durch eine Fülle von konventionellen Zeichen. Für die korrekte Auflösung dieser Abkürzungen ist die Benutzung des „Lexi-

| ven(er)ant | p(ri)ncipes | co(n)g(re)ga(r)i | f(e)c(i)t |

con abbreviaturarum" von Adriano Cappelli ein schätzenswerter und unentbehrlicher Behelf. Die Kenntnis der Grundzüge dieses im lateinischen Sprachgebrauch entwickelten Abkürzungssystems ist nicht nur für die im Beginn der gotischen Periode noch überwiegend lateinischen Texte, sondern zum Lesen deutscher Vorlagen auch der späteren Zeit unerläßlich, da selbst in deutschen Worten die lateinischen Kürzungen verwendet werden. So kann beispielsweise „Berg" mit durchstrichenem p und anschließendem g geschrieben werden oder „Bruder" mit der Sigle für pro (das in der Unterlänge umschlungene p), einem d und anschließendem er-Haken, der im Lateinischen vor allem ur bedeutet. Oder es wird die erste Silbe von „Prälat" mitten im deutschen Text durch die lateinische Abkürzung für prae (p mit darübergeschriebenem Querstrich) wiedergegeben. Oder die Buchstaben „er" in der Vorsilbe „ver", in „begern", in „unsern", in „oder" usw. werden durch den über die Zeile gesetzten Haken des lateinischen Abkürzungssystems ausgedrückt. In der gotischen Kursive sind der waagrechte Kürzungsstrich für m und n und der er-Haken geradezu ein integrierender Bestandteil der Schrift. Anfänglich wird der

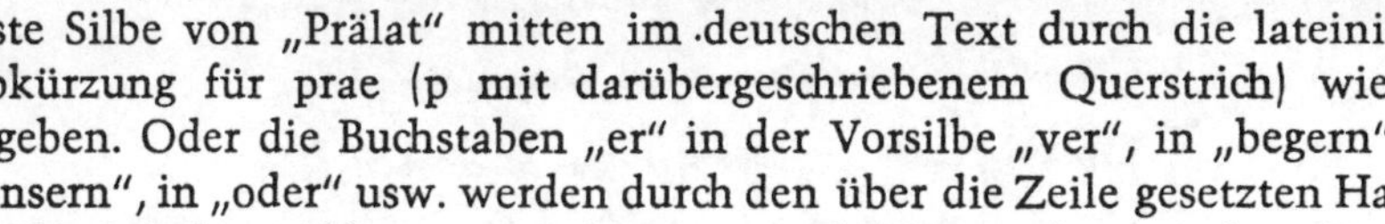

| p(rae)laten | v(er)ordneten | d(er)g(e)stalt |

Abb. 64–66: Abkürzungen

Kürzungsstrich über den Zeilen gewöhnlich langgezogen von links nach rechts betont; alsbald setzt sich dieser aber am letzten Buchstaben des Wortes an oder wird vielmehr aus diesem flüssig herausgezogen und meist in starkem Bogen von rechts nach links zurückgeworfen. Ähnlich wächst auch der er-Haken unmittelbar aus der Buchstabenfolge heraus, um über der Zeile einen Bogen zu bilden. Diese schwunghafte Art, die Abkürzungsstriche zu setzen, die rüsselförmigen Ansatzstriche am Wortbeginn, die deutlichen Schlingen der Buchstaben und die kräftig markierten Senkrechten sowohl in der Ober- wie in den nach unten spitz verlaufenden Unterlängen formen im gegenseitigen Zusammenspiel den Duktus der gotischen Kursive als einer überaus schwungvollen und belebten Schrift.

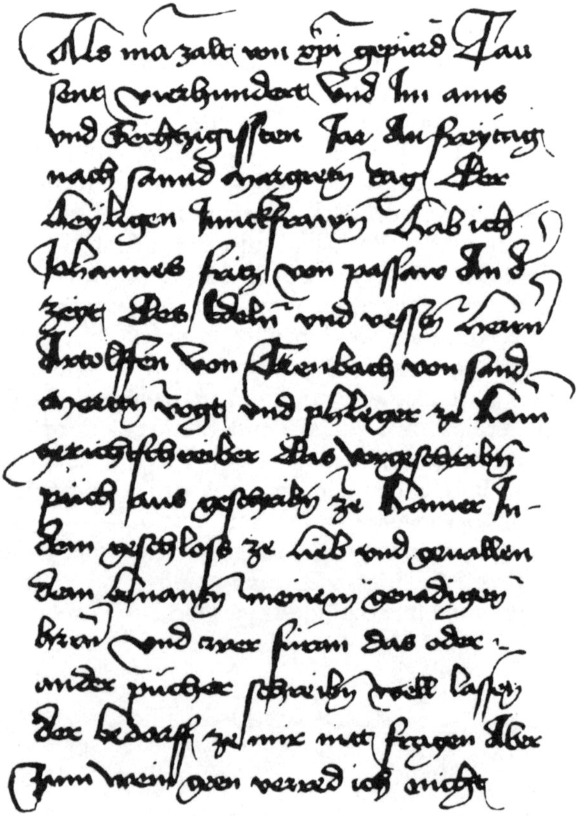

Abb. 67: Gotische Kursive aus dem 15. Jahrhundert (1461)

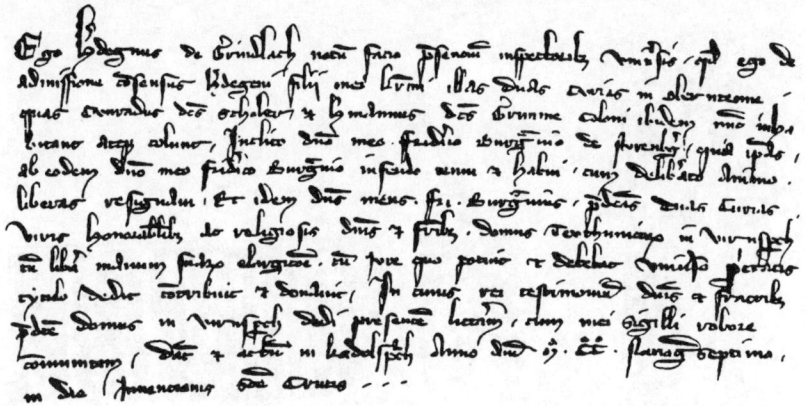

Abb. 68: Gotische Urkundenschrift aus dem Ende des 13. Jahrhunderts (1297)

In ihrer Verwendung beschränkte sich die gotische Kursive keineswegs auf eine besondere Gattung von Schriftsätzen, sondern wurde sowohl als Gebrauchs- und Geschäftsschrift als auch als Buchschrift und für die Ausfertigung von Urkunden verwendet. Es liegt im Wesen dieser Kursive, daß sie sich nicht nur zu einem flüchtigen, raschen Schreiben, sondern zugleich auch in sorgfältiger Reinschrift sehr gut für Buchtexte und die feierliche Niederschrift von Urkunden eignete. Insofern bestand während der gotischen Periode kein Bedürfnis nach einer eigenen Urkundenschrift. Der selbständige Charakter der Urkunden, vor allem der aus der kaiserlichen Kanzlei stammenden, wie er noch im 11. Jahrhundert deutlich hervortrat, verlor sich bereits im Laufe des 13. Jahrhunderts. Anstelle der entwickelten Karolingischen Minuskel trat die gotische Schrift. Beide Grundformen, die Minuskel und die Kursive, sind in Urkunden zeitlich nebeneinander verwendet worden. Alsbald ergab sich eine Mischung der reinen Minuskel mit kursiven Elementen, wobei die kursiven Eigenheiten der Schrift im

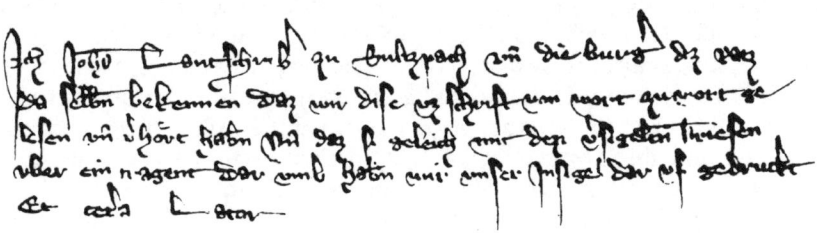

Abb. 69: Gotische Urkundenschrift aus dem 14. Jahrhundert (1350)

Abb. 70: Ausschnitt aus einer Urkunde König Ludwigs des Baiern mit figuraler Ausschmückung (1337)

Fortschreiten der Zeit immer mehr den Vorzug gewannen. Am ausgeprägtesten wurde die gotische Urkundenschrift im 14. Jahrhundert, zur Zeit Ludwigs des Baiern und Karls IV. Die zunehmende Schreibertätigkeit und der allmählich sich durchsetzende Gebrauch, Empfängerausfertigungen zur Beurkundung auch in der kaiserlichen Kanzlei vorzulegen, verhalf zweifellos dazu, daß sich die allgemein im Gebrauch stehende kursive Form der gotischen Schrift sieghaft durchzusetzen vermochte. Auf der gleichen Linie liegt, daß seit der Mitte des 13. Jahrhunderts selbst für Diplome die deutsche Sprache in Verwendung kam und allmählich das Lateinische zurückdrängte. Die älteste Königsurkunde in deutscher Sprache ist die Bestätigung Konrads IV. über einen Vergleich zwischen der Stadt Kaufbeuren und den Herren von Kemenathen aus dem Jahre 1240. Zur Zeit Rudolfs von Habsburg war der Gebrauch der deutschen Sprache bereits sehr häufig und unter Ludwig dem Baiern errang sie die Gleichberechtigung mit der lateinischen Sprache. Daß bei Urkunden die Schrift besonders sorgfältig und ihre Formen in kalligraphischer Ebenmäßigkeit ausgeführt sind, versteht sich aus deren Wesen von selbst. Schmuckelemente, wie das Hervorheben des Namens und Titels des Ausstellers und besonderer Formeln (z. B. der Signumszeile in Königsurkunden), bestimmen auch weiterhin das formschöne Gesamtbild, sind aber nunmehr — mit Ausnahme der

Ausschmückung einzelner Buchstaben, vor allem in der obersten Zeile – im allgemeinen sparsamer. Es trägt die Schrift als solche in ihrer kalligraphischen Sorgfalt wesentlich zu dem beabsichtigten feierlichen Gepräge der Urkunde bei.

Die gotische Schrift stand während des in Sonderheit durch die Blüte der städtischen Gemeinwesen und durch den bedeutenden Aufschwung von Kultur und Wirtschaft charakterisierten Zeitraumes vom 13. zum 15. Jahrhundert in uneingeschränkter Verwendung. Ihr Höhepunkt liegt im 14. Jahrhundert. In der zweiten Hälfte des 15. Jahrhunderts macht sich allmählich eine Schriftverschlechterung bemerkbar, die das Ende der gotischen Periode einleitete. Eine neue Kulturströmung, von Italien ausgehend, die Renaissance, die sich bereits im 14. Jahrhundert in Prag ankündigte, gewann als Humanismus gegen die Wende zum 16. Jahrhundert auch in den übrigen Teilen Deutschlands zunehmend an Boden. Für die weitere Entwicklung der Schrift waren damit neue Voraussetzungen gegeben.

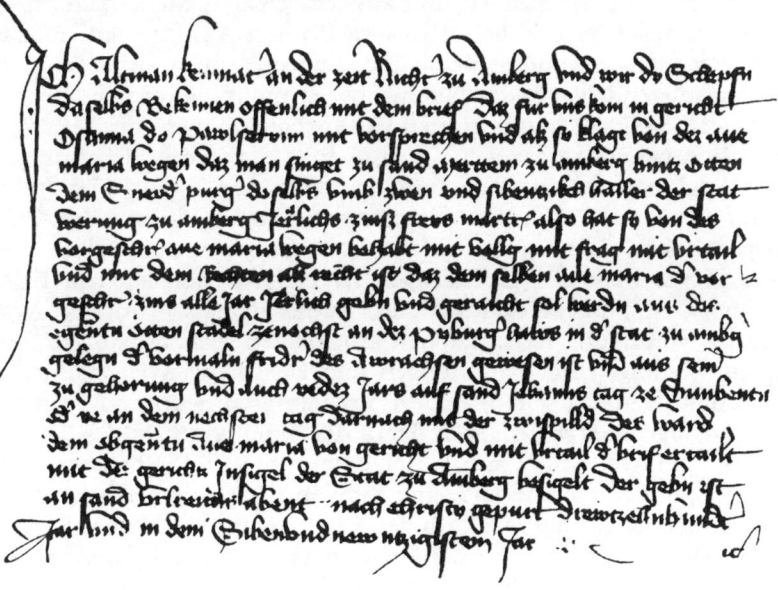

Abb. 71: Urkunde aus dem Jahre 1397

Schrift und Buchdruck

Bevor in der Schriftentwicklung Deutschlands der Einfluß der Renaissance augenscheinlicher wirksam wurde, erfuhr das Schreibwesen durch die Erfindung des Mainzer Patriziersohnes Johannes Gutenberg eine ungeahnte Bereicherung.

Der Gedanke, durch mechanische Vervielfältigung Texten eine weitere Verbreitung zu sichern, war zu Gutenbergs Zeiten an sich nicht mehr fremd. Man druckte bereits Blockbücher (xylographische Drucke), bei denen jeweils eine ganze Seite des Schriftsatzes meist im Zusammenhang mit Bildern in eine Holzplatte geschnitten und dann abgezogen wurde. Auch lag bei dem hochentwickelten Stand der Kunstfertigkeit in den einzelnen Handwerken die Möglichkeit, mit auswechselbaren Metall-Lettern Worte zusammenzusetzen und beispielsweise für den Aufdruck auf Einbänden zu verwenden, zumindest den Goldschmieden und Buchbindern nahe. Das umstürzend Neue, das Gutenbergs Erfindung ausmachte, war indes die Bewältigung des komplizierten technischen Problems des Letterngusses und die Anwendung der dabei gewonnenen praktischen Erfahrungen für das bis dahin noch nicht bekannte „Schreiben mit Typen" (Typographie). Dieses neue technische Verfahren, dem lediglich durch wirtschaftliche Gegebenheiten Grenzen gesetzt war, ermöglichte es nun, selbst umfangreiche Texte in vielen gleichartigen Exemplaren herzustellen. Was dies bedeutete, ist daran zu ermessen, daß Bücher damals — trotz des Vorhandenseins von häufig recht rationell arbeitenden gewerbsmäßigen Schreibstuben — infolge ihrer langwierigen und kostspieligen Herstellung nicht nur verhältnismäßig selten, sondern nach unseren heutigen Begriffen auch unvorstellbar teuer waren. Von dem Erlös einer Abschrift des Geschichtswerkes von Livius kaufte sich beispielsweise 1427 ein Eichstätter Domherr ein Landgut bei Florenz und eine 1470 in Straßburg geschriebene Bibel kostete 60 Gulden; das war auch der Kaufpreis für ein kleines Bauerngut! Durch die mechanische Verfielfältigung im Buchdruck konnten Bücher nunmehr um vieles erschwinglicher werden und es war der Weg geebnet für die Ausstrahlung des Gedankengutes in die Weite. In der Tat sind Renaissance, Humanismus und Reformation in ihrer dann das 16. Jahrhundert bestimmenden Breitenwirkung ohne die Voraussetzung, die der Buchdruck bot, nicht zu denken. Auch für die Schriftentwicklung im besonderen bedeutet die Erfindung der Typographie, die — um Worte des

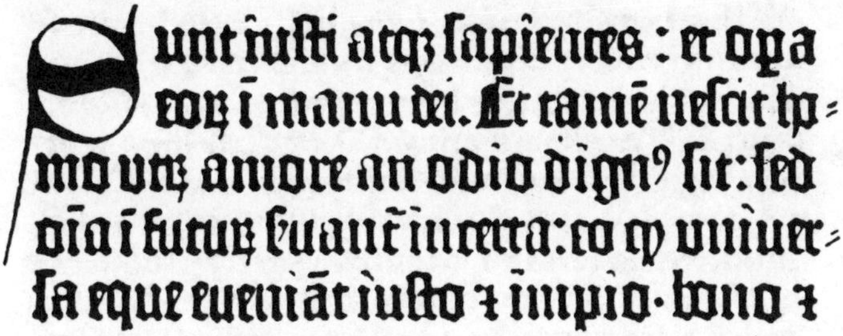
Sunt iusti atq; sapientes: et opa
eor̄ i manu dei. Et tamē nescit homo utrū amore an odio dign⁹ sit: sed
oīa i futur̄ servant̄ incerta: eo q̄ univer-
sa eque eveniāt iusto et impio. bono et

Abb. 72: Aus der 42-zeiligen Bibel Gutenbergs (1452/1455)

Humanisten Jakob Wimpfeling aus dem Jahre 1507 zu gebrauchen – „uns zu neuen geistigen Trägern der Lehren des Christentums, aller göttlichen und menschlichen Wissenschaften und dadurch zu Wohltätern der ganzen Menschheit erhoben hat", die Voraussetzung für eine gesteigerte Entfaltung, da nun das Lesen und Schreiben in einem weit umfassenderen Ausmaß Gemeingut breitester Schichten der Bevölkerung geworden sind.

Abgesehen von diesen dann bereits in kommende Zeiabschnitte weisenden Auswirkungen der Erfindung Gutenbergs wurde die Typographie für die weitere Schriftentwicklung insofern von besonderer Bedeutung, als sich ihr Einfluß auch bei der Gestaltung der Schriftformen und damit überhaupt beim Schriftstil in sehr durchgreifender Weise bemerkbar machte. Mag auch die Behauptung F. H. Ehmckes „Vom Zeitpunkt dieser Erfindung an ist die Geschichte der Schrift vorwiegend eine Geschichte der Druckschrift" zu weitgehend sein, ist doch selbst bei ausschließlicher Betrachtung des Stilwandels der Schreibschrift der typographischen Entwicklung insbesondere in der zweiten Hälfte des 15. und zu Beginn des 16. Jahrhunderts eine stärkere Beachtung zu schenken als dies im allgemeinen üblich ist. Zunächst zeigt sich nämlich, daß das Formgefühl der Renaissance im Buchdruck früher und offenkundiger zum Durchbruch kam als bei der in Deutschland gleichzeitig in Gebrauch gewesenen Handschrift. Man wird deshalb in der Entwicklung unserer Schrift den Buchdruck als den Wegbereiter der Renaissance bezeichnen dürfen.

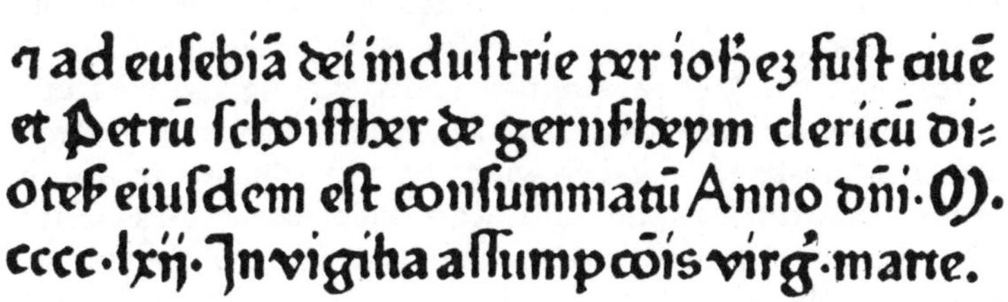
et ad eusebiā dei industrie per iohēz fust ciuē
et Petrū schoiffher de gernszheym clericū di-
ocef eiusdem est consummatū Anno dñi. M.
cccc.lxij. In vigilia assumpciōis virg. marie.

Abb. 73: Aus der Schlußschrift der 48-zeiligen Bibel von Fust und Schöffer (1462)

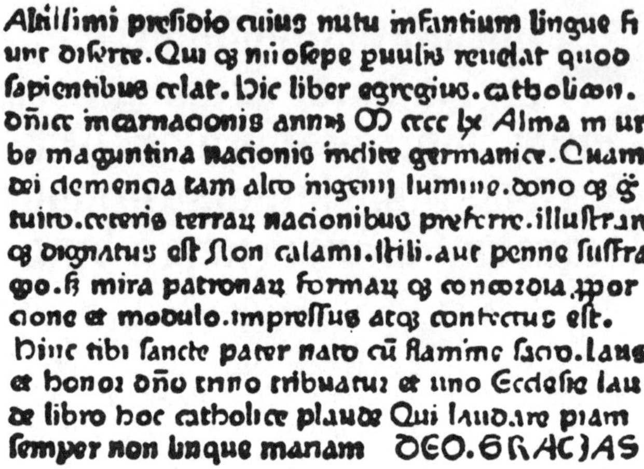

Alissimi presioio cuius nutu infantium lingue si
unr disterre. Qui og nii osepe puulis reuelat quoo
sapientibus celat. Dic liber egregius. catbolicon.
Dñict incarnaaonis annis CD ccc lx Alma m ur
be maguntina nacionis inclite germanice. Cuam
dei clemenaa tam alto ingenii lumine. dono og g
suiro. ceteris terras nacionibus presenre. illustrare
og dignatus est son calami. shili. aut penne sustra
go. si mira patronau formau og concoroia. por
aone et modulo. impressus atog contectus est.
Diue tibi sancte patre nato cu stamine sano. laus
et honor dño trino tribuatur et uno Ecclesie lau
de libro hoc catholice plaude Qui laudare piam
semper non linque mariam DEO. GRACIAS

Abb. 74: Schlußschrift des Mainzer Catholicondruckes (1460)

Gutenberg selbst, dessen Druckwerke unmittelbar an die überkommene
Gepflogenheit der handschriftlichen Bücher anknüpfen, verwendete zum
Guß seiner Lettern in erster Linie die künstlerisch ausgeprägte Form der
gotischen Buchminuskel (Textura). Das Mainzer Fragment vom Weltge-
richt (1445), dann die Donat- und Kalenderdrucke (1445—1455) und das
erste umfangreiche, mit beweglichen Lettern gedruckte Buch, die 42-zeilige
Bibel (1452—1455), weisen im Fortschreiten der technischen Vervollkomm-
nung jene gotische Buchminuskel in einer unüberbietbaren Formvoll-
endung auf. Aber schon der 21-zeilige Ablaßbrief von 1454/55 ist mit einer
wesentlich kleineren und vor allem in der Brechung leicht abgerundeten
Type gedruckt, wobei als Anfangsbuchstabe des ersten Wortes „Universis"
ein V in der Grundform der römischen Kapitale steht. Noch deutlicher
zeigt sich bei aller Wahrung des gotischen Schriftempfindens die Tendenz
zur runden Form und damit der Einfluß der Renaissance im Typenschatz
des Mainzer Catholicondrucks von 1460, wo zu den immerhin eng bei-
einanderstehenden und vertikal gerichteten, aber abgerundeten Kleinbuchstaben für die Großbuchstaben Formen verwendet werden, die mehr
dem römischen Charakter entsprechen. Die Mischung von ganz oder noch
teilweise im Gotischen beharrenden Kleinbuchstaben mit ausgesprochen
lateinischen Majuskeln zeigt sich wiederholt in frühen Inkunabeln (z. B.
in dem von Fust und Schöffer 1457 gedruckten Mainzer Psalterium oder
in der von Antonius Rampigollis um 1475 gedruckten Bibel von St. Ulrich
und Afra in Augsburg) und insbesondere bei der Rubrizierung zahlreicher
Frühdrucke, d. h. bei der farbigen handschriftlichen Ausschmückung der

Ein Vor red dis büchs genant die
Guldin Bibel·Innhaltend belonung
der tugennt vnnd frrouf der laster

Ics nachuolgend werck
vñ büchlin ſo mitt dem
allerhöchſtē flyſz durch
einen durchlewchtigen
doctor vñ andechtigen
vater gemachet iſt·mit
naṁ antoniū rāpigolis
iſt durch ynſprechē des
heyligen geyſts ze ſame
erlücht vñ geleſen wor

Abb. 75: Aus der Augsburger (St. Ulrich und Afra) „Deutsch guldin Bibel" (1475)

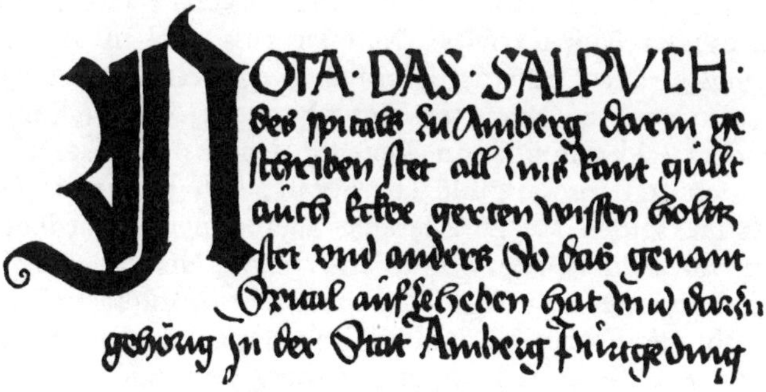

NOTA·DAS·SALPVCH·
des ſpitals zu Amberg darein ge
ſchriben ſtet all ſins kant gültt
auch erbe gerten wiſſen Gobit
ſtet vnd anders So das genant
Oxnall auffgeheben hat vnd darin
gehörig jn der Stat Amberg Rüetgedung

*Abb. 76: Gotische Schrift
mit lateinischen Versalien im Salbuch des Spitals zu Amberg (1494)*

Erhardi Ratdolt Augustensis viri
solertissimi:preclaro ingenio ᴢ miri
fica arte:qua olim Venetijs excelluit
celebratissimus. In imperiali nunc
vrbe Auguste vindelicoᴢ laudatissi
me impressioni dedit.Annoqʒ salu.
tis.Ø.CCCC.LXXXVI.Cale.
Aprilis Sidere felici compleuit.

Abb. 77: *Rotunda-Drucktype des Erhard Ratdold in Augsburg (1486)*

Drucke und dem Einzeichnen von Initialen, wofür sehr häufig Unzial-
buchstaben bevorzugt wurden.

Die rasche Ausbreitung des Buchdruckes brachte die Jünger der neuen
Kunst frühzeitig in unmittelbare Berührung mit der geistigen Welt der
Renaissance, zumal sich neben Deutschland, Frankreich, Spanien, Holland,
der Schweiz und anderen europäischen Ländern gerade Italien hiefür als
ein sehr fruchtbarer Boden erwies. Die erste Druckerei in diesem Lande
wurde von den beiden Deutschen Konrad Sweynheim und Arnold Pan-
nartz 1464, also noch zu Lebzeiten Gutenbergs, in Subiaco unweit von
Rom gegründet. Bald nahm dann Venedig den ersten Platz unter den
Frühdruckstätten Italiens ein und entwickelte sich bis gegen Ende des
Jahrhunderts mit seinen 150 Druckereien überhaupt zum bedeutendsten
Buchzentrum von damals. Hier schuf der Franzose Nikolaus Jenson seine
dann für Jahrhunderte zum Vorbild genommene Antiqua und hier war
auch der Augsburger Erhard Ratdold als einer der anerkanntesten Drucker
Venedigs tätig. Als dieser 1485 nach Augsburg zurückkehrte, brachte er
aus Italien die Rotunda (die rundgotische Schrift) nach Deutschland mit,
die hier alsbald sehr beliebt wurde. In Straßburg war es Adolf Rusch, der
noch vorher, bereits im Jahre 1464, zum ersten Male die reine Antiqua
benutzte und damit diese romanische Schriftgattung nicht nur erstmals
in Deutschland, sondern überhaupt im neu entstandenen Druckwesen
einführte. Ihm folgte in der Anwendung der Antiqua als zweiter, ebenfalls in Straßburg, Martin Schott. Die Geschichte des Frühdruckes vermag

66

se :sed nil rupe oportet. Nõ ꝑdest inste
ꝑgredi : sed pondus oportet excutere.
mundum discurrunt : aut quia locum n
quo suoꝝ viciorum plenitudinem exerc
quia iactanciam de suis itineribus sper
de peregrinacione cotporali hoc tantúı
sed eciã de spirituali(quia multi pereg

noch viele solcher Beispiele der direkten Beziehungen zur italienischer
Renaissance und durch sie zum frühen deutschen Humanismus aufzuwei-
sen, die erkennen lassen, wie aufgeschlossen das neue technische Verfahren für das gegenüber dem gotischen Schriftgefühl völlig andersge-
artete römisch-italienische Formempfinden gewesen ist. Aber abgesehen
von diesem formal Äußeren war gerade der Buchdruck auch für die Verbreitung des Gedankengutes der Renaissance von nicht zu unterschät-
zender Bedeutung; viele im Buchdruck tätigen Männer, gründliche Kenner
und begeisterte Verehrer des wiedererstandenen römischen Altertums und
der geistigen Umformung des Welt- und Menschenbildes, waren zugleich
auch die Vermittler dieser, das ganze Lebensgefühl von Grund auf ver-
ändernden Kulturwerte. Es kann als ein symptomatisches Kennzeichen
gewertet werden, daß die älteste, im Geiste der Renaissance um 1400 geschriebene deutsche Dichtung, der Ackermann aus Böhmen, als erstes
illustriertes gedrucktes Buch und als das älteste gedruckte Bühnenstück
der Welt 1460 oder 1461 in Bamberg die Presse verließ.

Hoc Conradus opus suueynheym ordıne mıro
Arnoldusꝗ: sımul pannartf una ede colendı
Gente theotonıca: rome expedıere sodales.

In domo Petrı de Maxımo. M. CCCC. LX VIII.

Vil menfchen weren der peftelencz frey
weften fp dat für ein rechte ertznep
Darumb fo höre was ich dir fagen wil
wan alfo fterben ift gar ein kurtzes tzpl
Des erften halt den rat den ich mein
Wann der duncker mich ficher mr klein
Das man in difer fach ernnftlich fol
antüffen got das hilfet ficher wol
Sant Scbaftians auch nit vergiß
wann fein belffen ift auch gar gewiß

Abb. 80: Gotico-Antiqua (1473)

Das rasche Eindringen der Stilformen der Renaissance in die Druckschrift dürfte in einem rein technischen Problem seine äußere Begründung
haben. Denn der Buchdruck als ein mechanisches Schreibverfahren schloß
die Tendenz zur weitgehenden Normierung der Lettern in sich. Die der
gotischen Schrift eigene Verschmelzung von Buchstaben, um nur eines der
wesentlichen Merkmale hervorzuheben, kennt die auf die Karolingische
Minuskel und in den Großbuchstaben auf die römische Kapitale zurück-
gehende Renaissance-Antiqua in diesem Ausmaße nicht; hier steht als
Stilprinzip die Isolierung der einzelnen Buchstaben im Vordergrund. Und
dieses Stilprinzip erleichterte zweifellos den Vorgang der Buchstabennor-
mierung als vereinfachende Voraussetzung für den Letternguß. Gutenbergs
Typenschatz für die 42-zeilige Bibel bestand noch aus 47 Großbuchstaben
und 243 Kleinbuchstaben und Interpunktionen, jener der 36-zeiligen
Bibel aus 22 Großbuchstaben und 164 Kleinbuchstaben, sowie 10 weiteren
Zeichen. Demgegenüber ermöglichte in der Tat die Antiqua ein wesentlich vereinfachtes Typenmaterial. Dieser Vorgang der Buchstabennormie-
rung wirkte sich dann auch auf die Handschrift aus, und zwar insofern,
als namentlich die Großbuchstaben sich allmählich in bestimmten Grundformen festigten.

E MIE DEBILE VOCE TALE O GRA
tiofe & diue Nymphe abfone peruenerano &
inconcine alla uoftra benigna audiétia, quale
laterrifica raucitate del urinante Efacho al fua-
ue canto dela piangeuole Philomela. Nondi
meno uolendo io cum tuti gli mei exili cona-
ti del intelleéto,& cum la mia pauculá fufficié
tia di fatiffare alle uoftre piaceuole petitone,
non riftaro al potere. Lequale femota qualúque hefitatione epfe piu che
fi congruerebbe altronde, dignamente meritano piu uberrimo fluuio di

Abb. 81: Antiqua aus einem Druck von Aldus Manutius in Venedig (1499)

Außer der in ihren Stilelementen unorganischen Antiqua — die Kleinbuchstaben entstammen der ausgebildeten Karolingischen Minuskel des
11. und 12. Jahrhunderts und die Großbuchstaben der epigraphischen
Kapitale der frühen römischen Kaiserzeit — wurde im Druck auch eine
kursive Form eingeführt, die auf die Cancellaresca der päpstlichen Kanzleischrift und die gleichzeitige italienische Humanistenkursive zurück-
geht. Der durch seine hervorragenden Drucke berühmt gewordene vene-
zianische Drucker Aldus Manutius ließ diese schrägliegende Antiquakursive vermutlich auf Grund einer Vorlage des Francesco da Bologna
nachschneiden und verwendete sie erstmals 1501 als Drucktype. In ihr
liegen die Wurzeln unserer heutigen lateinischen Schreibschrift.

Gleichlaufend mit dem Eindringen dieser neuen Stilform in die ur-
sprünglich nicht nur im deutschen Sprachgebiet, sondern in allen europäischen Ländern ausschließlich vorherrschende gotische Druckschrift und
gleichzeitig mit der wechselweisen Verwendung von Gotisch und Antiqua

M agnanimosq; duces,totiusq; ex ordine gentis
M ores, et ftudia, et populos, et prælia dicam.
I n tenui labor, at tenuis non gloria, fi quem
N umina lena finunt, auditq; uocatus Apollo.
P rincipio, fedes apibus, ftatioq; petenda.

Abb. 82: Antiquakursive aus einem Druck von Aldus Manutius in Venedig (1501)

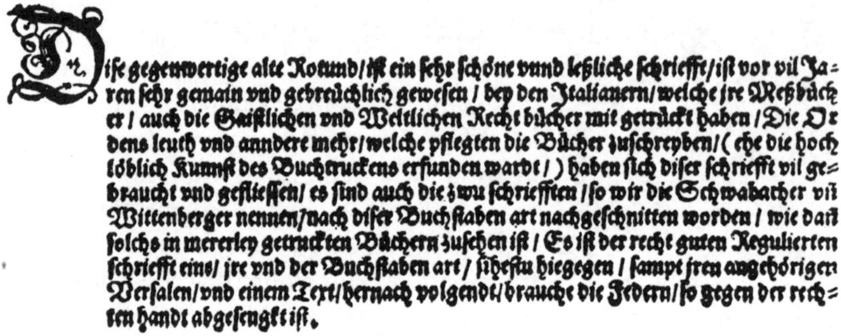

ist gegenwertige alte Rotund/ist ein sehr schöne vnnd leßliche schrifft/ist vor vil Ja=
ren sehr gemain vnd gebreüchlich gewesen / bey den Italianern/welche jre Meßbüch
er / auch die Gaistlichen vnd Weltlichen Recht bücher mit getruckt haben / Die Ot
dens leüth vnd anndere mehr/welche pflegten die Bücher zuschreyben/(ehe die hoch
löblich Kunst des Buchtruckens erfunden wardt /) haben sich diser schrifft vil ge=
braucht vnd geflissen/ es sind auch die zwu schriefften /so wir die Schwabacher vil
Wittenberger nennen/nach diser Buchstaben art nachgeschnitten worden / wie dann
solchs in mererley getruckten Büchern zusehen ist / So ist der recht guten Regulierten
schrifft eins/ jre vnd der Buchstaben art / sihestu hiegegen / sampt jren angehörigen
Versalen/vnd einem Text/hernach volgendt/brauche die Jedern/so gegen der rech=
ten handt abgesengkt ist.

Abb. 83: Schwabacher Drucktype (16. Jh.)

als gleichrangige Drucktypengattungen vollzog sich auch bei der gotischen
Druckschrift ein Wandel zur Einfachheit und leichteren Lesbarkeit. Unter
Einfluß der Rotunda entstand gegen Ende des 15. Jahrhunderts die soge-
nannte Schwabacher, die dann insbesondere in der ersten Hälfte des 16.
Jahrhunderts als volkstümliche Nebenform der feierlichen kirchlichen
Textura in vielen Drucken, vor allem in Nürnberg und Wittenberg, be-
nutzt wurde. Ihre letzte Ausgestaltung erfuhr die gotische Druckschrift zu
Beginn des 16. Jahrhunderts, und zwar als Fraktur. In ihrer Formgebung
durch die in der kaiserlichen Kanzlei üblich gewordene verzierte Kurrentschrift bestimmt, ist sie bis heute mit nur geringen, zeitbedingten Ab-
wandlungen die deutsche Druckschrift geblieben. Ihre erste Vorstufe findet sich in dem von Hans Schönsperger in Augsburg gedruckten Gebetbuch Kaiser Maximilians und weiter entwickelt in dem vom gleichen
Drucker 1517 geschaffenen prachtvollen Werk „Theuerdank". Die abge-
schlossene Form der Fraktur tritt erstmals in dem Begleittext zu Albrecht
Dürers Triumphwagen von 1522 und in dessen Buch über die Unterwei-
sung der Messung mit dem Zirkel und dem Richtscheit von 1525 auf. Im
Gegensatz zum Stilprinzip der Antiqua, bei dem die Buchstaben für sich

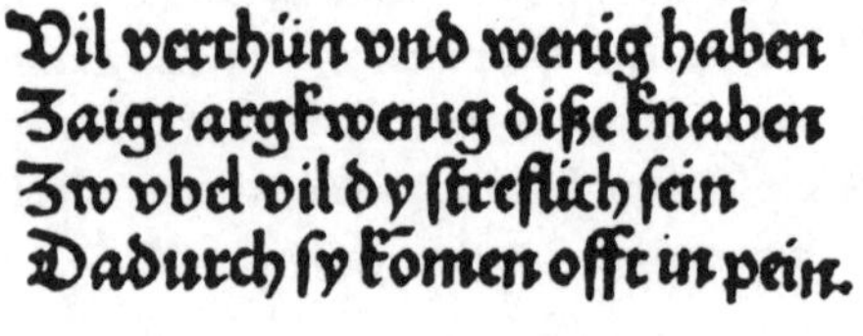

Vil verthün vnd wenig haben
Zaigt argkwenig diße knaben
Zw vbd vil dy streflich sein
Dadurch sy komen offt in pein.

Abb. 84: Schwabacher Drucktype (1508)

Ⅎ Antate domino canti=
cum nouū:cantate dūo
omnis terra· Cantate domio
et benedicite nomini eius: an=

Abb. 85: Fraktur aus dem Gebetbuch Kaiser Maximilians I. (1513)

stehen, sind diese in der Fraktur aufeinander abgestimmt. Auch besteht
hier ein einheitlicher Stilzusammenhang zwischen Groß- und Kleinbuchstaben. „Was in der Antiqua Konstruktion, ist in ihr Wuchs" (Ehmcke).
Eine gleiche organische Einheit verbindet diese Schriftform im besonderen
mit der deutschen Sprache (z. B. die Unterscheidung des runden vom
langen s, die Ausbildung des sogenannten scharfen ß und des tz). Und
deshalb erhielt sich die Fraktur, die außer in Deutschland noch in den
skandinavischen und baltischen Ländern sowie in den Gebieten des westslawischen Sprachbereiches bis in das 19. Jahrhundert in Gebrauch war,
auch über diesen Zeitpunkt hinaus als spezifisch deutsche Druckschrift.

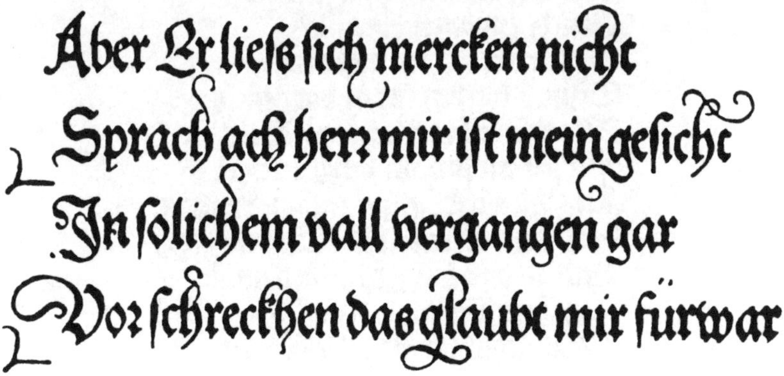

Aber Er ließ sich mercken nicht
Sprach ach herz mir ist mein gesicht
In solichem vall vergangen gar
Vor schreckßen das glaubt mir fürwar

Abb. 86: „Theuerdank"-Drucktype (1517)

71

em durchleuchtigiſten großmechtigen Fürſten vnd
herren/herrn Ferdinanden/zu Hungern vnd Beh-
em Konigen/Jnfanten in Hiſpanien/Ertzhertzo-
gen zu Oſterreich/zu Burgundi/Brabant/Graſen

Abb. 87: Fraktur in Albrecht Dürers „Unterricht zu Befestigung" (1527)

Mit der völligen Ausbildung der Antiqua und der Fraktur war im wesentlichen die schöpferische Entwicklung der Druckschrift abgeschlossen.
Die Stilepochen der folgenden Jahrhunderte veränderten nicht mehr die
einmal geprägte Grundform, sie wandelten das Schriftbild nur jeweils
nach dem herrschenden Zeitgeschmack ab.

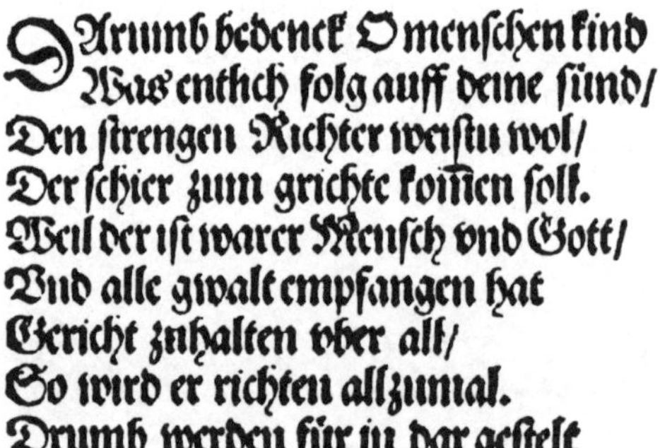

Darumb bedenck O menſchen kind
Was entlich folg auff deine ſünd/
Den ſtrengen Richter weiſtu wol/
Der ſchier zum grichte koſſen ſoll.
Weil der iſt warer Menſch vnd Gott/
Vnd alle gwalt empfangen hat
Gericht zuhalten vber all/
So wird er richten allzumal.
Drumb werden für jn dar geſtelt
Alle geſchlecht der gantzen Welt/
Für ſeinem ſtul aim jungſten tag:
Kein Menſch dé gricht entlauffen mag.
Beid arm vñ reich/beid klein vnd groß/
Beid alt vnd jung erſcheinen muß.
Weißheit/Verſtand/Kunſt/Herrligkeit
Tregt nichts nit für zurſelben zeit.

Abb. 88: Fraktur (16. Jh.)

Von Gottes Gnaden
Wir Maximilian Joseph,

in Ober- und Niedern Baiern, auch der Obern Pfalz Herzog, Pfalzgraf bey Rhein, des H. R. Reichs Erztruchseß und Churfürst, Landgraf zu Leuchtenberg ꝛc. ꝛc.

Entbiethen allen und j den Unsern Landsassen und Unterthanen Unsers Herzogthums der obern Pfalz, insonderheit allen daselbst aufgestellten Obrigkeiten, wie auch denen alba Handlung treibenden Kaufleuten, Krämern, und Landbothen, Fuhrleuten, nichtweniger der dasigen inn- und auswertigen Judenschaft, und überhaupt allen alba Reisenden und Commerzierenden, welchen Standes sie seyn mögen, Unsere Churfürstl. höchste Huld und Gnade, und geben mitels gegenwärtigen General-Mandats mäniglich zu vernehmen: wasmassen Wir seit geraumer Zeit schon durch mehrfältige an Uns gekommene Beschwerden erfahren, und durch darüber eingehollte verläßliche Kundschaften wahr zu seyn befunden haben, daß in Unserm Herzogthum der Obern Pfalz die sonst in gutem Stand gewese Manufakturen, Fabricken und Handtierungen theils durch überhand nehmende Fürkäufe, Kaudereyen und Ausschwärzungen der rohen Materialien erschweret, theils durch neue Gegenbearbeitung benachbarter sowohl, als entfernder Landen an ihrem Vertrieb je länger je mehr verkürzt: dazu die sonst allda im Gang gewese Comercien durch auswertige Strassen- so-andere Anstalten abgeleitet werden, mithin der Nahrungsstand und gemeine Handel und Wandel überhaupt in einem Verfall verfangen sey, welcher, wo Wir nicht in Zeiten steuren würden, endlich die Oberhand behaupten, und alle Rettung vereiteln dörfte.

Abb. 89: Fraktur (18. Jh.)

Humanistenschrift und Kanzleikursive im 16. Jahrhundert

Der Einfluß der Renaissance, wie er deutlich in der Entwicklung der Druckschrift während der zweiten Hälfte des 15. Jahrhunderts in Erscheinung tritt, bewirkte bei der gleichzeitigen Handschrift zunächst noch keine Abkehr von der gotischen Grundstruktur. Es gilt auch hier, was W. Waetzold in seinem Buch über Albrecht Dürer allgemein aussagte: „Das spätgotische ‚Gewurl' hat sich durch die Sendboten des ‚klaren' Renaissancegeistes nicht austreiben lassen." Die in der zweiten Hälfte des 15. Jahrhunderts übliche spätgotische Schrift fußt noch durchaus auf der gotischen Kursive, nur ist zu beobachten, daß sie offener wird und daß die schwunghafte Art zu schreiben ein strengerer Zug ablöst. Dabei ergibt sich oftmals eine starke Betonung der schrägrechts gerichteten Schäfte (z. B. der markante Ansatzstrich des w oder die ebenfalls in der Schrägrechtslage betonte d-Schlinge). Im übrigen prägt sich die Schrift allmählich individuell nach persönlichen Schreibergepflogenheiten aus: die damals sich vorbereitende Gewinnung des Persönlichkeitsbewußtseins der Menschen, ihre Lösung von der genossenschaftlichen Gemeinschaft der mittelalterlichen Lebensform und die umstürzende Wandlung des Weltbildes spiegeln sich in jener, dann fortschreitend zunehmenden Aufspaltung in charakteristische Einzelhandschriften individualisierend wider. Nur der allgemeine Wesensgrundzug, nicht mehr der Duktus als solcher, ist nunmehr das verbindende Gemeinsame der Schrift einer Generation. Insofern erschwert die zunehmende Mannigfaltigkeit der Schrift, die als eine Übergangsschrift zu der des 16. Jahrhunderts zu bezeichnen ist, das Hervorheben besonders kennzeichnender Merkmale.

Das a, nicht selten dem griechischen Alpha ähnlich, und dann in der kräftigen Betonung des Schrägrechtsschaftes diesem allgemeinen Zug angeglichen, steht neben dem bauchigen Normal-a, das seinerseits zwischen der Schlinge und dem Abstrichschaft einen oben angesetzten punktähnlichen Haken einfügt, so daß daraus das a unserer Kurrentschrift entsteht. Das e weist auch zu dieser Zeit noch die geschlossene Gestalt der gotischen Kursivform auf, wird aber dann bereits zweiteilig geschrieben: an den linken gebogenen Schaft setzt sich oben ein kleiner Haken an; beim flüchtigen Schreiben rutscht der gebogene Schaft etwas quer nach unten,

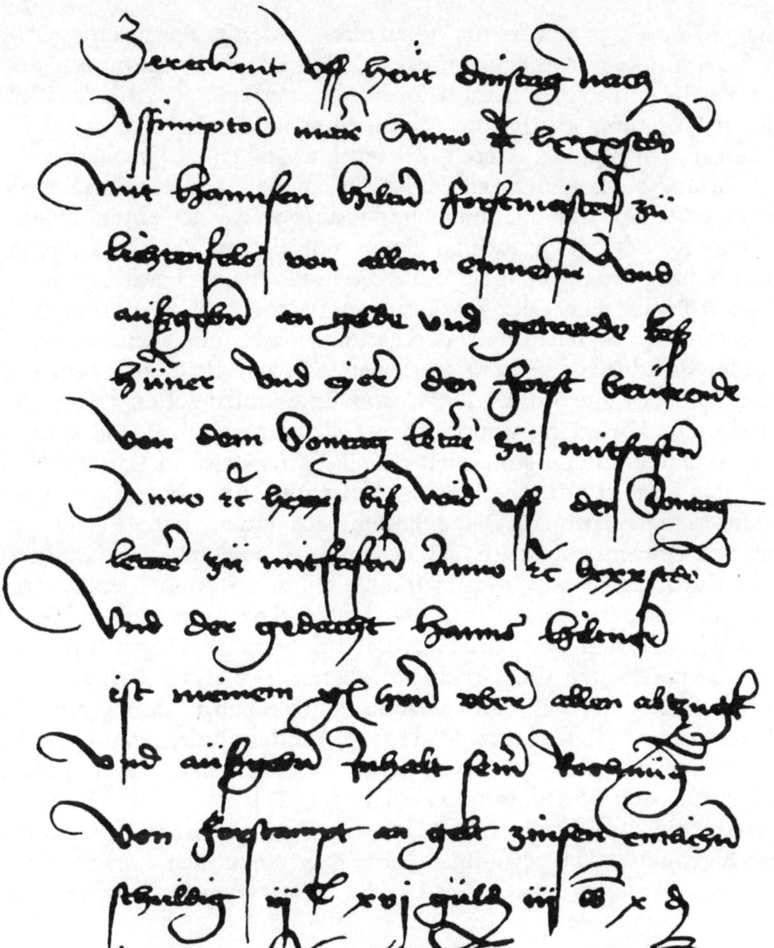

Abb. 90: Spätgotische Kursive (1482)

so daß ein unten gewölbter und oben offener kleiner Bogen entsteht, über dem die Schlinge nur andeutungsweise, manchmal überhaupt nur als Ansatzstrich für den nächsten Buchstaben, darüber gesetzt wird. Deutlich ist in dieser Übergangsschrift zum 16. Jahrhundert die Entwicklung des h zu der langen Form des späteren Kurrentbuchstaben zu beobachten. Die untere Schlinge des g zieht sich über die häufig zu einer schmalen Querschlinge oder gar nur zu einem andeutungsweise gewellten Querstrich verkümmerte oder dann auch zu einem n-ähnlichen Zeichen aufgerissene Mittelrundung hinauf bis über die Zeile und verbindet sich hier mit dem folgenden Buchstaben oder markiert am Wortschluß, wiederum in kräftiger Betonung, zugleich die n-Abkürzung. Das runde s am Wortanfang verbindet sich durch den kräftig gezogenen Bogen gleich mit dem folgenden Buchstaben; am Schluß des Wortes ist es nicht selten mit g zu verwechseln. Die Unterlängenbuchstaben f, ß, langes s, p, y sind spitz nach unten verlaufend, beim sch ist das c als Schattenstrich in Schrägrechtslage betont, das h meist mit Oberlängenschleife und, weggezogen davon, dann mit Unterlängenschlinge. Das r besteht aus einem kurzen senkrechten Schaft mit spitzem Aufstrich als Verbindung zum nächsten Buchstaben und ist durch einen waagrecht wirkenden kurzen Ansatz vom vorangehenden Buchstaben her geformt. Das t beschränkt sich vielfach lediglich auf die Mittellinien und unterscheidet sich vom c gelegentlich nur dadurch, daß der kurze Querstrich am oberen Teil des Schaftes um eine Kleinigkeit tiefer steht als beim c. Diese wenigen Beispiele mögen genügen, die Schrift der zweiten Hälfte des 15. Jahrhunderts in ihren wesentlichen Grundformen als ein organisches Glied zwischen den reinen gotischen Schriften und den Schriftarten der folgenden Zeit zu kennzeichnen. Vielfach ist es hier und bei Handschriften der Folgezeit notwendig, sich erst in die Eigenheiten des jeweiligen Schreibers einzulesen, um dessen per-

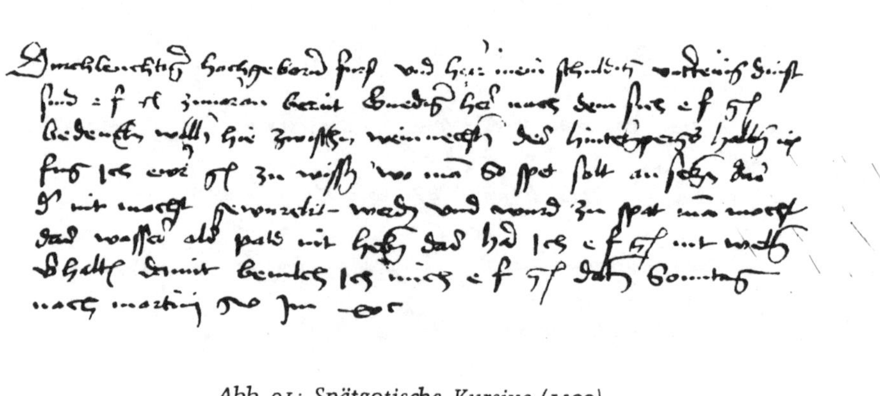

Abb. 91: Spätgotische Kursive (1500)

sönliche Besonderheiten auf die Grundnorm der Buchstaben zurückzuführen und damit zu einem einwandfreien Lesen zu kommen.

Zu dieser organisch sich fortentwickelnden Schrift fand gegen Ende des 15. Jahrhunderts die in Italien durch die geistige Bewegung der Renaissance entstandene Humanistenschrift allmählich Eingang auch in Deutschland, allerdings in dem einschränkenden Sinne, daß sie „nördlich der Alpen die Entwicklung nicht lenken, sondern nur überformen konnte" (Fichtenau). Seither unterscheidet man im Schriftwesen des deutschen Sprachraumes – historisch übrigens völlig unbegründet – zwischen der „lateinischen" und der „deutschen" Schrift. Eine solche Gegenüberstellung ist deshalb unbegründet, weil beide Schriftgattungen auf ein und dieselbe Wurzel zurückgehen, auf die ausgebildete Karolingische Minuskel. Im

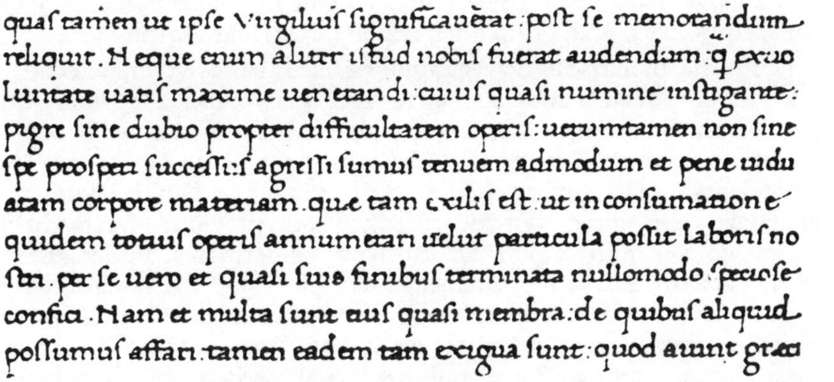
quas tamen ut ipse Virgilius significauerat: post se memorandum
reliquit. Neque enim aliter istud nobis fuerat audendum: q ex uo
luntate uatis maxime uenerandi: cuius quasi numine instigante:
pigre sine dubio propter difficultatem operis: uerumtamen non sine
spe prospera successus agressi sumus tenuem admodum et pene uidu
atam corpore materiam. que tam exilis est: ut in consumatione e
quidem totius operis annumerari uelut particula possit laboris no
stri. per se uero et quasi suis finibus terminata nullomodo speciose
confici. Nam et multa sunt eius quasi membra: de quibus aliquid
possumus affari: tamen eadem tam exigua sunt: quod aiunt greci

Abb. 92: Renaissance-Antiqua (1488)

Zusammenhang mit der Wiedererweckung des klassischen Altertums, dem zunächst primären Anliegen der Renaissance in Italien, hielten nämlich die Humanisten bei ihrem Streben nach einem Ersatz der üblichen Schriften durch ein Zurückgreifen auf Vorbilder des Altertums die prachtvoll geschriebenen Klassikerhandschriften der romanischen Schriftperiode als Zeugnisse der Antike und formten nach diesen Vorbildern die „Antiqua", indem sie zu den Kleinbuchstaben der ausgebildeten Karolingischen Minuskel als Großbuchstaben die auf Steindenkmälern überlieferten Formen der Römischen Kapitale übernahmen. Beim Wiederauflebenlassen der älteren Formen ging die Anlehnung an die Vorbilder der romanischen Schriftperiode, vor allem an Handschriften des 11. und 12. Jahrhunderts, anfangs so weit, daß selbst alle Kleinigkeiten getreu kopiert wurden. Man hatte darin alsbald eine solche Fertigkeit, daß sich italienische Humanistenschriften gelegentlich nur durch das Vorkommen eines i-Punktes oder eines Abteilungsstriches, durch Verwendung des runden s oder des runden r, durch Einzeichnen einer Initiale, durch einzelne verzierte Buchstaben oder andere Äußerlichkeiten von einer Handschrift des 11./12. Jahrhunderts unterscheiden. Im Laufe des 15. Jahrhunderts erhielt dann diese „wiedererweckte" Antiqua durch schöpferische Reformen ihre ausgeprägte Gestalt. Dabei ist ähnlich wie bei der gleichzeitigen Entwicklung der Schrift in Deutschland die Beobachtung zu machen, daß sich die Handschrift jeweils nach der persönlichen Art des Schreibers abwandelte, also bei aller Beibehaltung einer einheitlichen Grundstruktur weitgehend individualisierte. Neben dieser unmittelbar aus der ausgebildeten Karolingischen Minuskel entwickelten Antiqua bildete man künstlich eine Kursive, indem man die Buchstaben der Buchschrift umformte und ihnen eine kursive Gestalt gab. Diese unterlag dann gleichfalls der allmählichen Aufspaltung in charakterlich differenzierte Einzelhandschriften.

Durch die literarische Bewegung des Humanismus verbreitete sich sowohl die Antiqua als auch die Renaissancekursive über alle Länder Europas, wobei die Antiqua vorwiegend als Buchschrift, das heißt also im Buchdruck, und die Kursive als Gebrauchsschrift neben der bodenständig entwickelten spätgotischen Schreibschrift verwendet wurde. Seither behaupteten sich diese verschiedenartigen Schreib- und Druckschriften nebeneinander, nicht nur in Deutschland, sondern auch in den europäischen Ländern, nur gewann dabei in den Gebieten mit lateinsprachiger Bevölkerung die Humanistenschrift allmählich und später dann ausschließlich den Vorrang gegenüber der spätgotischen, während in Deutschland, in den skandinavischen und den westslawischen Ländern neben der

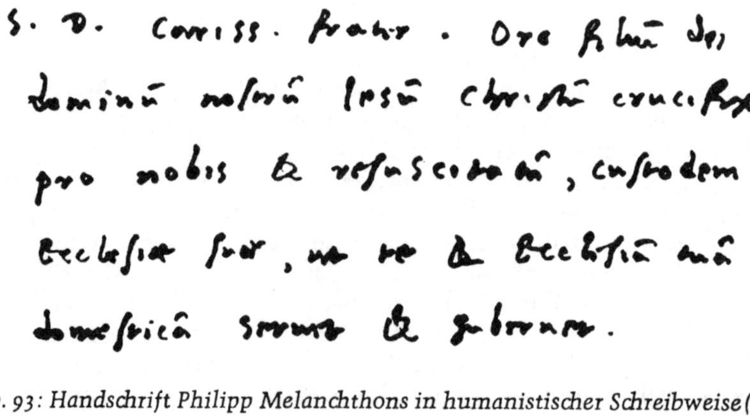

Abb. 93: Handschrift Philipp Melanchthons in humanistischer Schreibweise (1554)

78

DECANVS COLLEGII PHILOSOPHICI

et Collega in Academia Witebergensi

Lectori

S.D. Et inspectionem studiorum utilem esse iudicamus . &
de rebus necessarijs in examine disseruimus de
Philosophia . e· de doctrina Ecclesiae Dej . cuius or-
namentum egregium est sobria Philosophiae cognitio .
Cum autem specimen eruditionis egregium prebuerit
Vlricus Sicinger Wormaciensis . e· mores eius sint
honestj , admittimus eum ad Examen publicum . &
ad gradum Magisterij Philosophicj . Ac Deum
aeternum Patrem Dominj nostrj Jesu Christj fontem
sapientiae precamur . vt et publica studia tueatur . e·
huius Vlricj ingenium regat · Datae die · Januarj
28 Anno 1 5 4 8 .

philippus melanthon
mem propria

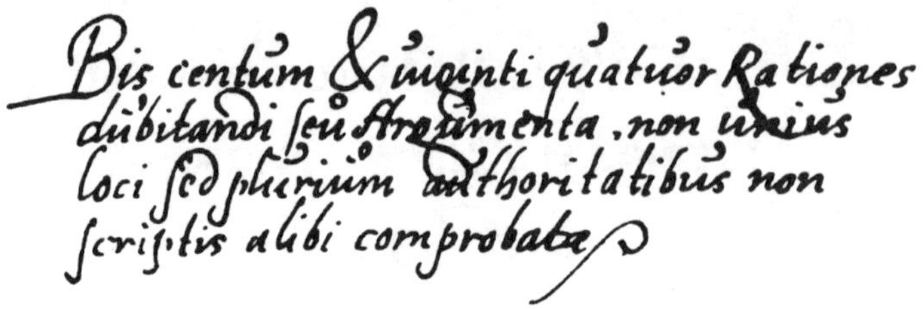

Abb. 95: Humanistenkursive (1556)

stärkeren Bevorzugung der Fraktur im Druck die spätgotischen Schreibformen für lange Zeit noch weiter allgemein in Verwendung blieben. In Deutschland wurde die Antiqua und insbesondere die Humanistenkursive vorwiegend eine Gelehrtenschrift, beschränkte sich also zunächst auf einen verhältnismäßig engen Kreis von Menschen. Und dies ist die historische Grundlage dafür, daß wir auch heute noch zwei von einander verschiedene Alphabete, die „deutsche" und die „lateinische" Druck- und Schreibschrift, nebeneinander gebrauchen.

Die landläufige Schreibschrift im ganzen deutschsprachigen Raum blieb indes nach wie vor die auf der Grundlage der gotischen Schriftformen entwickelte Kursive, nunmehr mit einem Hang zum Derb-Realistischen. Hiebei ist im 16. Jahrhundert noch in verstärktem Maße die Tendenz zur

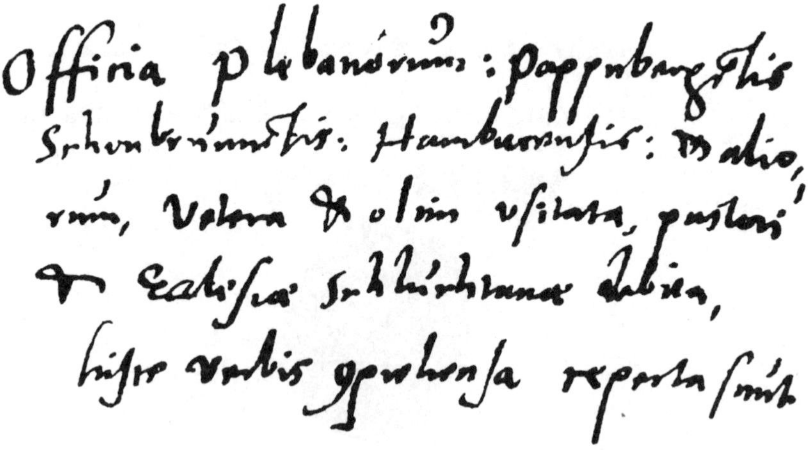

Abb. 96: Humanistenschrift (um 1580)

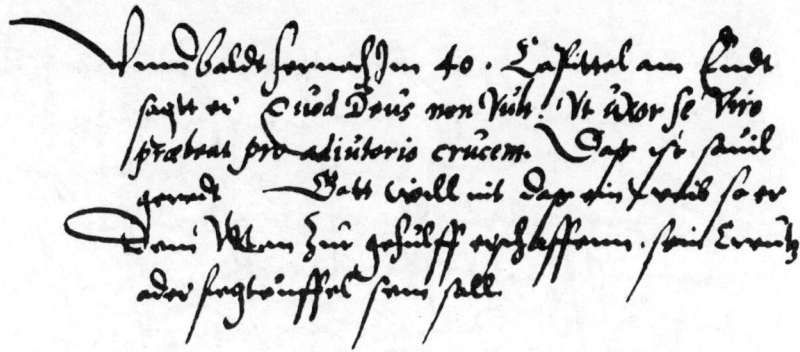

Abb. 97: Kanzleischrift des 16. Jahrhunderts im Wechsel mit Antiqua (1554)

Breite, zur Auflockerung des Schriftbildes und namentlich bei der flüchtigen Konzeptkursive zur Auseinanderzerrung der Buchstaben im einzelnen erkennbar. Die Tendenz zur Breite drückt sich selbst in Reinschriften, bei denen die Buchstaben ebenmäßig nebeneinandergesetzt sind, dadurch aus, daß die Mittellinien eng aneinanderrücken, wodurch die Schrift bei aller Wahrung des Vertikalen einen gedrungenen Charakter erhält. Um kennzeichnende Merkmale anzuführen, lassen sich einzelne Buchstaben kaum mehr in der Weise hervorheben wie bei den Handschriften der früheren Zeit. Infolge der Individualisierung der Schrift ist eine derartige Mannigfaltigkeit der Buchstaben im Schwange, daß alle nur erdenklichen Neben-

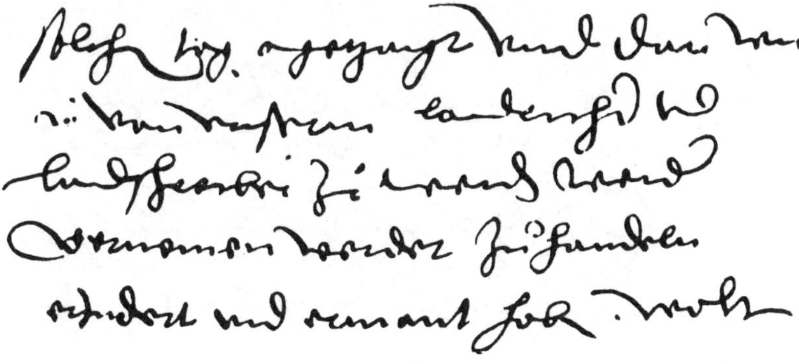

Abb. 98: Kanzleischrift aus der 1. Hälfte des 16. Jahrhunderts (1531)

81

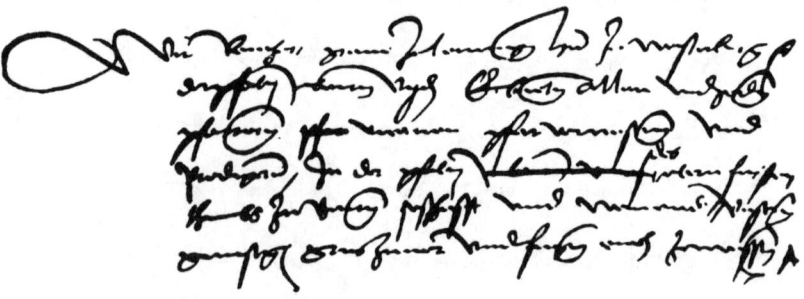

Abb. 99: Konzeptschrift aus der 1. Hälfte des 16. Jahrhunderts (1517)

formen des jeweiligen Normalbuchstabens möglich sind. Und doch sind die vielfältigen Varianten in ihrer Art zeitbedingt, so daß man die Handschrift des 16. Jahrhunderts sehr wohl in ihrem Gesamteindruck sogleich zu erkennen vermag. Ins Auge springen dabei die torförmigen und gelegentlich weit auseinandergezogenen Bogenverbindungen von st, ss und ff, dann das weit auseinandergestellte Doppel-t mit einem auffälligen Verbindungsquerstrich zwischen den Schäften. Überhaupt kennzeichnet die Handschrift des 16. Jahrhunderts eine auffallende Verdoppelung, nicht selten sogar Verdreifachung der Konsonanten, insbesondere zur Mitte und gegen Ende des Jahrhunderts.

Abb. 100: Konzeptschrift aus der 1. Hälfte des 16. Jahrhunderts (1531)

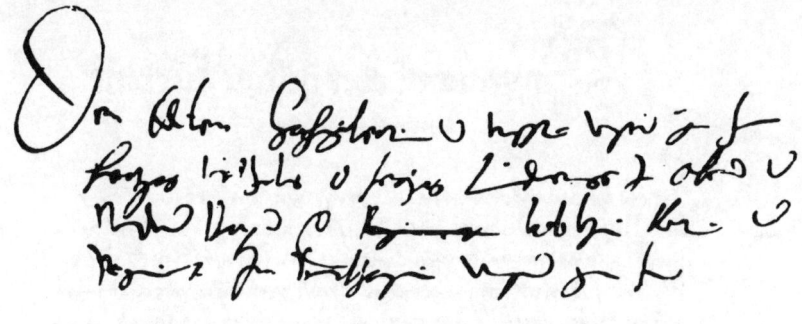

(1522)

(1530)

(1538)

(1547)

Abb. 101–104: Konzept- und Reinschriften aus der 1. Hälfte des 16. Jahrhunderts

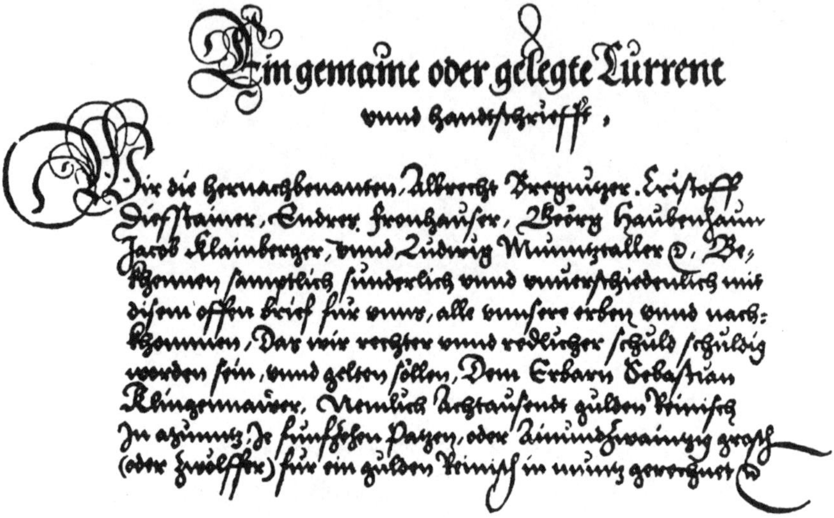
Ain gemaine oder gelegte Currente vnnd handtschrifft.

Wir die hernachbenanten Albrecht Bergunger. Cristoff Dieffstainer. Endres Fronhauser. Jörg Haubenhaun Jacob Klainberger, vnnd Ludwig Muntztaller etc. Bekennen samptlich sunderlich vnnd vnnderschiedenlich mit disem offen brief für vnns, alle vnnsere erben vnnd nachkommen, Das wir rechter vnnd redlicher schuld schuldig worden sein, vnnd gelten sollen, Dem Erbarn Sebastian Klingenmaurer, Nemlich Achttausendt gulden Rinisch In aynmuntz: Je funffzehen Patzen, oder Ainundzwainzig groschen (oder zwelffer) für ein gulden Rinisch in muntz gerechnet etc.

Abb. 105: Kurrentschrift aus der 1. Hälfte des 16. Jahrhunderts

So sehr der Schriftduktus von Generation zu Generation unmerklich ineinanderfließt, hebt sich der Charakter der Handschriften aus der ersten Hälfte von denen der zweiten Hälfte des Jahrhunderts doch deutlich ab. Entscheidend dafür ist die von der kaiserlichen Kanzlei Maximilians I. ausgehende Normierung der schönen Reinkurrentschrift. Ähnlich der Fraktur liegt hier in den Schäften der Buchstaben ein gezähmter Schwung. Die Schrift ist klar und deutlich, kräftig in den Schattenstrichen und zierlich in den Haarstrichen, mit denen nun die Buchstabenschäfte untereinander verbunden werden. Im allgemeinen bestimmen die etwas schrägrechts gestellten Schäfte und deren kräftige Ausführung als Schattenstriche sowie die spitz wirkende Schreibart, die durch scharf abgegrenzte Schaftbildung hervorgerufen wird, den Gesamteindruck der Schrift. Sie

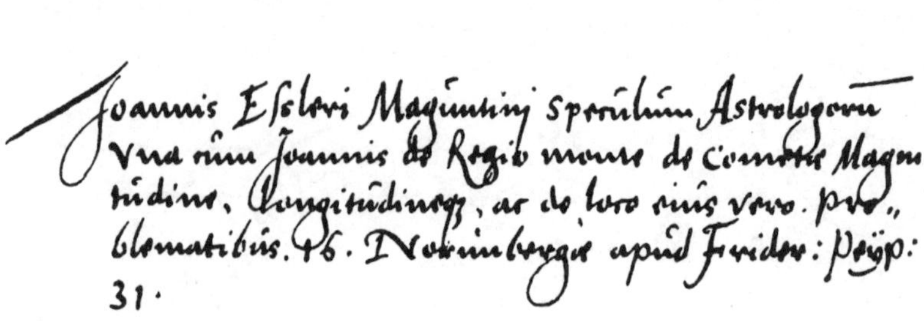
Joannis Esleri Maguntini speculum Astrologorum Una cum Joannis de Regio monte de Cometae Magnitudine, Longitudineque, ac de loco eius vero. problematibus. 16. Norimbergae apud Frider: Peyp: 31.

Abb. 106: Kurrentschrift bei lateinischem Text (1556)

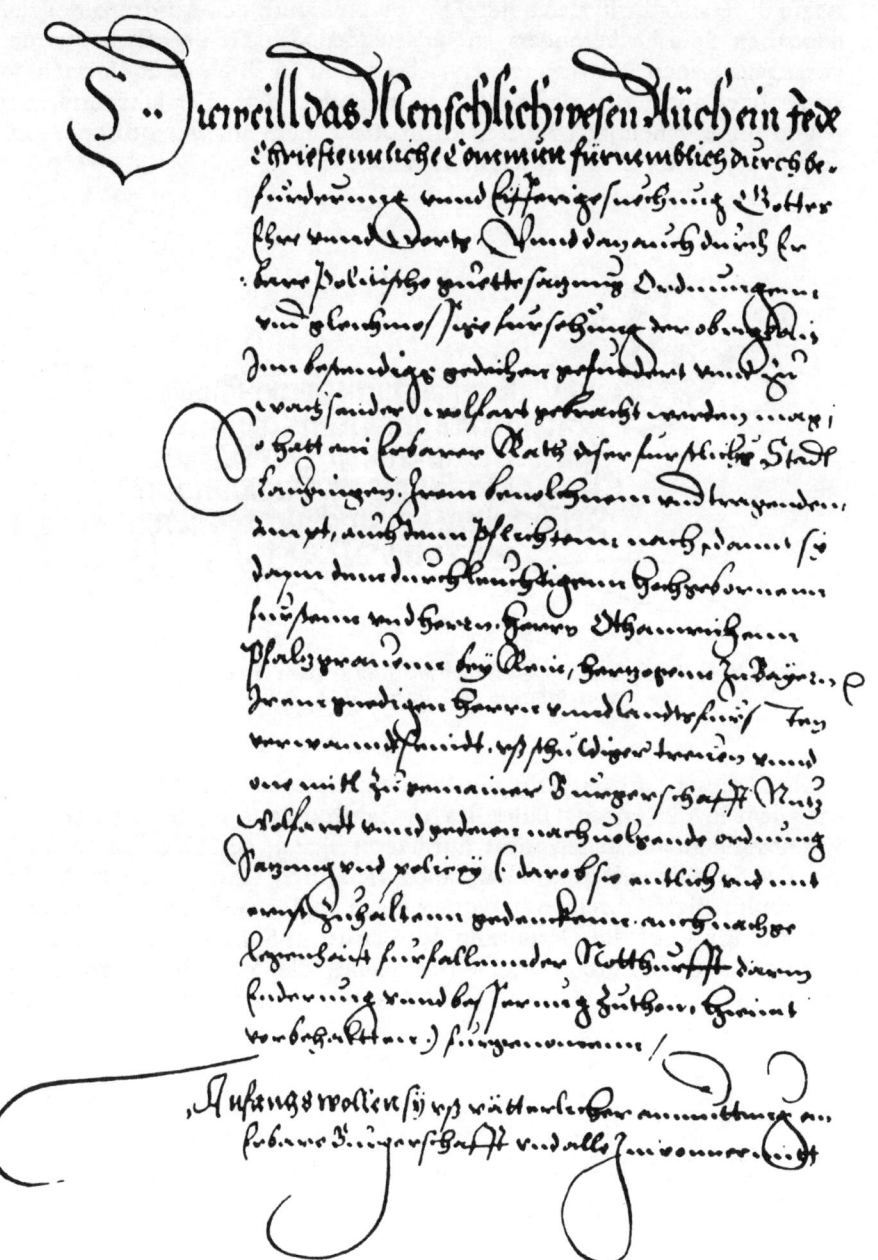

Abb. 107: Kanzleireinschrift aus der Mitte des 16. Jahrhunderts (1555)

ist für die Handschrift gleich der Fraktur im Druck der Ausdruck der der deutschen Sprache besonders entsprechenden Schrift, organisch aus der vorangegangenen Entwicklung erwachsen und in ihren Grundformen so ausgebildet und fertig, daß sie sich — immerhin nach vier Jahrhunderten — von unserer heutigen Kurrentschrift nicht mehr im wesentlichen, sondern lediglich im Zeitkolorit unterscheidet.

Abb. 108: Titelblatt des Gesprächsbüchleins über Schriftunterweisung von Johann Neudörffer d. Ä. (1549)

Gleich dieser Kanzleischrift mit ihrem disziplinierten Aufbau übten die vor allem in der ersten Hälfte des 16. Jahrhunderts in Blüte stehenden Schreibschulen, aus denen nicht nur hervorragende schöpferische Leistungen der Schreibmeister, sondern auch vielfältige Unterrichtsbehelfe für ein schulmäßiges Schreiben hervorgegangen sind, zweifellos einen erziehlichen Einfluß auf die Gestaltung der Schrift im Sinne einer Vereinheitlichung der Grundformen aus. So sehr auch die Individualisierung der Schrift die persönliche Eigenart des Schreibers stark in den Vordergrund

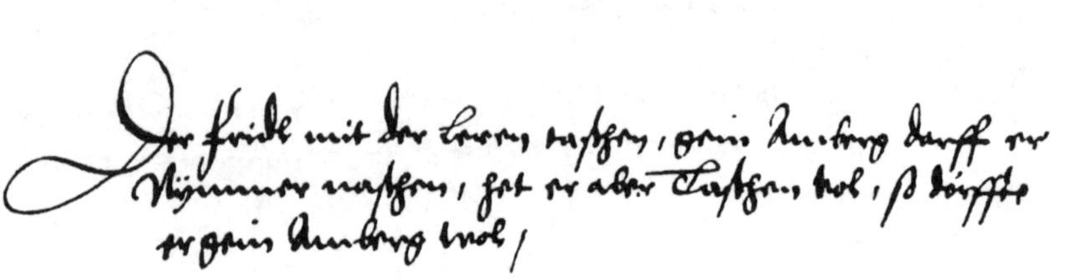

Abb. 109: Kanzleischrift aus der 1. Hälfte des 16. Jahrhunderts (1539)

86

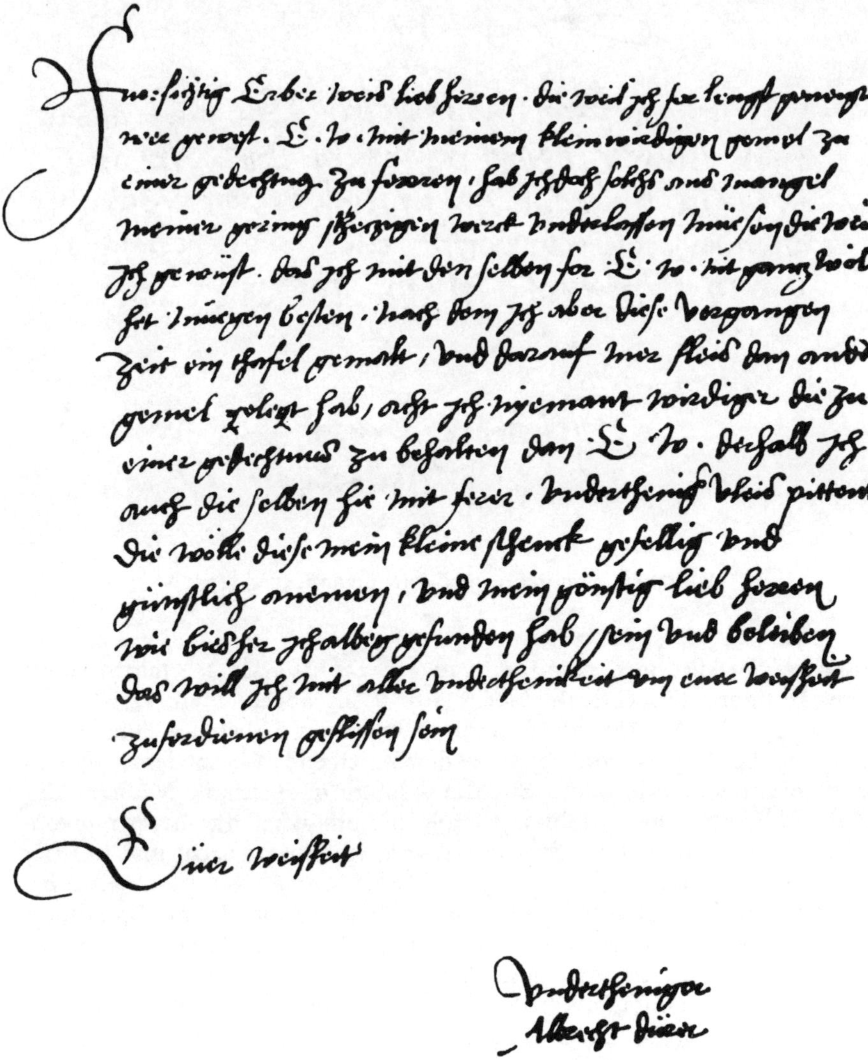

Fürsichtig Erbar weis lieb heren. die weil ich zu lang gewest
wie gewest. E. w. so mit meinem klein wirdigen gemel zu
einer gedechtnus zu foeren. hab ich doch solchs uns mangel
meiner grims flessigen werck underlassen müssen die weil
ich gewest. das ich mit den selben für E. w. mit ganz wol
hett ... besten. nach dem ich aber diese vergangen
zeit ein tafel gemolt, und darnach mer fleis dan ander
gemel geleigt hab, acht ich nyemant wirdiger die zu
einer gedechtnus zu befolhen dan E. w. derhalb ich
auch die selben für mit beer. underthenig vleis pittent
die wolt diese mein kleine schenk gesellig und
gunstlich annemen, und mein gunstig lieb heren
wie bisher ich halben gefunden hab sein und beleiben
das will ich mit aller underthenikeit um eure weisheit
zu verdienen geflissen sein

E. w.

undertheniger
Albrecht Dürer

Abb. 110: Handschrift Albrecht Dürers (1526)

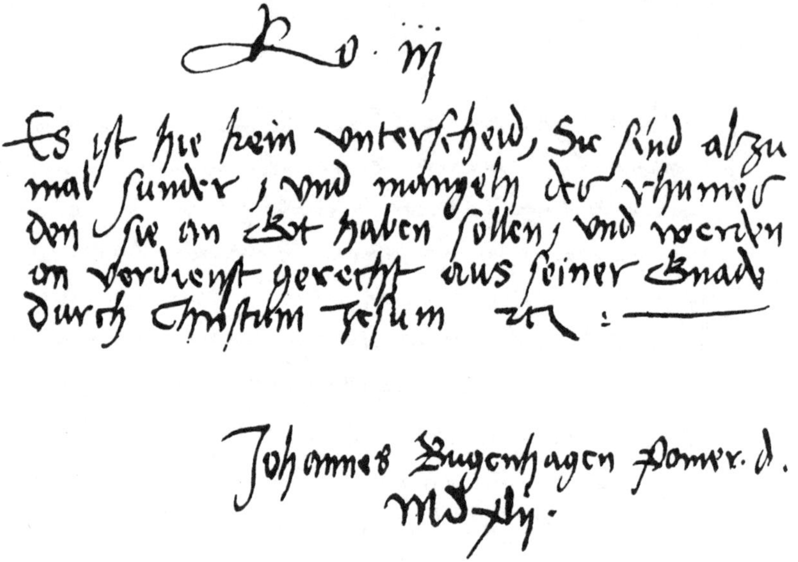

Abb. 111: Handschrift Johann Bugenhagens (1542)

rückt, ergibt sich doch damit seit etwa der Mitte des 16. Jahrhunderts eine Festigung des Charakters der Schrift im allgemeinen. Dies ist in erster Linie bei Konzeptschriften zu sehen, wo sich bei der Flüchtigkeit des Schreibens die persönliche Note des Schreibenden besonders ungehindert entfalten konnte. Daß sich dann — sofern man sich die Mühe macht, dem Schriftfluß im einzelnen zu folgen und dabei die Art zu rekonstruieren versucht, wie die Buchstaben vom Schreiber gedacht und in ihrer Konzeptverkümmerung zu Papier gebracht worden sind — selbst bei schwierigen Konzepten die Buchstaben jeweils auf die gleiche Grundform zurückführen lassen, zeigt jene Tendenz zur Vereinheitlichung besser als die ohnehin vielfach recht ähnlichen Reinschriften. Nur sind dabei gewisse Gepflogenheiten aus früherer Zeit nicht außer acht zu lassen, etwa die Verwendung der in der gotischen Kursive häufigen er-Abkürzungen, die Anwendung lateinischer Siglen inmitten des deutschen Wortes, der gerade Abkürzungsstrich über der Zeile, bei dem dann jeweils ein m oder n eine Rolle spielt, und ähnliches. Bei der Anwendung des Abkürzungsstriches über der Zeile ergibt sich sehr häufig die Möglichkeit zur Verwechslung mit g oder gar einem völlig neuen „Buchstaben", sofern es sich um die Endsilbe -en handelt. Da wird nämlich aus der — wenn auch nur andeutungsweise — ausgeschriebenen Endsilbe -en der Abstrich des

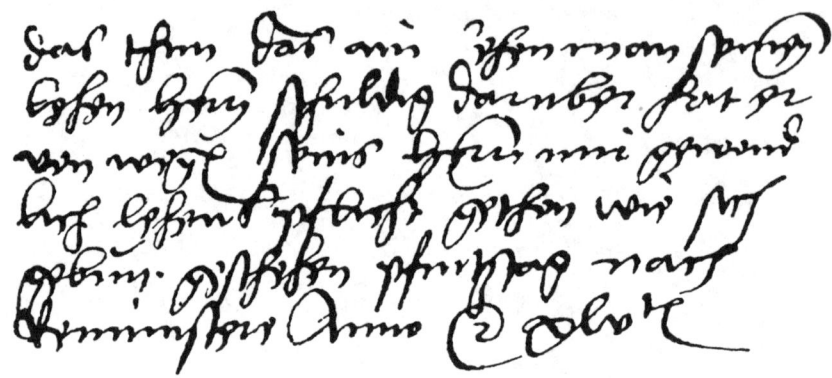

Abb. 113: Kanzleischrift aus der Mitte des 16. Jahrhunderts (1545)

Schlußbuchstabens zuerst nach unten gezogen, dann durchkreuzt er ähnlich der unteren g-Schlinge von unten her das n und läuft über der Zeile in einem meist noch zusätzlich kräftig betonten Wellenstrich aus. Im flüchtigen Schreiben geraten die Buchstaben nicht selten außer Rand und Band, etwa wenn das e nur noch aus zwei schräg übereinandergesetzten punktartigen Strichen besteht oder Mittellinienbuchstaben fast nur noch eine ungleichmäßig gekurvte Wellenlinie bilden. Manchmal sind Buchstabenformen der Antiqua und der Kurrentschrift gemischt: kurz, es ist der persönlichen Eigenart des Schreibers Tür und Tor geöffnet.

Gegen Ende des 16. Jahrhunderts kündigt sich bereits das Formgefühl des Barocks auch in der Handschrift an. Sie wird fülliger und — namentlich in den Großbuchstaben — schwunghafter. Die derbe, im Grunde etwas

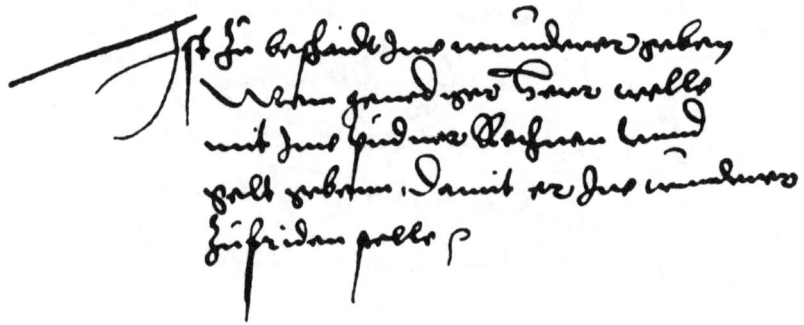

Abb. 114: Kanzleischrift aus der Mitte des 16. Jahrhunderts (1544)

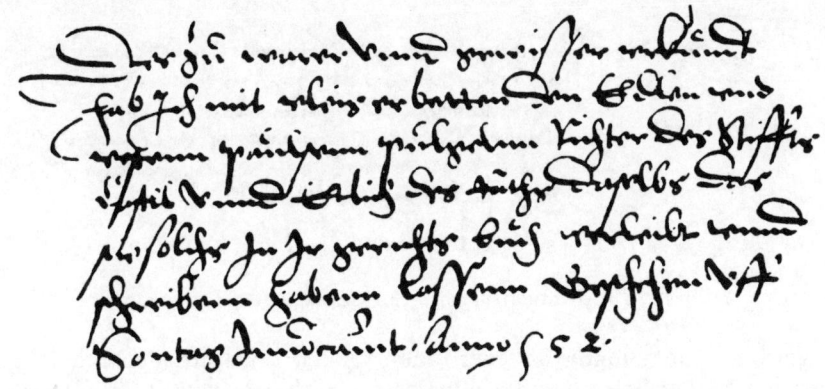

Abb. 115: Kanzleischrift aus der Mitte des 16. Jahrhunderts (1552)

gedrungene Schreibweise lockert sich auf, der Schrägrechtsduktus wird durch eine Schräglage nach links abgelöst, wobei die von unten herauf geführten Unterlängen im Gegensatz zu vorher als zarte Haarstriche ausgebildet sind. Dies überträgt sich dann überhaupt auf sämtliche Unterlängen und auf Buchstabenteile, die für diese Schräglinkslage geeignet sind. Die Schrift erhält damit einen graziösen Ausdruck. In den Grundformen der Buchstaben ändert sich nichts, aber der Stil leitet bereits zum 17. Jahrhundert hinüber.

Während des 16. Jahrhunderts, häufig in dessen erster Hälfte, tritt auch ein Wandel in der Schreibweise der Zahlen ein. Seit dem Mittelalter verwendete man die im römischen Schriftgebrauch üblich gewordenen Ziffernbezeichnungen mit Buchstaben („römische Zahlzeichen"). Es bedeuten V eine Fünf, X eine Zehn, I und J die Einer, L Fünfzig, C Hundert, D Fünfhundert, M Tausend usw. In der gotischen Schriftperiode sind diese Buchstaben natürlich in gotischen Minuskeln geschrieben worden. Wollte man den Zahlenwert $1/2$ ausdrücken, halbierte man das zu einem j ver-

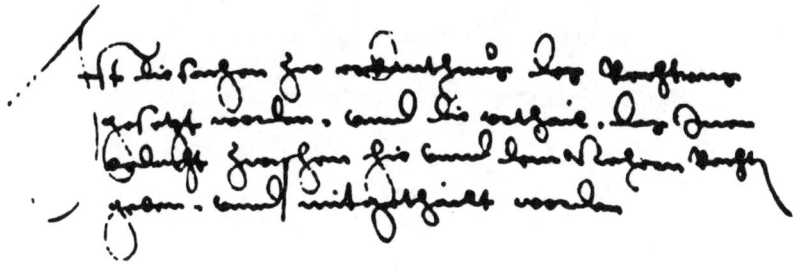

Abb. 116: Kanzleischrift des 16. Jhs. mit beginnendem Barockeinschlag (1544)

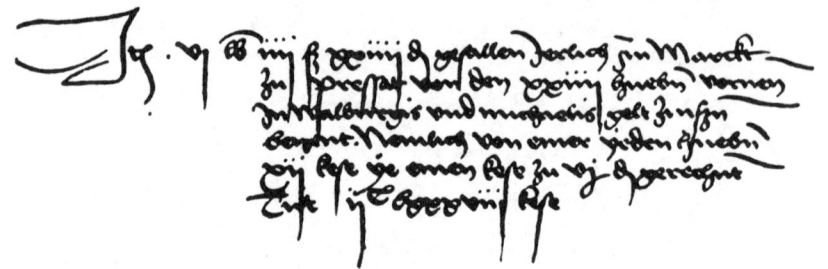

Abb. 117: Buchstabenzahlen im geschlossenen Text (1497)

längerte i, indem man entweder einen Querstrich durch den Schaft zog oder den Buchstaben mit einer durchzogener Schlinge versah. Im allgemeinen drückt die Durchkreuzung des Schaftes jeweils eine Halbierung der letzten Einheit aus: wenn beispielsweise vier i nebeneinander gestellt sind, wobei der vierte Buchstabe als j verlängert und durch Querstrich gekennzeichnet ist, so heißt dies „vierthalb" im Sinne von $3\,^{1}/_{2}$. Bei Ordinalzahlen werden häufig die Endungen durch Hochstellen mitgeschrieben, z. B. j^{mo} = primo, ij^{do} = secundo, x^{9} = decimus, doch kommt Hochstellung auch bei Kardinalzahlen vor, wenn damit der Stellenwert ausgedrückt werden soll, z. B. vij^{m} = 7000 oder v^{c} = 500.

Die Schreibweise, die Ziffern durch Buchstaben wiederzugeben, war gemäß der Überlieferung aus dem römischen Kulturkreis während des ganzen Mittelalters in Gebrauch. Wohl kannte man in Europa die sogenannten arabischen Ziffern bereits frühestens seit der Mitte des 12. Jahrhunderts; aber sie wurden vereinzelt nur in gelehrter Literatur, auf Grabsteinen, etwa seit dem 14. Jahrhundert in Haus- und Steininschriften und dann erst im 15. Jahrhundert häufiger verwendet, zunächst aber niemals beim Rechnungsvorgang selbst, sondern lediglich in der Wiedergabe von Zahlenangaben. Dies hängt damit zusammen, daß man gewohnt war,

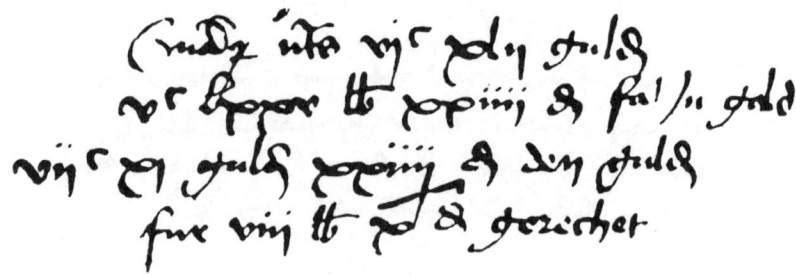

Abb. 118: Buchstabenzahlen (1499)

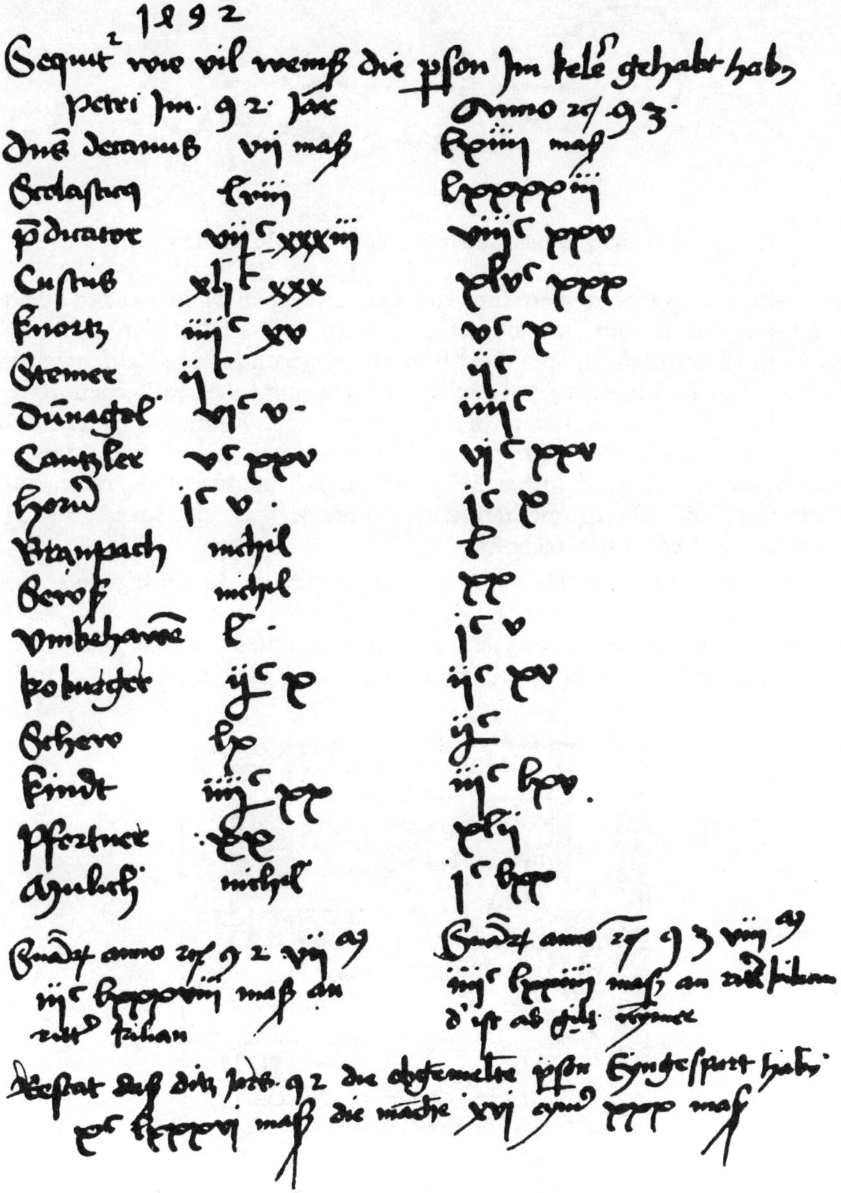

Abb. 119: Buchstabenzahlen aus dem Ende des 15. Jahrhunderts (1492)

den Rechnungsvorgang getrennt von der jeweiligen Niederschrift durchzuführen, zumal sich die Buchstabenziffern keinesfalls zum Rechnen, sondern ausschließlich zur schriftlichen Fixierung von Zahlenwerten eignen. Der Rechnungsvorgang selbst erfolgte mittels eines Rechenbrettes oder Rechentuches und der „Raitpfennige"; die Rechnung wurde mit diesen auf dem Rechenbrett im wörtlichsten Sinne „gelegt" (lat. *calculare* von *calculus* = Steinchen hat die gleichartige Bedeutung wie „rechnen"). Getrennt von diesem mechanischen Vorgang war die schriftliche Fixierung des Rechnungsergebnisses.

Durch die von den Humanisten übernommene Rechnungsweise im Dezimalsystem unter Verwendung der Stellenwerte und der Null überholte sich das Verfahren mit dem Rechentisch und es fanden dann auch die sogenannten arabischen Ziffern allgemein Eingang in die Schrift.

Abb. 121: Rechentisch

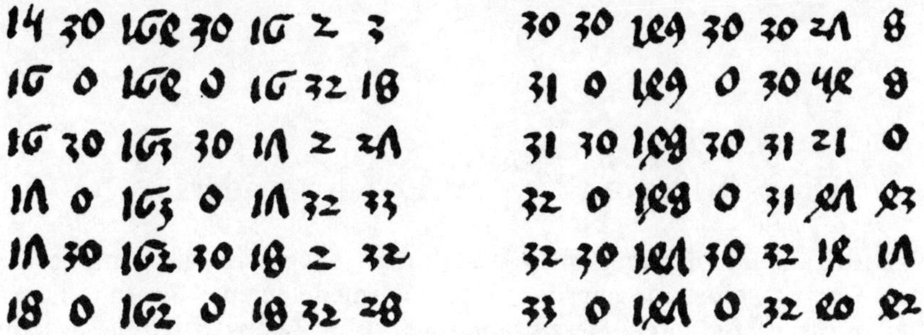

Abb. 122: *„Arabische" Ziffern aus dem 14. Jahrhundert (1320)*

Etwas länger als eine ganze Generation bedurfte es allerdings, bis sich die neue Rechnungsart durchzusetzen vermochte. Bis um die Mitte des 16. Jahrhunderts war dieser Prozeß aber im allgemeinen abgeschlossen. Seither beherrschen die „arabischen" Ziffern das Schriftbild nicht nur bei Rechnungsniederschriften, sondern auch sonst, wenn Zahlen verwendet werden. Die Form der Ziffern unterlag gleich der Handschrift jeweils einem zeitbedingten Wandel. Charakteristisch für die gotische Periode ist die schlingenförmige oder eckige, unten offene 4, die schrägrechts gestellte und einem Λ ähnliche 7, die einem z mit Unterlänge ähnliche 3 und die ohne oberen Querstrich versehene offene 5. Im 16. Jahrhundert nähern sich die Formen der Ziffern ganz erheblich der heute verwendeten Gestalt.

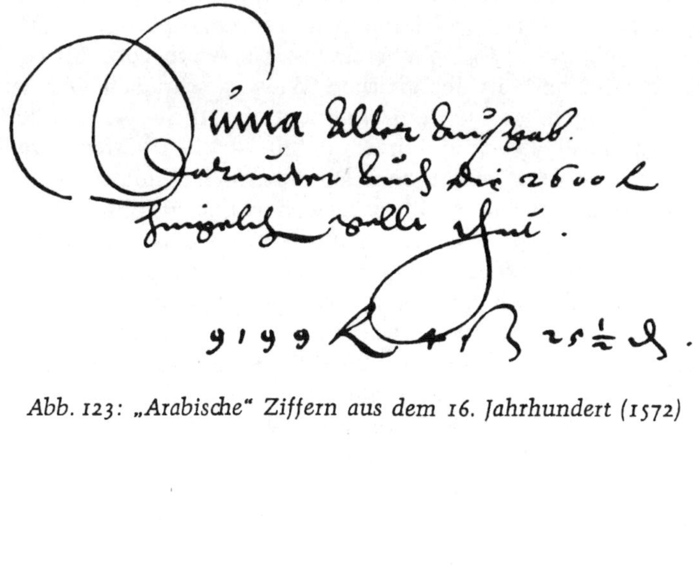

Abb. 123: *„Arabische" Ziffern aus dem 16. Jahrhundert (1572)*

Die Schrift vom 17. zum 19. Jahrhundert

Durch die Entwicklung im 16. Jahrhundert haben sich die Grundformen der Schrift weiterhin gefestigt. Neue Formenelemente verändern seither nicht mehr deren Gesamteindruck; nur das wechselnde Stilempfinden der in der Folgezeit sich ablösenden Generationen gestaltet das Schriftbild jeweils entsprechend dem herrschenden Zeitkolorit. Dabei unterliegt die Druckschrift naturgemäß weit weniger dieser Abwandlung als die Handschrift, bei der sich der persönliche Charakterzug des Schreibers in immer ausgeprägteren Formen durchsetzt. Die als Aktenschrift zu bezeichnende Kanzleikursive weist aber im besonderen, zumindest im Anfang der Periode, trotz zahlreicher Einzelvarianten noch eine gewisse größere Gemeinsamkeit auf und gibt sich — wie es scheint — konservativer als die sonst üblich werdende Schreibart. Wie bei der Schrift im 16. Jahrhundert sind auch hier bis etwa zum Ausgang des Dreißigjährigen Krieges vielfach noch die torartigen Bogenverbindungen in den Oberlängen (z. B. bei st, beim doppelten langen s, beim ff, dann auch beim Doppel-t) auffällig, allerdings meist nicht mehr als ausladende Rundungen, sondern entweder oben eingeknickt (man erinnert sich dabei an die barocken Kartuschen) oder schmal zu einer Spitze zusammengedrängt. Oder das im 16. Jahrhundert in der Konzeptkursive häufig verwendete e, durch zwei schräg übereinander gesetzte punktartige Striche angedeutet, wird noch in der gleichen Weise geschrieben, nur setzt der Schreiber nicht mehr ab, sondern verbindet die Striche, so daß der Buchstabe schrägliegend aus zwei kurzen Parallelstrichen besteht, wobei der untere meist aus dem vorhergehenden Buchstaben unmittelbar herausgezogen wird. Die untere g-Schlinge ist offen und nicht selten schwunghaft nach links weggezogen. Das n am Wortende ist in seinem ersten Schaft gerade noch angedeutet und besteht fast nur aus einem nach innen eingerundeten Hakenschwung oder aus einem kurzen, gekrümmten, zuweilen auch geraden Abstrich. Das r bildet oben am Ansatz eine kleine Schlinge, die — etwa bei Stellung des Buchstabens am Wortende — auch über die Zeile hinausragt, oder es gleicht bereits dem heutigen kurrenten Buchstaben. Das am Wortschluß verwendete runde s, von der Mittellinie aus geschrieben, wird in der Oberlänge gekurvt hochgezogen und womöglich nach links eingerundet. Der Deckstrich des t, schon früher als Querstrich ohnehin tiefer gestellt, rutscht ganz gegen die untere Mittel-

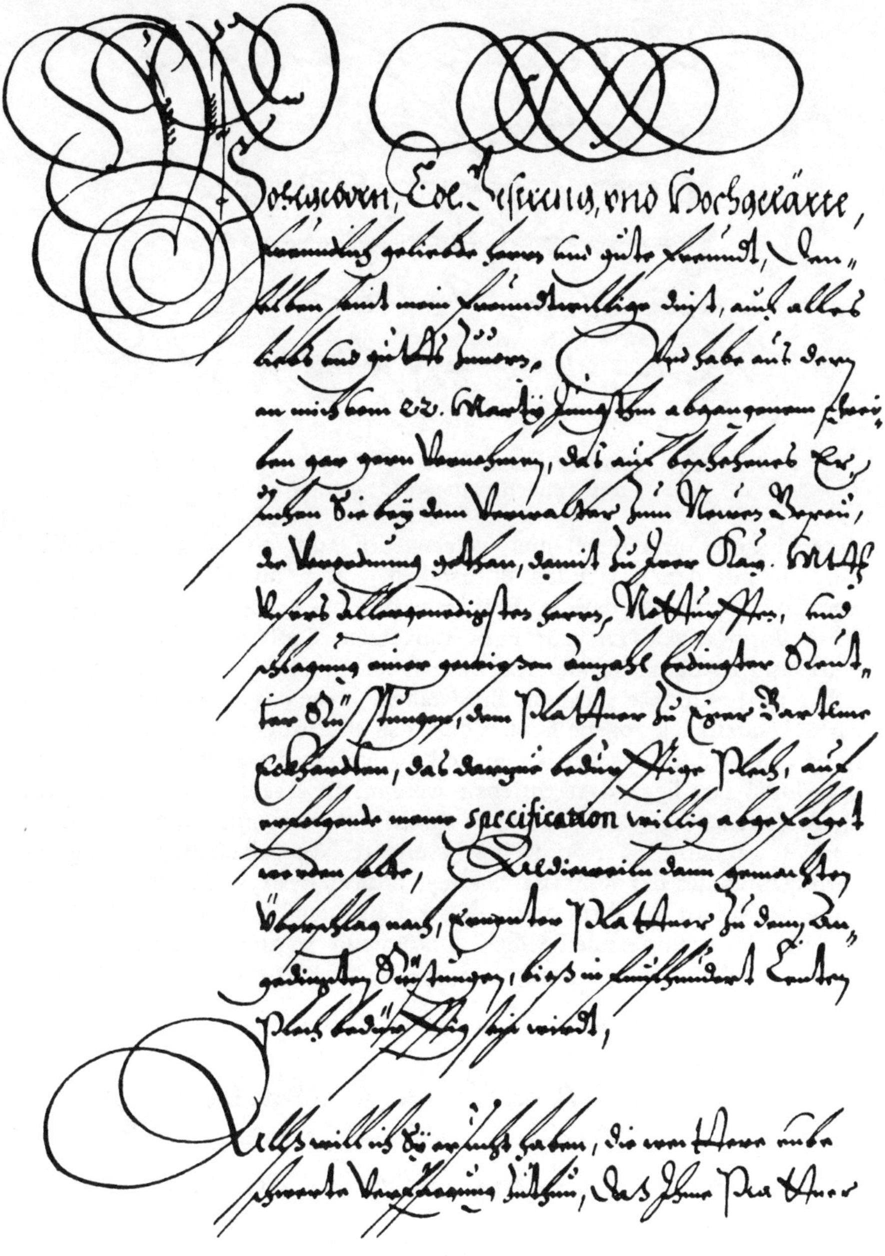

Abb. 124: Schreiben der Wallensteinschen Kanzlei an die Regierung in Amberg vom 9. April 1622 (Kanzleischrift)

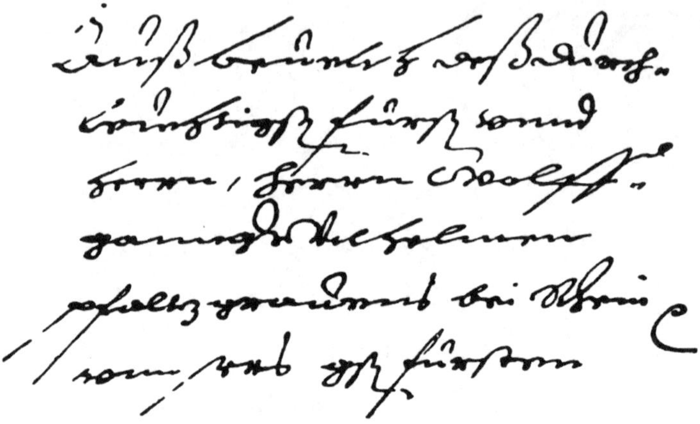

Abb. 125: Aktenschrift aus der 1. Hälfte des 17. Jahrhunderts
mit Tendenz zur Schräglage (1622)

linie hinunter und bietet hier, gelegentlich auch als Schlinge, die Verbindung mit dem folgenden Buchstaben. Das h mit Ober- und Unterlänge streckt sich, so daß der Buchstabe die uns heute geläufige kurrente
Schreibform erhält. Die zur Fülle neigenden Großbuchstaben brauchen
Platz und drängen die anderen Buchstaben zur Seite, ebensowenig fügt
sich eine bestimmte Art von Buchstaben, etwa das von unten her als
zarter Haarstrich gezogene lange s oder das ähnlich geformte f im Anlaut,
in den sonst durchaus vertikalen Duktus, indem diese auffallend schräg,
manchmal fast liegend geschrieben werden. Insgesamt entsteht dadurch
ein lebhaft bewegtes Schriftbild, das wohl in vielem noch an das 16. Jahrhundert gemahnt, aber doch eine besondere Note, die Entsprechung des
Formgefühls des der Renaissancekunst noch nahestehenden Frühbarocks,
aufweist. Sofern in Schriftsätzen dieser Zeit Fremdworte oder Lehnworte
mit fremdartig klingenden Silben vorkommen, werden diese in Antiquakursive geschrieben; man empfand das Fremdwort und die damals auch

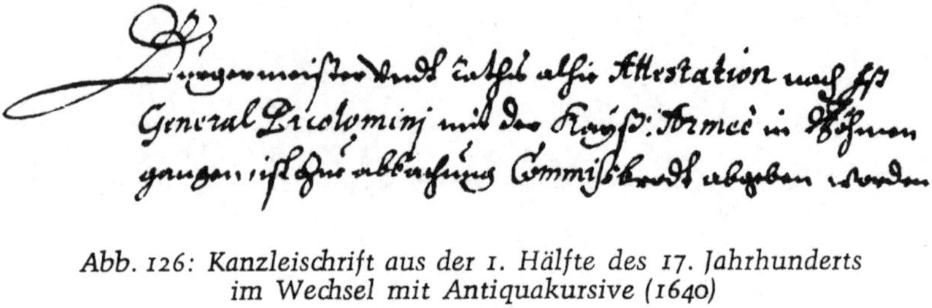

Abb. 126: Kanzleischrift aus der 1. Hälfte des 17. Jahrhunderts
im Wechsel mit Antiquakursive (1640)

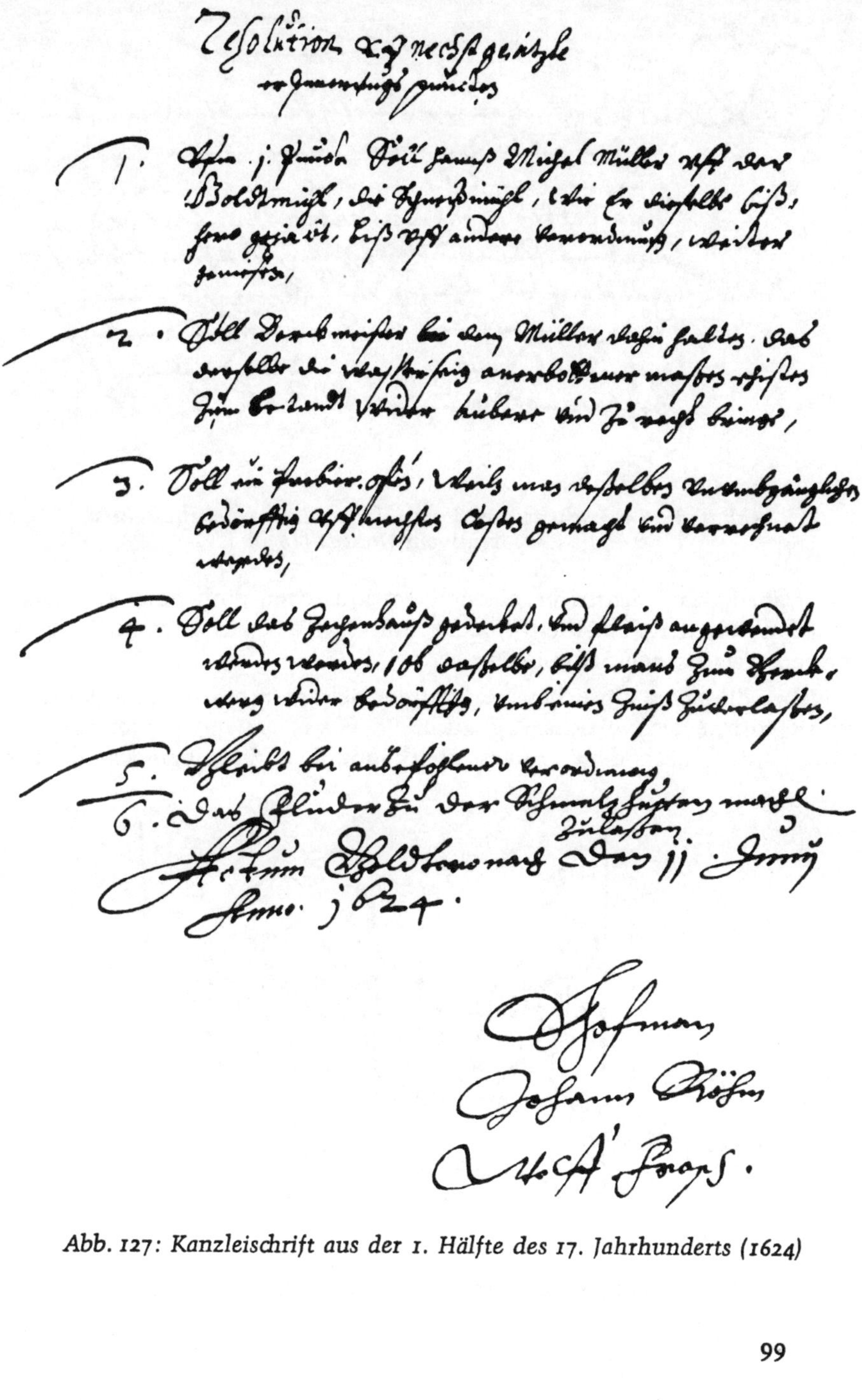

Abb. 127: Kanzleischrift aus der 1. Hälfte des 17. Jahrhunderts (1624)

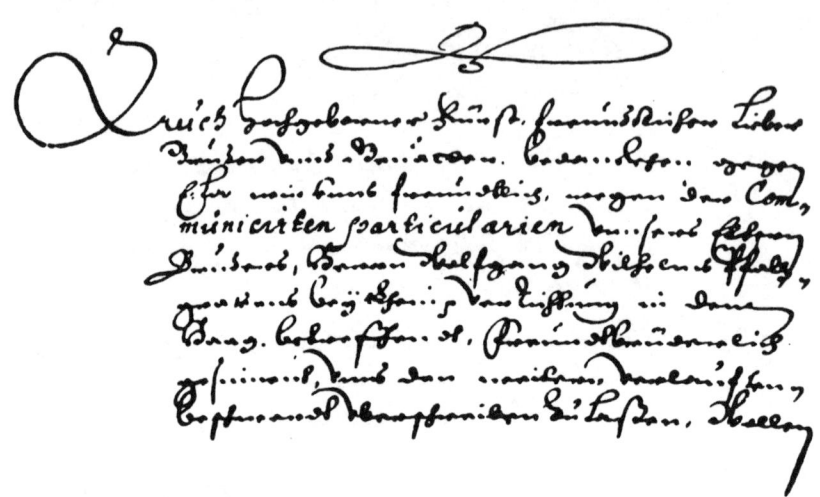

*Abb. 128: Aktenschrift aus der 1. Hälfte des 17. Jahrhunderts
mit konservativem Duktus (1630)*

als „französische" Schrift bezeichnete Antiqua eben doch noch als artverschieden von der deutschen Sprache und von der aus gotischen Schriftformen erwachsenen Schreibweise.

Neben dieser im amtlichen Verkehr der Behörden bevorzugten Kanzleischrift formte sich gleichzeitig auch die etwas freiere allgemeine Gebrauchsschrift nach dem Zeitgeschmack um. Das Schreiben war damals

Abb. 129: Kanzleischrift in Anlehnung an die Fraktur (1640)

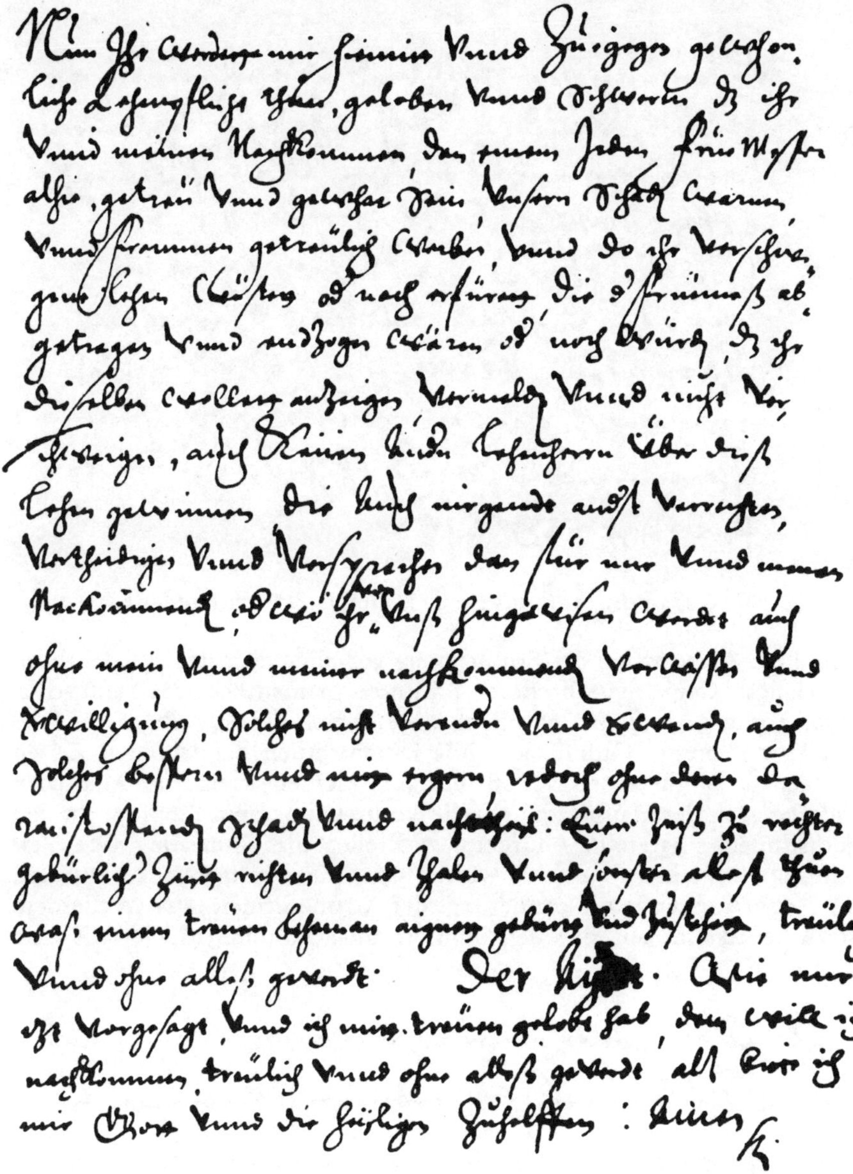

Abb. 130: Gebrauchsschrift aus der 1. Hälfte des 17. Jahrhunderts (1612)

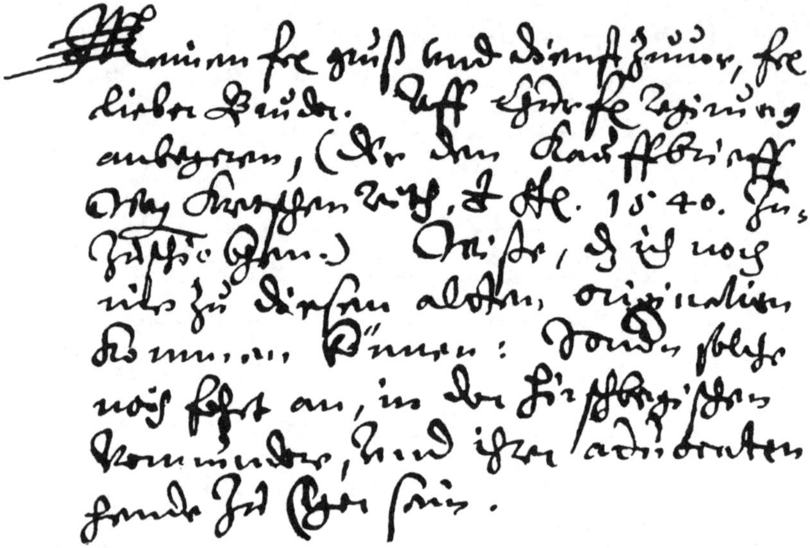

Abb. 131: Gebrauchsschrift aus der 1. Hälfte des 17. Jahrhunderts (1620)

dank dem Aufschwung des Schulwesens vor allem seit dem 16. Jahrhundert längst Gemeingut breiterer Schichten namentlich der städtischen Bevölkerung geworden. Das planmäßige Lernen des Schreibens im Kindesalter auf breiter Grundlage — die Lateinschulen der früheren Zeiten erfaßten doch nur einen verhältnismäßig kleinen Kreis von Menschen und waren in der Hauptsache auf die Vorbereitung zum Studium an den Hochschulen eingestellt — förderte zweifellos nicht nur die weite Verbreitung der Schrift, sondern wirkte sich auch weitgehend zugunsten einer fortschreitenden Normierung der Grundformen aus. Außerdem ist zu berücksichtigen, daß den Schülern im Schulunterricht jeweils eine

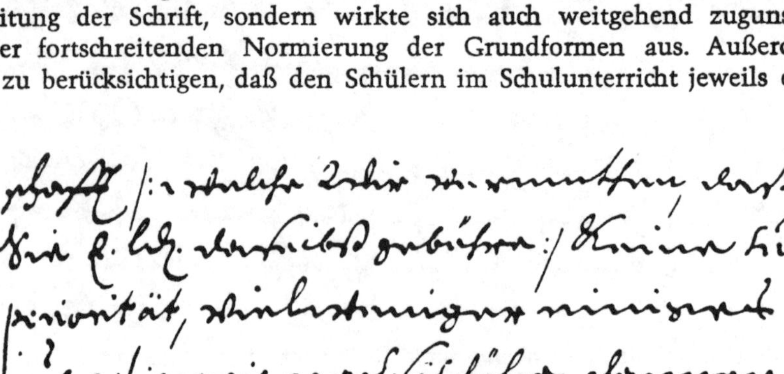

Abb. 132: Kanzleischrift aus der 2. Hälfte des 17. Jahrhunderts (1663)

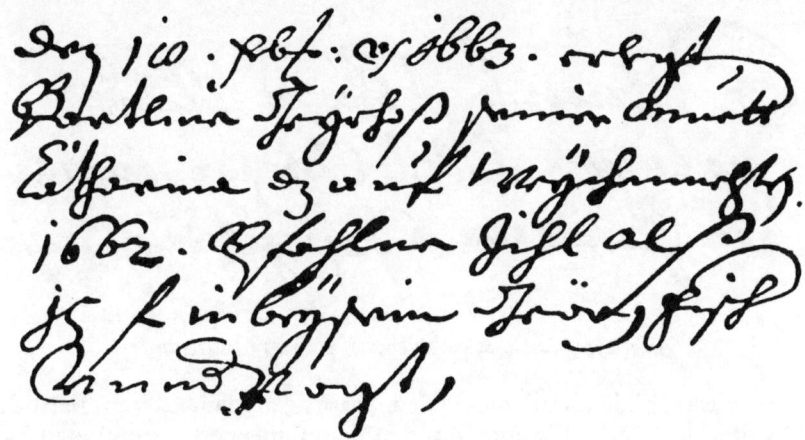

Abb. 133: Flüchtige Aktenschrift aus der 2. Hälfte des 17. Jahrhunderts (1663)

bestimmte Art des Schreibens vermittelt wurde und die Schulschrift dann die Grundlage für eine ganze Generation bildete. Je nach Häufigkeit der Anwendung der Schrift durch jeden einzelnen entstand zwangsläufig innerhalb der gleichen Generation eine Abstufung des Schriftduktus in mannigfacher Schattierung, und zwar im Hinblick auf den Grad der Schreibgewandtheit ebenso wie im Hinblick auf den Altersunterschied des Schreibers: ein Sechzigjähriger beispielsweise schrieb zum gleichen Zeitpunkt eine etwas andere Stilform als sein zwanzigjähriger Zeitgenosse. Insofern verzahnen sich nunmehr augenfälliger als ehedem die stilistisch unterschiedlichen Schriftbilder. Dazu kommt, daß gerade im 17. Jahrhundert wieder die große Zeit der Schreibmeister gekommen war. Der Kupferstich ermöglichte es ihnen nun, die Feinheiten des Federstriches

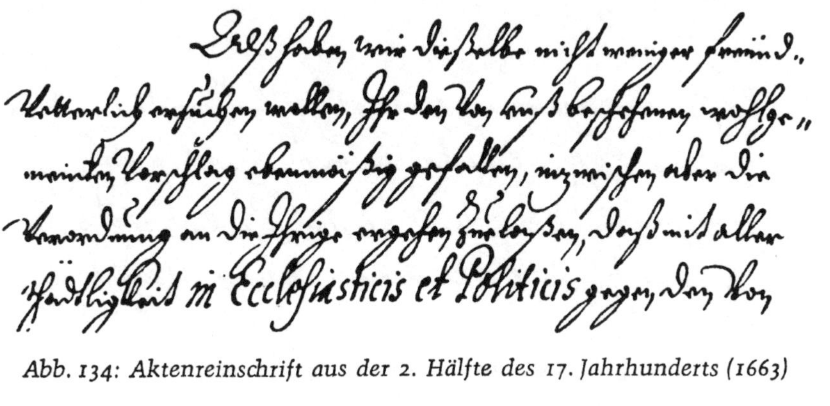

Abb. 134: Aktenreinschrift aus der 2. Hälfte des 17. Jahrhunderts (1663)

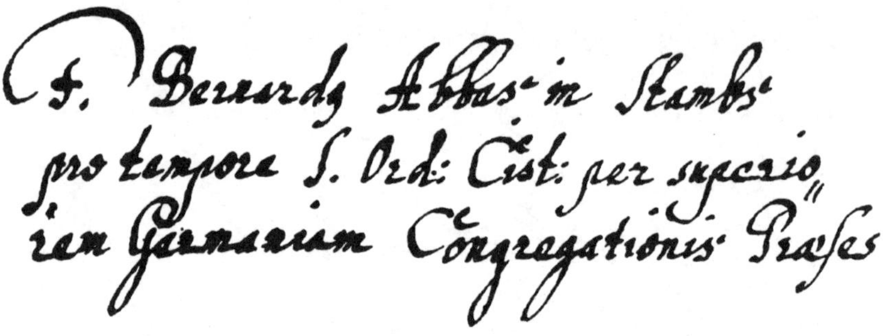

Abb. 135: Antiquakursive aus dem 17. Jahrhundert

getreu nachzubilden und die vielen prächtigen damals veröffentlichten
„ABC-Büchlein" oder die auch von den Schreibmeistern verbreiteten hand-
schriftlichen Schreibunterlagen mit Beispielen der zahlreichen Schreib-
arten, von der gefälligen Reinschrift bis zu den kunstvoll verschnörkelten
Zierschriften, konnten gute Behelfe dafür bieten, sich an bestimmten
Schreibformen zu schulen und weiterzubilden.

Bei solchen Voraussetzungen entfernte sich die Schrift immer mehr von
dem bei allem kursiven Charakter doch noch vorherrschend gewesenen
Gebundensein an feste Normen; allein der Vergleich mit der zeitgenössischen Druckschrift zeigt, wie die Handschrift fast nichts mehr mit dieser
gemein zu haben scheint. Die „lateinische" Schrift, verhältnismäßig selten
und vor allem von Geistlichen gebraucht, beharrt noch eher in jenem
strengen Zug; aber die landläufige Umgangsschrift gibt sich frei und un-
gebunden. Durch die Verwendung des weichen Gänsekiels läßt sich der
in der Wesensart der Menschen von damals liegende barocke Schwung
ungehemmt zum Ausdruck bringen. Die Buchstaben im einzelnen verändern sich kaum, nur das e erfährt eine späte Abänderung in der Weise,

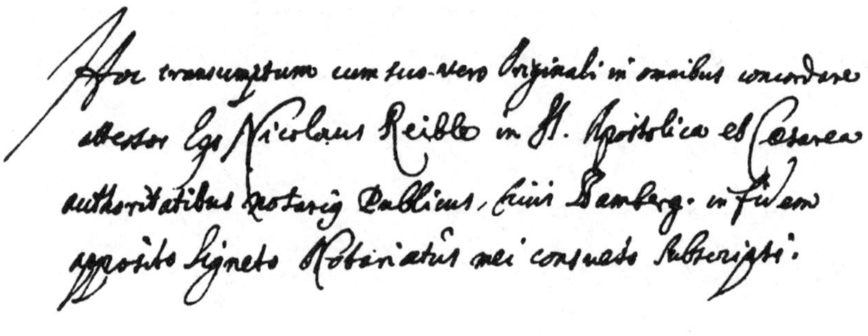

Abb. 136: Antiquakursive aus dem 17. Jahrhundert

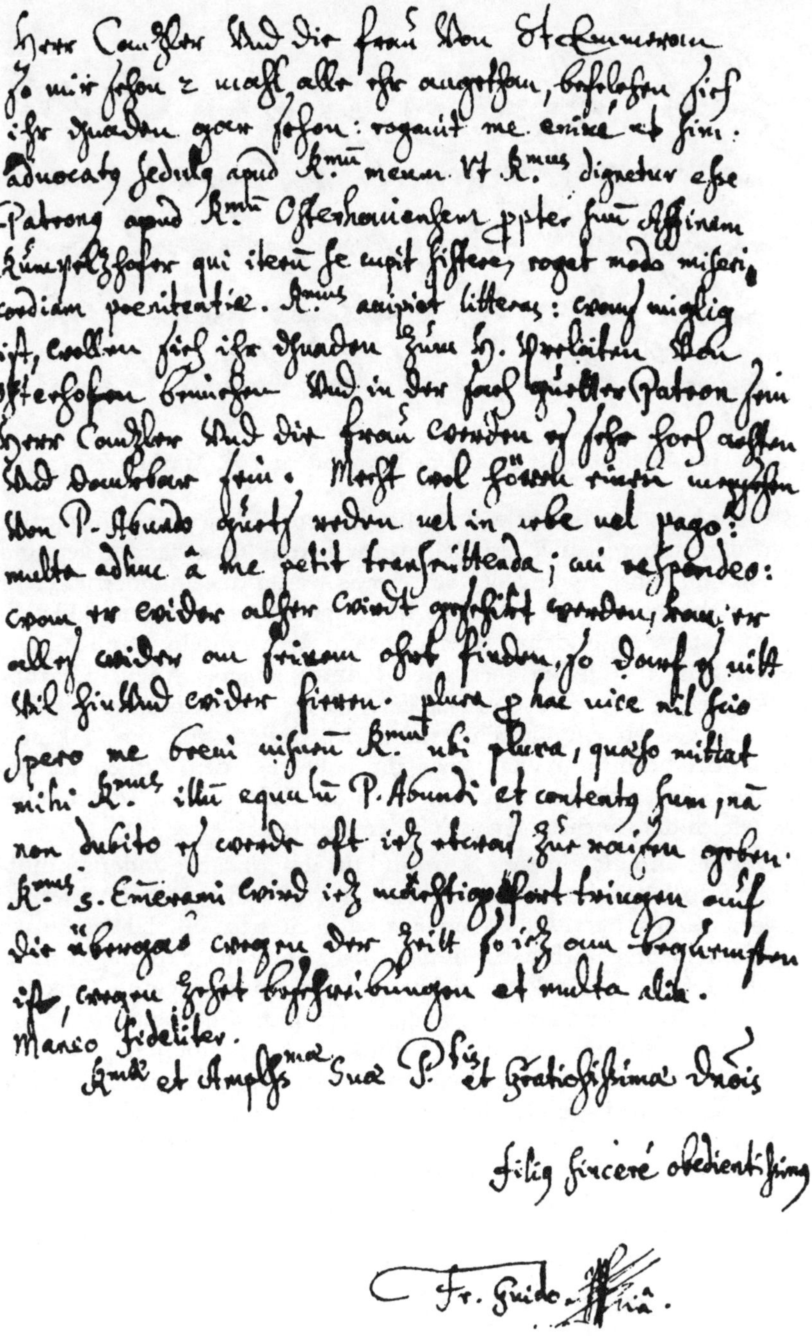

Abb. 137: Deutscher Text im Wechsel mit lateinischem (17. Jh.)

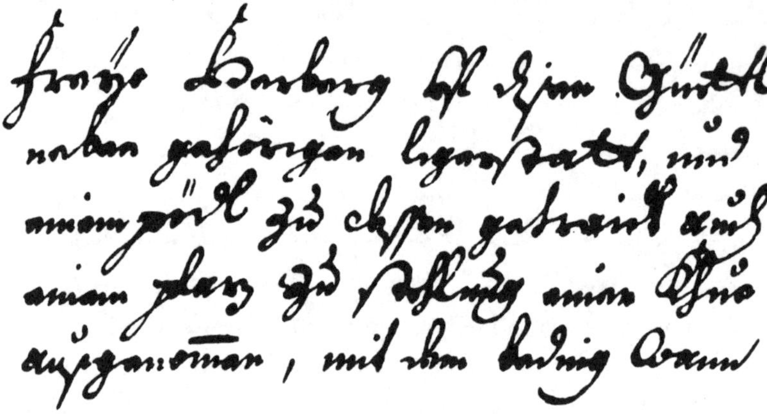

Abb. 138: Aktenschrift aus der Übergangszeit zum 18. Jahrhundert (1712)

daß die schräg parallel gelegten Mittellinienstriche (oder Strichansätze), die in der vorhergegangenen Zeitspanne bereits miteinander verbunden worden sind, im Schwung des Schreibens weiter auseinanderrücken und sich allmählich in Angleichung an das n im Mittellinienraum aufstellen. Der Buchstabe sieht dann einem n zum Verwechseln ähnlich, unterscheidet sich von diesem aber alsbald durch engeres Aneinanderrücken der Schäfte in der dem Buchstaben unserer Kurrentschrift gegebenen Form. Die Gestalt der Großbuchstaben ist vielfach von der Fraktur der Druckschrift beeinflußt oder steht ihr nahe. Bei den Zahlen ist kennzeichnend, daß sich die 8 querlegt und die Ziffern nicht selten miteinander gleich den Buchstaben verbunden werden.

Insgesamt enthält die zum Schriftduktus des 18. Jahrhunderts hinüberleitende Schrift aus der zweiten Hälfte des 17. Jahrhunderts in ihrer freieren Formgebung bereits die Tendenz, sich zu strecken. Dieses Entwicklungsmoment prägt sich dann in der Folgezeit so aus, daß die Schrift den für das 18. Jahrhundert kennzeichnenden Ausdruck gewinnt. Gegenüber dem zur fülligen Rundung neigenden Barockschwung beherrschen nunmehr die zu schmal zusammengedrückten Längsschleifen gewordenen Ober- und Unterlängen das in seinem Duktus schräg liegende Schriftbild. Vielfach sind dabei die Oberlängen höher hinaufgezogen als die Unterlängen unter die Zeile ragen. Die Buchstaben stehen wie bei der Fraktur eng beisammen und verbinden sich beim flotten Schreiben auf kürzestem Wege. Von der Rundung des o beispielsweise geht der Federzug ohne abzusetzen unmittelbar zum Ansatz des f, das übrigens nur aus einem Schrägstrich mit Oberlängenbogen besteht, unter die Zeile oder das teilweise nur Unterlänge aufweisende lange s verbindet sich bereits im

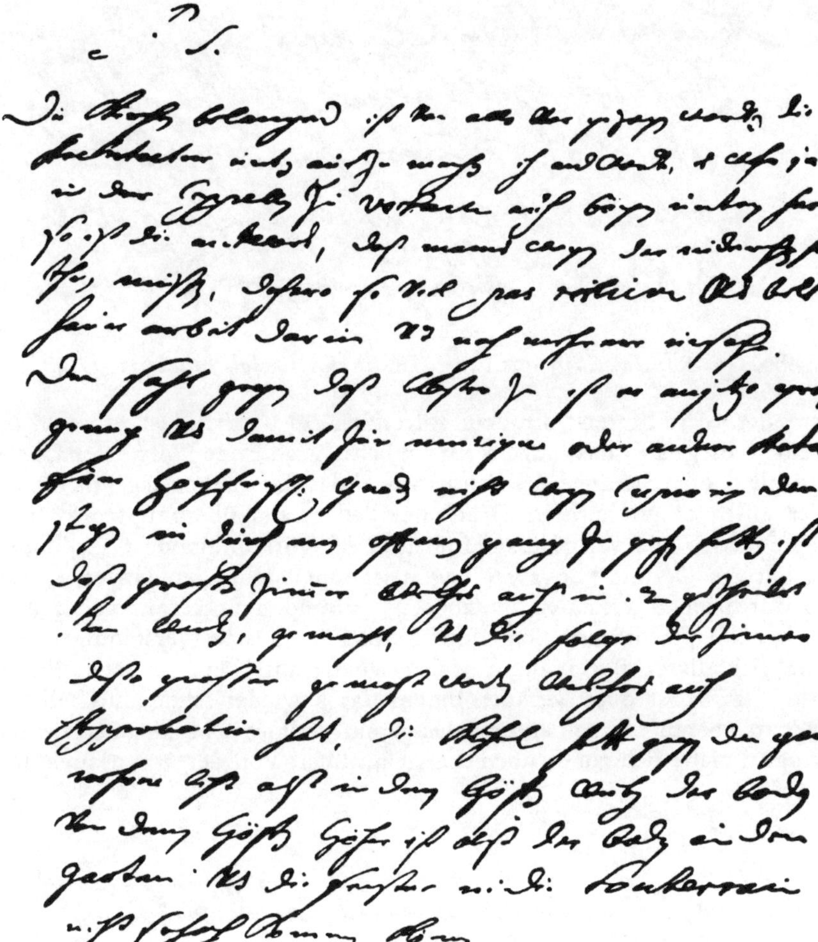

Abb. 139: Handschrift Balthasar Neumanns (1723)

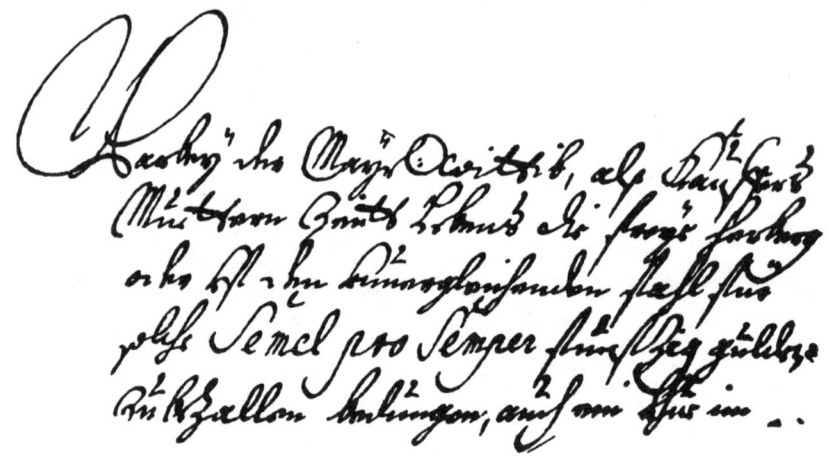

Abb. 140: Kanzleischrift aus der 1. Hälfte des 18. Jahrhunderts (1714)

Raum der Mittellinien mit dem folgenden Buchstaben. Ist ein sch zu schreiben, biegt sich das lange s auf halbem Wege in der Mitte der Oberlänge zur oberen Schlinge des h um, wobei das dazwischenliegende c entweder durch einen leichten Druck der Feder oder überhaupt nicht angedeutet wird. Die verhältnismäßig noch oft vorkommende f-Verdoppelung hat die Gestalt von zwei eng beisammenstehenden langen s, die oben durch einen schmalen Spitzbogen verbunden und von einem von oben her übergeworfenen Bogen durchkreuzt sind. Selbstverständlich verbindet sich dieser Bogen dann gleich wieder mit dem nächsten Buchstaben. Das st ist oben gezackt, indem das s wieder schon auf halbem Wege zur oberen t-Spitze ansetzt. Das v hat vielfach Oberlängenschwung und das d zieht sich gleich oben zum t hinüber. Von der Unterlänge des

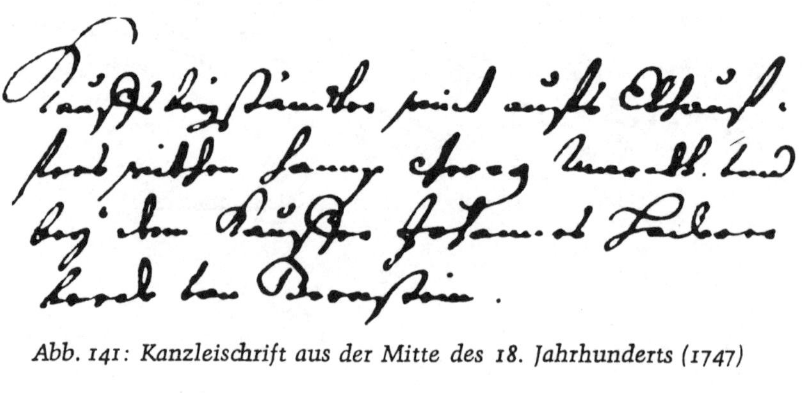

Abb. 141: Kanzleischrift aus der Mitte des 18. Jahrhunderts (1747)

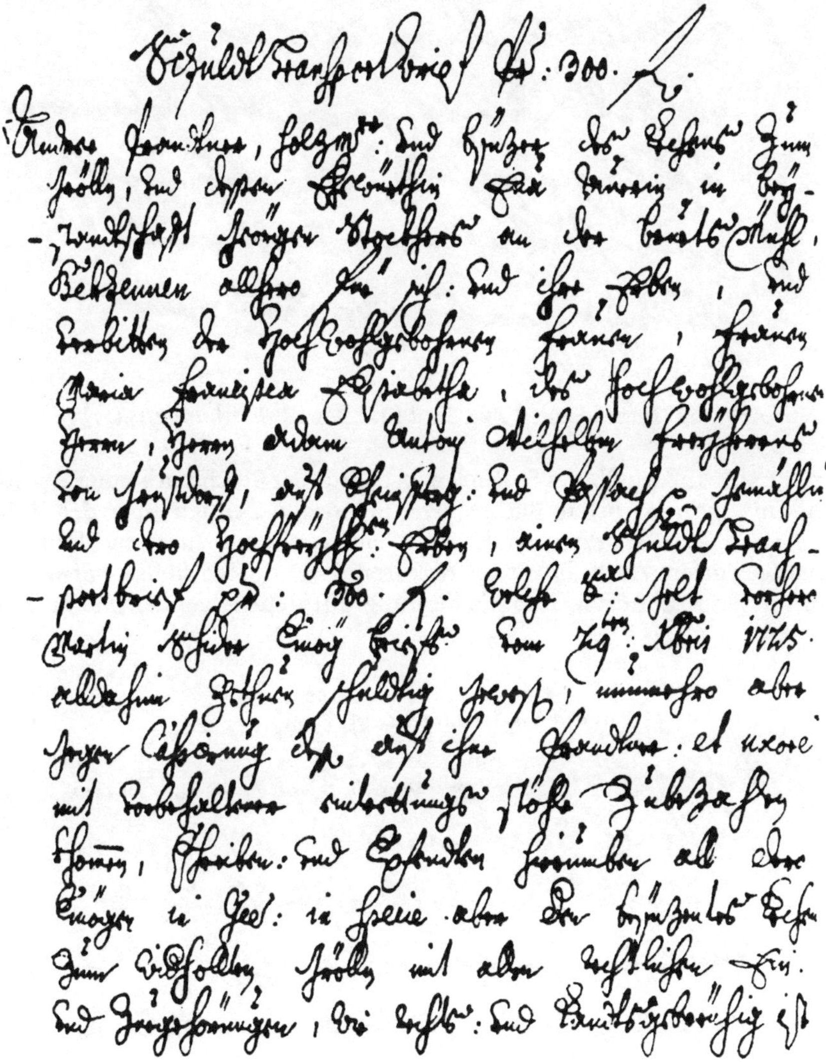

Abb. 142: Kanzleischrift aus der 1. Hälfte des 18. Jahrhunderts (um 1730)

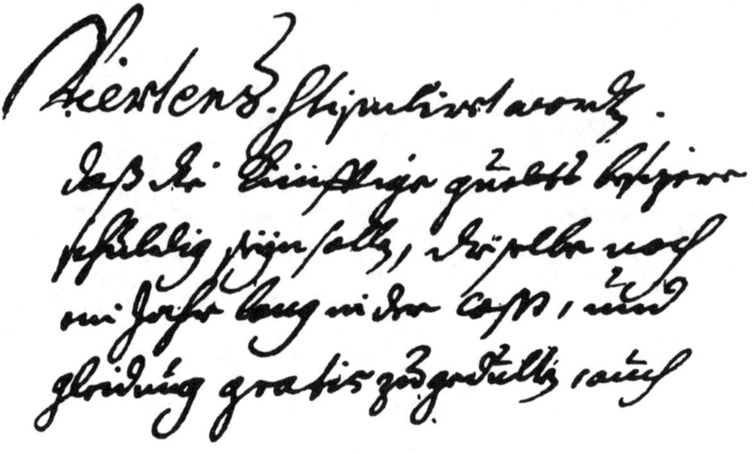

Abb. 143: Kanzleischrift aus der Mitte des 18. Jahrhunderts (1749)

p zieht sich außerhalb des Schlingenabstriches der Strich nach einer Rechts-
knickung zum nächsten Buchstaben und das u-Zeichen über der Zeile
wird meist aus dem Abstrich des Buchstabens ohne abzusetzen als Bogen
hinaufgeworfen. Auch die alte er-Abkürzung wird noch fleißig verwendet
und dient zur unmittelbaren Verbindung mit dem folgenden Buchstaben

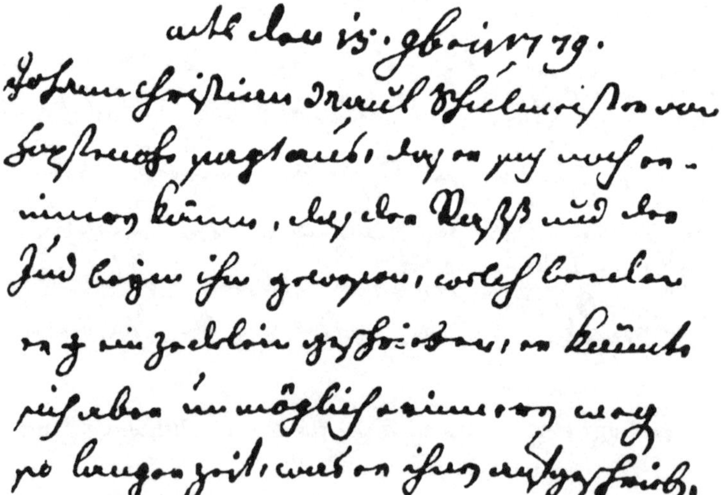

Abb. 144: Kanzleischrift aus der 2. Hälfte des 18. Jahrhunderts (1779)

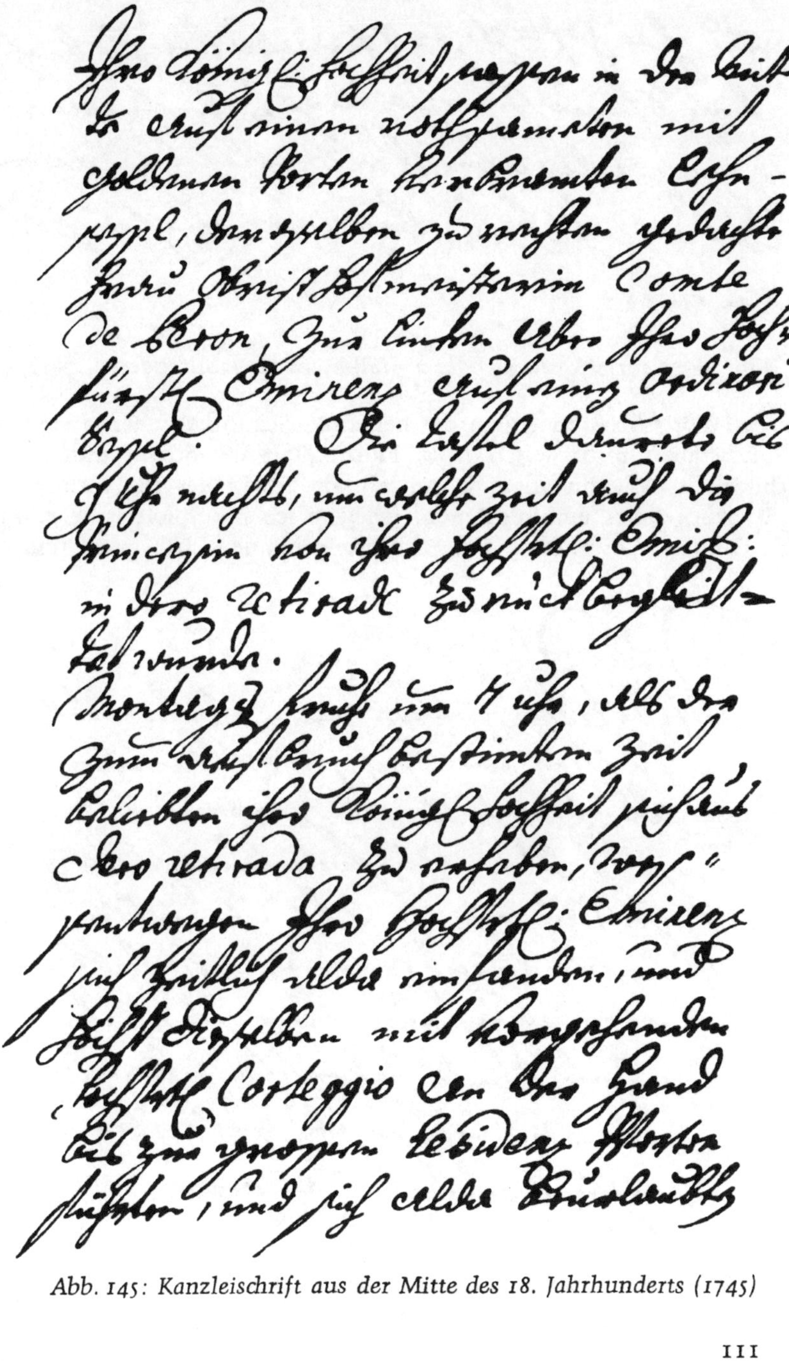

Abb. 145: Kanzleischrift aus der Mitte des 18. Jahrhunderts (1745)

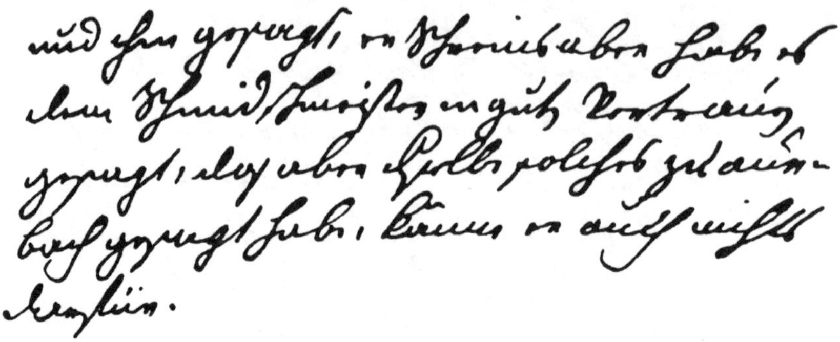

Abb. 146: Kanzleischrift aus der 2. Hälfte des 18. Jahrhunderts (1781)

oder am Wortschluß zu einem der beliebten Schnörkel; ebenso sind die Großbuchstaben nicht selten trotz Flüchtigkeit der Schrift unnatürlich verschnörkelt. Alles in allem vermittelt die Schrift des 18. Jahrhunderts den Eindruck eines empfindsamen, gelegentlich ins Spielerische gewandelten Duktus (Anwendung von Schnörkeln bei den Buchstaben und die

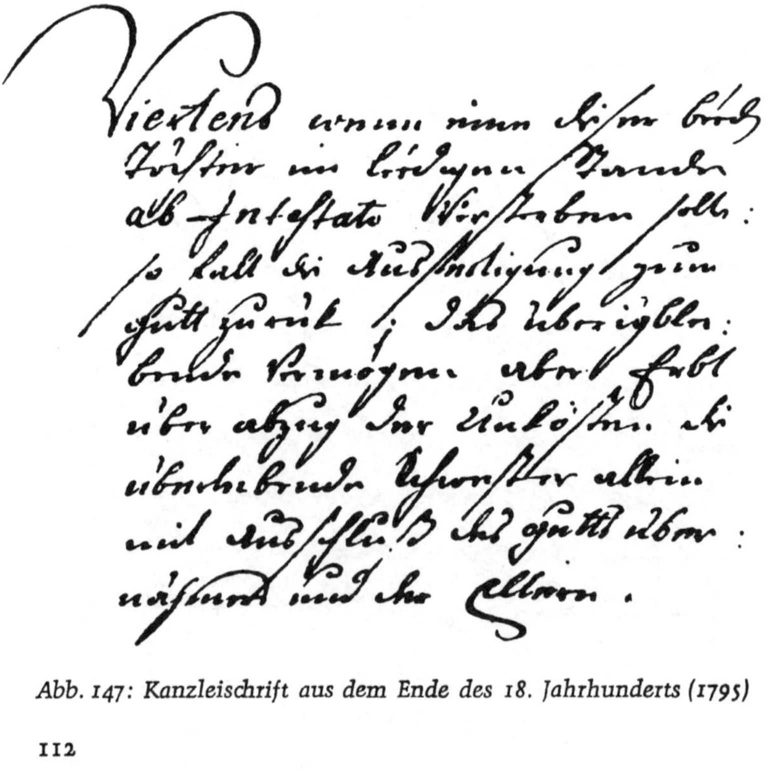

Abb. 147: Kanzleischrift aus dem Ende des 18. Jahrhunderts (1795)

bewegte Ausdrucksform bei deren Gestaltung), durchdrungen von ratio-
nalistischer Geistigkeit (die überlegte Art, die Buchstaben auf kürzestem
Wege zu verbinden) und dadurch belebt und vielfach ins Krause gestei-
gert, daß nicht nur die Buchstaben förmlich ineinander kriechen, sondern
auch die Ober- und Unterlängen, die häufig sogar die Mittellinien der
vorhergehenden oder folgenden Schriftzeile berühren, schmal und eng
nebeneinander stehen. Gleich wie etwa bei der zeitgenössischen Baukunst hat sich auch in der Schrift die wuchtige Behäbigkeit des frühen
Barocks zum zierlicheren Rokoko verfeinert. Im Fortschreiten der Entwicklung gegen Ende des Jahrhunderts nimmt dieser Hang zur Zierlich-
keit zugunsten eines klareren und damit gefälligeren Schriftbildes zu, indem sich vor allem die Ober- und Unterlängen nicht mehr in beängsti-
gender Enge wie vordem in den Zeilenzwischenständen treffen.

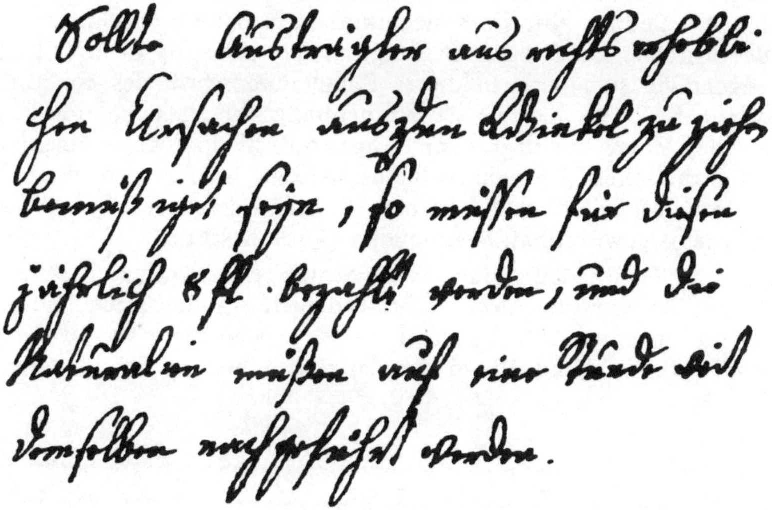

Abb. 148: Konservative Schreibform aus der 1. Hälfte des 19. Jahrhunderts (1813)

Diese verfeinerte Art zu schreiben, wie sie gegen die Jahrhundertwende
zu in Gebrauch war, setzt sich ziemlich lange in das Biedermeier fort.
Man trifft selbst noch in den dreißiger Jahren des 19. Jahrhunderts Schriftzüge, die stark an das 18. Jahrhundert erinnern. Daneben kommt seit
etwa dem Beginn des 19. Jahrhunderts eine fast unpersönlich wirkende
Kanzleischrift in Verwendung, die für den Zeitabschnitt kennzeichnend
ist. Sie wirkt korrekt, aber nüchtern und farblos und ist vielfach ohne
charakteristische persönliche Note. Man könnte sie als den Beginn der

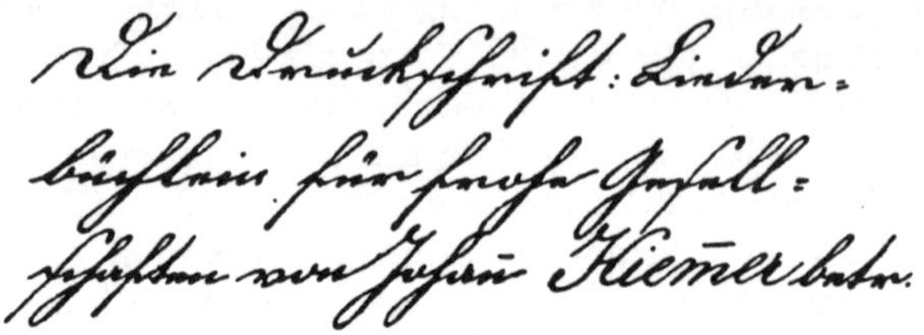

Die Druckschrift: Lieder-büchlein für frohe Gesell-schaften von Johann Kiemer betr.

Abb. 149: Aktenreinschrift aus der 1. Hälfte des 19. Jahrhunderts (1826)

bürokratischen Geschäftsschrift bezeichnen, jener dann im ganzen 19. Jahrhundert und bis zur Einführung der Schreibmaschine in Verwendung stehenden, streng auf der Schulschrift fußenden Schreibweise, die sich in der Reinschrift, hier allenfalls mit konventionellen Verzierungen und Schlingen verbrämt, einer besonderen Sorgfalt und schülerhaften Genauigkeit befleißigt. Nur die Konzeptkursive bringt die persönliche Eigenart des Schreibers stärker zur Geltung, ist aber selbst da in ihrer freieren Art irgendwie subaltern. In dieser Kanzleihandschrift des 19. Jahrhunderts, auf die es in unserem Zusammenhang vor allem ankommt, sind trotz jenes Zuges zur uniformen Unpersönlichkeit gewisse Eigenwilligkeiten nicht selten. Im ganzen bleibt sie aber im Rahmen einer deutlichen, gut lesbaren und die Formen des inzwischen sich ausgebildeten Aktenwesens gewissenhaft beachtenden Geschäftsschrift.

Eine schöpferische Umgestaltung der Schrift erfolgt auch zu diesem Zeitpunkt der Entwicklung nicht mehr. Lediglich ein Buchstabe ändert als letzter im kurrenten Alphabet seine bisherige, weit mehr als auf ein Jahrtausend zurückreichende Form, das lange s. Schon in der jüngeren rö-

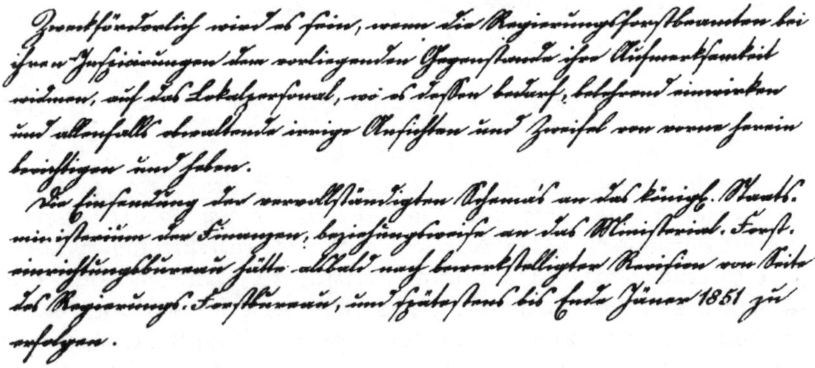

Zweckförderlich wird es sein, wenn die Regierungsforstbeamten bei ihren Besichtigungen dem vorliegenden Gegenstande ihre Aufmerksamkeit widmen, auf das Lokalpersonal, wo es dessen bedarf, belehrend einwirken und allenfalls obwaltende irrige Ansichten und Zweifel von vorne herein beseitigen und heben.
Die Einsendung der vervollständigten Schemas an das königl. Staatsministerium der Finanzen, beziehungsweise an das Ministerial-Forsteinrichtungsbureau hätte alsbald nach bewerkstelligter Revision von Seite des Regierungs-Forstbureau, und spätestens bis Ende Jäner 1851 zu erfolgen.

Abb. 150: Aktenreinschrift aus der Mitte des 19. Jahrhunderts (1850)

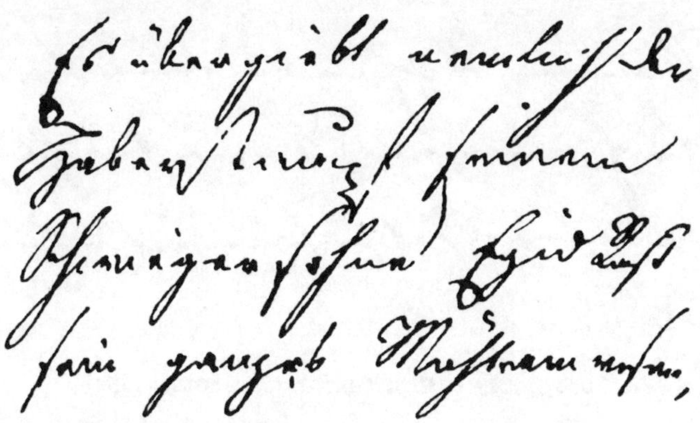

(1813)

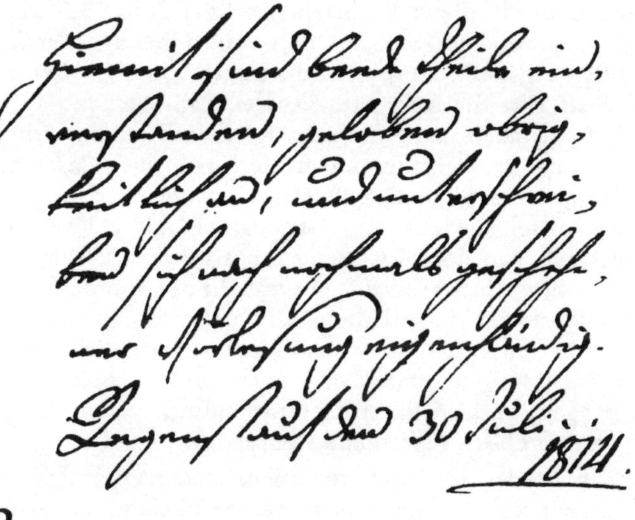

(1814)

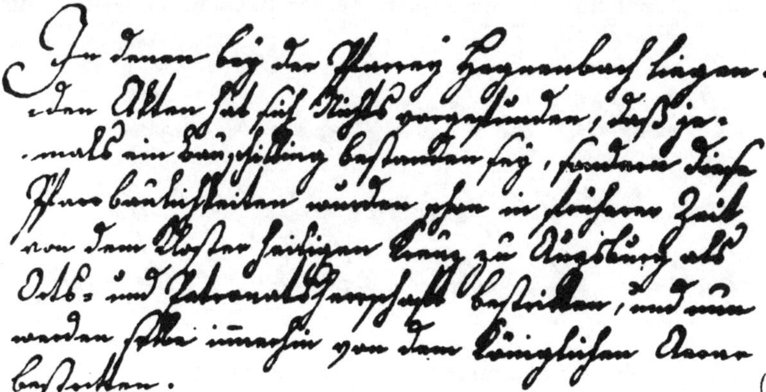

(1828)

Abb. 151–153: Aktenschriften aus der 1. Hälfte des 19. Jahrhunderts

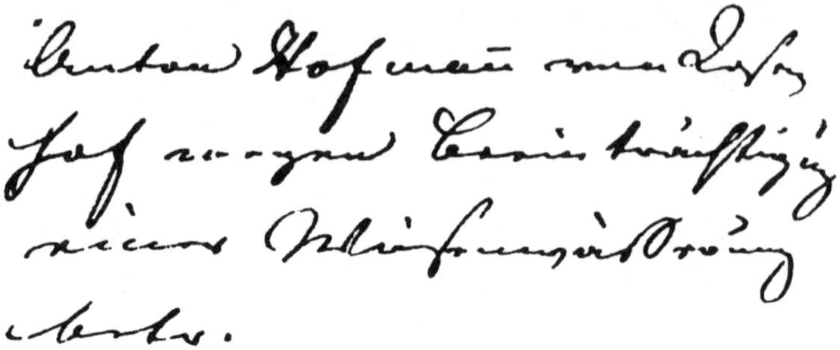

Abb. 154: Aktenschrift mit alter s-Form (1861)

mischen Kursive wurde dieser Buchstabe von der Mitte aus zuerst nach unten und dann langgestreckt über Unter- und Oberlänge hochgezogen; die Ligatur mit t als Fortsetzung des Schwunges von oben her ergab sich dann von selbst. Erst die kurrente Kanzleischrift des 19. Jahrhunderts ordnet diesen Buchstaben in konsequenter Anwendung des Prinzipes der Auf- und Abstriche wie beim m und n, dem sich auch das e hat fügen müssen, in die gleichmäßige Schreibweise ein, indem er nun mit Haarstrich von der Mittelzeile aus zum Grundstrich mit Ober- und Unterlänge und abermals von der Mittelzeile mit schrägem Verbindungsstrich zum folgenden Buchstaben geschrieben wird. In der von der Aktenschrift freieren Gebrauchsschrift der gleichen Zeit hält sich das alte s, namentlich in der Verbindung mit t als st noch lange weiter. Auch die Konzeptschrift wahrt die älter wirkende Form nicht nur in diesem einzelnen Buchstaben, sondern auch in ihrem Gesamteindruck bedeutend länger als die bei den Ämtern üblich gewordene Reinschrift.

Um besondere Stellen im Text, vor allem Eigennamen und inhaltlich bedeutsam erscheinende Wortgruppen, hervorzuheben, verwendet man

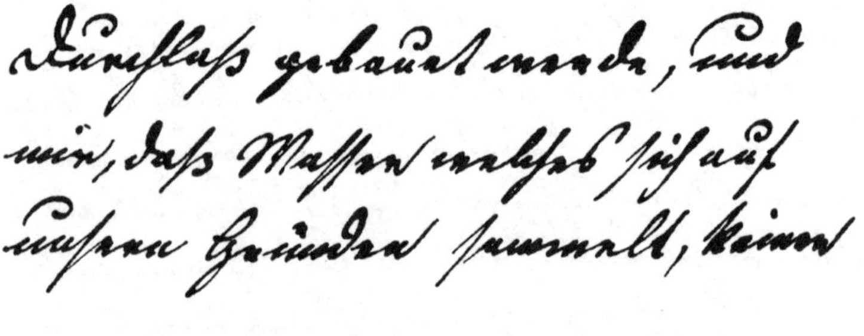

Abb. 155: Aktenschrift mit neuer s-Form (1861)

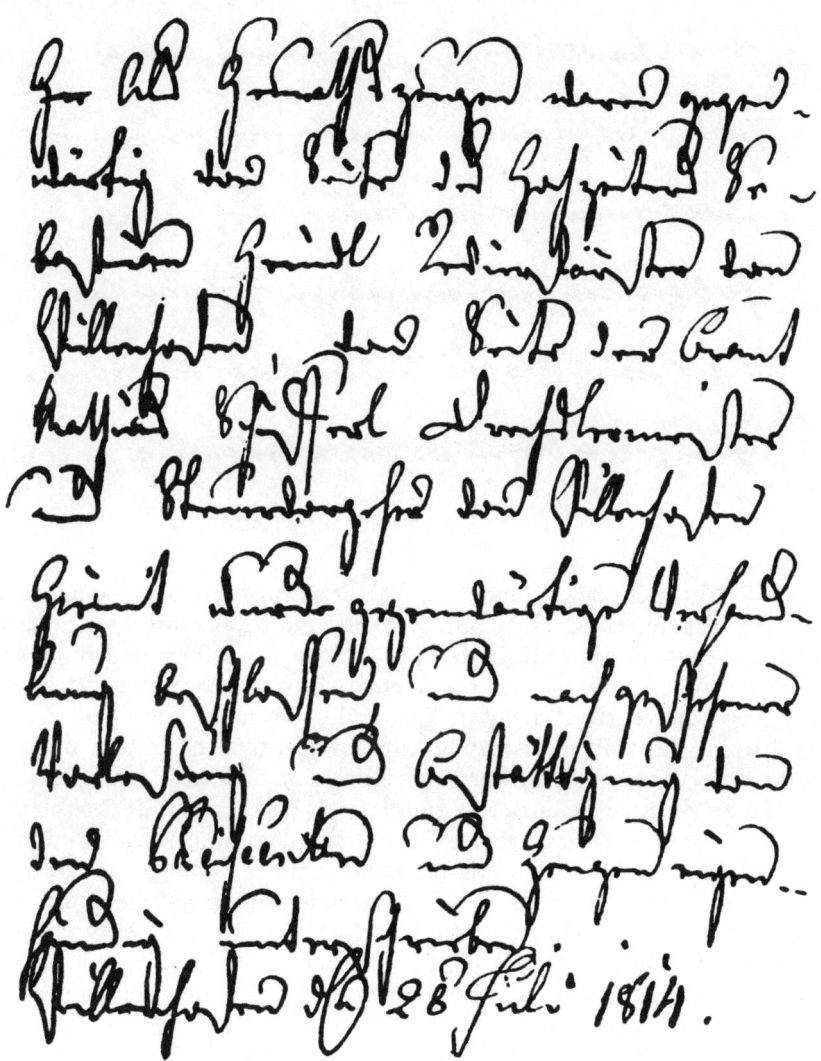

Abb. 156: Kanzleischrift aus der 1. Hälfte des 19. Jahrhunderts (1814)

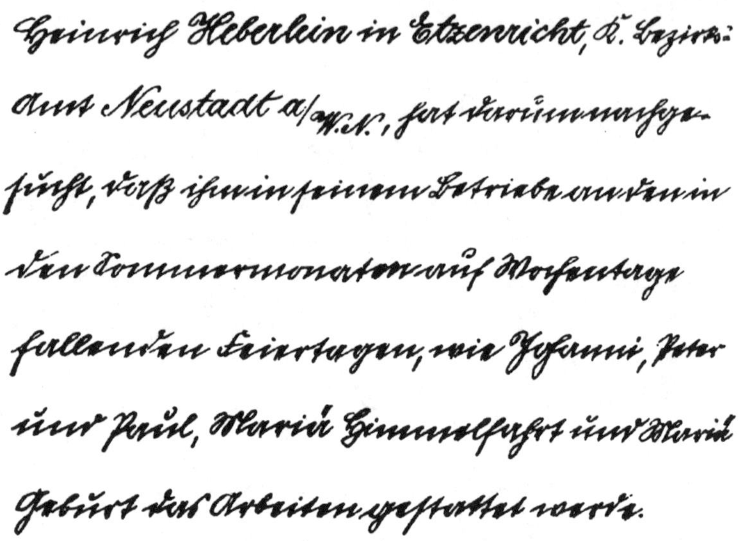

Abb. 157: Kurrentreinschrift (1904)

nun — nicht mehr wie früher nur bei Fremdwörtern oder lateinischen Zitaten — häufiger auch für deutsche Worte die sogenannte Lateinschrift. Auch als Auszeichnungsschrift bei der Anlage von Akten und für Überschriften kommt etwas später die „Lateinschrift", und zwar meist in der Form der Kursive, zunehmend in Verwendung. Nach wie vor bleibt indes die Kurrentschrift die herrschende Schreibweise in den Ämtern und übrigens weitgehend auch in der sonst allgemein üblichen, hier nur vielfältiger persönlich differenzierten Handschrift. Erst gegen Ende des 19. Jahrhunderts setzte sich — zusammenhängend mit dem bürgerlichen Bildungsideal — die „Lateinschrift" stärker durch, ohne allerdings die Vorherrschaft der Kurrentschrift als die maßgebende für Amtsstuben und Geschäftskontore ernstlich zu gefährden. Dafür entwickelte sich um die gleiche Zeit ein (historisch nicht begründeter) Gegensatz zwischen „Deutschschriftlern" und „Lateinschriftlern", der zuweilen heftige Formen annahm, zumal sich eigens zu diesem Zwecke gebildete Vereine mit dem Brustton nationaler Überzeugung für die allgemeine Verwendung der „Deutschen Schrift" gegen ein Überhandnehmen der „Lateinschrift" einsetzten und gegen diese als eine „fremde" Schriftart mit nicht immer sachlichen Argumenten zu Felde zogen.

Die Verwendung der seit 1856 in Deutschland fabrikmäßig hergestellten Stahlfeder, die dann den Gebrauch des Gänsekiels allmählich überflüssig machte, hatte keinen nennenswerten Einfluß auf die Wandlung der Schriftform; die Schrift wurde im allgemeinen nur etwas härter. Um vieles mehr wirkte indes die vor der Mitte des Jahrhunderts einsetzende Industrialisierung auf die Struktur des Schriftwesens ein. Die Mechanisierung, zunächst noch weitgehend im Handwerklichen verankert, entfaltete sich derart rasch und durchgreifend, daß sie alsbald die Grundstruktur des ganzen Zeitabschnittes auf allen Gebieten des menschlichen Lebens zunehmend umformte. Im Schriftwesen erhielt insbesondere die Typographie völlig neue Grundlagen. Seit Gutenbergs Erfindung bis zum Beginn des 19. Jahrhunderts hat der Buchdruck, der sich während dieses Zeitraumes außerordentlich stark verbreitete, in technischer Hinsicht keinerlei Veränderungen erfahren. Nur im Formalen der Schrift, das heißt in deren Verbesserung, konnten ähnlich dem Italiener Giambattista Bodoni, dem Franzosen F. A. Didot, dem Engländer John Baskerville und dem Holländer Joh. Enschede in Deutschland Joh. Gottlieb Emanuel Breitkopf (1719–1794) und Johann Friedrich Unger (1753 bis 1804) Leistungen aufweisen, die über ihre Zeit weit hinausreichten. Aber auf eine neue technische Grundlage wurde die Typographie erst durch die bahnbrechenden Erfindungen Friedrich Königs (1774–1833) gestellt, nämlich der Schnellpresse und des Tiegels und damit des Prinzips der Rotationsmaschine. Hiezu kam die Erfindung der Zeilensetzmaschine durch Ottmar Mergenthaler (1884–1899), die neben dem bis dahin allein verwendeten Handsatz den zeitsparenden Maschinensatz ermöglichte, sowie die Erfindung anderer Druckarten wie des Flachdruckes (Steindruck oder Lithographie) durch Alois Senefelder (1771–1834), aus dem sich der Offsetdruck entwickelte, oder des Tiefdruckes (Heliogravüre), der das Prinzip des Kupferstiches, des Stahlstiches und der Radierung in das Technische übersetzte und vor allem für Bildwiedergaben von großer Bedeutung wurde, a. u. Die gewaltige Mechanisierung des Druckgewerbes durch solche, auch die Dampfmaschine und den Motor einbeziehende Erfindungen brachte nicht nur eine Revolutionierung der Drucktechnik mit sich, sondern beeinflußte das Schriftwesen in seiner Gesamtheit. Infolge der damit ermöglichten Leistungssteigerung entstand die Massenproduktion von Druckerzeugnissen, die wie wohl nie zuvor in solchem Ausmaße in die Breite zu wirken vermochte, aber doch auch eine weitgehende Verflachung und letzten Endes die endgültige und völlige Loslösung des Menschen von der organischen Beziehung zu seiner Schrift mit sich brachte. Daß das 19. Jahrhundert fast überhaupt nicht schriftschöpferisch tätig war, liegt neben der an sich nüchtern-einfachen und dann vom Fortschritt der technischen Errungenschaften beeindruckten Zeit offenkundig zu einem beträchtlichen Teil an jener ständig wachsenden Übersteigerung der Technik.

Und auch auf die Handschrift selbst griff alsbald die Technik über, indem sich die in ihren ersten Vorläufern 1714 in England patentierte Schreibmaschine seit der Konstruktion des 1873 von der amerikanischen Waffenfabrik Remington entwickelten Typs als praktische Büromaschine auf dem Kontinent durchzusetzen begann. Ihr Vorteil eines weit rascheren und dabei deutlich lesbaren Schreibens, zugleich mit der Möglichkeit, eine Anzahl von Durchschlägen im gleichen Arbeitsvorgang zu erstellen, sicherte der Schreibmaschine insbesondere für das Registratur- und Aktenwesen eine dauernde Verwendung. Die Handschrift freilich wurde damit allmählich auf einen ganz persönlichen Bezirk eingeengt.

Übersicht der Schriftentwicklung in Alphabeten

Um das Wesen der Schrift in den aufeinanderfolgenden Entwicklungsstadien zu erfassen, ist es erforderlich, stets das gesamte Schriftbild vor Augen zu haben. Wohl setzt sich dieses aus einzelnen Buchstaben zusammen, die für sich je nach der Zeit der Niederschrift verschiedenartig geformt sind; doch ergibt erst das Zusammenfügen dieser einzelnen Buchstaben zu Worten, Wortgruppen und Sätzen das Insgesamt im Charakteristischen der jeweils zeitbedingten und von der Persönlichkeit des Schreibers abhängigen Schreibart. Wenn aber die Buchstaben aus ihrem unmittelbaren Zusammenhang gelöst und für sich gesondert betrachtet werden, isolieren sich auch die kennzeichnenden Unterscheidungsmerkmale des gesamten Schriftbildes und es bleiben lediglich die Elemente übrig, aus denen die Schrift besteht.

So sehr darin ein unverkennbarer Nachteil liegt, indem das nur aus dem gesamten Schriftbild abzulesende Charakteristische seines inneren Zusammenhanges entkleidet wird, ist damit doch in gewissem Grade ein Vorteil verbunden. Insofern nämlich, als durch eine Isolierung der Buchstaben deren wandelfähige Elemente als solche deutlicher sichtbar werden, da die einzelnen Buchstaben nunmehr unbeeinflußt von ihrer Stellung innerhalb eines zusammengehörigen Wortbildes jeweils für sich in Erscheinung treten. Allerdings bewirkt der jeweils zeitbedingte und im Fortschreiten der Schriftentwicklung zunehmend persönlicher werdende Ausdruck unbeschadet der Beibehaltung einer „typischen" Gemeinsamkeit innerhalb von Schreibergenerationen eine Vielfalt in der Formgebung jedes Buchstabens, der man im einzelnen kaum gerecht zu werden vermag. Jedenfalls wäre es aussichtslos, versuchen zu wollen, alle Möglichkeiten der Varianten aus den verschiedenen Zeitperioden systematisch zu erfassen. Was aber bei einiger Erfahrung und Übung in dieser Richtung getan werden kann, ist das Trachten, den Buchstaben jeweils in seinem dynamischen Entwicklungselement zu erkennen und im einzelnen Fall auf seine Grundform zurückzuführen. Dazu sollen die im folgenden in Entwicklungsgruppen zusammengefaßten Alphabete Anreiz und Gelegenheit bieten.

ABCDEF HILMNOPQRSTVX

ABCDEFGHILMNOPQRSTVY

ABCDEFGHILMNOPQRSTVX

ABCdeFGhilMNOpqRSTUX

abcdefghilmNopqRSTUX

Die römische Majuskelschrift bildet die Ausgangsbasis für die Entwicklung der im ganzen Abendland in Gebrauch gekommenen Schriftarten.
Gegenüber der epigraphischen Kapitale lassen bereits die Schriftzüge auf
dem Papyrusfragment aus Herculanum erkennen, daß die Benutzung
eines anderen Schreibstoffes als Stein und Erz eine gewisse Veränderung
der Buchstaben bewirkte. Vor allem in der Breitenausdehnung ist dies
zu beobachten, weiters in der Schrägstellung des S oder in der Schräg-
neigung einzelner Buchstabenteile wie z. B. der Senkrechten bei M und
N oder der Querbalken bei E und F. Die Capitalis quadrata hält demgegenüber auch in späteren Jahrhunderten weitgehend an den regelmäßigen Grundformen fest, während die Capitalis rustica durch schlanke
Buchstabenformen mit Druckverstärkungen und aus dem Gebrauch des
Schreibrohres erklärbare Abschlußstriche der Schäfte gekennzeichnet ist.
In den Unzial-Schriften bilden sich die Ansätze von Ober- und Unterlängen bei einzelnen Buchstaben aus und es bahnt sich die Entwicklung
zur Minuskel an. Durch die die Unziale kennzeichnende Rundung und
Gedrungenheit gewinnen einzelne Buchstaben ihre besondere Gestalt, so
das stufige h, das a mit Schrägschaft und Schlinge oder das e mit Bogen
und Zunge. Das G erhält einen zur Unterlänge weisenden Abstrich, den
Entwicklungsansatz zur späteren g-Schlinge. Das M wird Mittellinien-
buchstabe wie u und i und zieht alsbald auch das N in der Form des n in
diese Stellung. Tendenz zu Unterlängenbildung tragen G, P und Q in
sich, zu Oberlängenbildung D, h, l, während F sowohl zu Oberlängen-
wie zu Unterlängenbildung neigt.

Die *Kursivschriften,* deren Wesenszug es ist, daß die Buchstaben jeweils mit dem vorangegangenen in Verbindung stehen und mit dem nachfolgenden Verbindung suchen, sind für die Erkennung der dynamischen Elemente des einzelnen Buchstaben von grundlegender Bedeutung. So auch die Kursivschriften der römischen Periode: Das Rückgrat des a ist der Schrägrechtsschaft aus der Majuskel, indem der zur Form des A gehörige Schräglinksschaft entweder als Strich oder als Schlinge, Bogen oder c-förmiger Haken daran angefügt wird. Das Kennzeichen des b ist die betonte Oberlänge, die zuerst geschrieben wird, bevor die Schlinge in der Mittellinie hinzukommt, während das d von der Mittellinie zur Oberlänge hin geformt wird. Beim e ist das Wichtigste die von unten noch oben gezogene Schlinge, aus der die besonders zur Verbindung mit dem folgenden Buchstaben einladende Zunge herausgezogen wird. Das f und übrigens auch r und s werden von der Mittellinie aus zuerst nach unten und dann wieder nach oben gezogen; f bildet daraufhin seine ligaturfähige Schlinge, r den an das alte R erinnernden Abstrich, wodurch es sich — in der Krümmung die Rundung vor dem Abstrich andeutend — vom P unterscheidet, und s im Schwung den zur Oberlänge strebenden Bogen, der sich vor allem zur Ligatur mit t anbietet und so bis in das 19. Jahrhundert die Form des „langen" s bestimmte. Im g ist der beim G der Römischen Kapitale als Unterscheidungsmerkmal gegenüber C hinzugefügte Strich charakteristisch, der sich mehr und mehr als Unterlänge ausbildet.

Die Vorkarolingische Minuskel, auch „Nationalschriften" genannt, festigt die Entwicklung der Schrift in der Weise, daß die kursiven Elemente mit den aus der römischen Majuskelschrift überkommenden Grundformen verschmelzen. Die Ausbildung der Buchstaben mit Ober- und Unterlängen und in Formen, die ausschließlich die Mittellinien bevorzugen, führt dazu, daß eine ausgesprochene Minuskelschrift entsteht. Die Buchstaben im einzelnen sind mehr oder weniger angeglichen: i, m und n als Mittellinienbuchstaben, ebenso u und a, wobei dem a sowohl die c-förmige und in verschiedener Abwandlung mehr dem u gleichende Schreibweise als auch die an die Unziale anklingende Schlingenbildung am Schrägrechtsschaft eigen ist. Zu den Mittellinienbuchstaben gehören noch die rundgeformten Buchstaben c, e und o, während p und q aus der Rundform zur Unterlänge ansetzen, ebenso das g mit der jeweils charakteristischen Unterlänge. Das r, zeitweilig dem s sehr ähnlich, neigt gleichfalls zur Unterlänge, beschränkt sich dann aber auf den Mittellinienraum. Die Buchstaben b, d, h und l sind mit Oberlängen ausgebildet, f und s in der für sie kennzeichnenden Art, indem von der oberen Mittellinie aus der Strich zunächst nach unten geht, dann parallel oder mit dem Abstrich verschmolzen wieder nach oben geführt wird, um – ähnlich wie beim r – zur f-Schlinge bezw. zum s-Bogen anzusetzen. Auch wenn der Buchstabe durchgehend von der Oberlänge zur Unterlänge gezogen wird, erinnern die Schulteransätze bei diesen Buchstaben an diese charakteristische Schreibweise. Beim t ist der Schulterstrich noch auf den Schaft aufgesetzt.

a⸱a c d e f g g h i l m n o p r ſʒ r ſt tu uu z z

a b c ct d e œ f g h t l m n o p q r ſt s ſt r u x z

a b c d e œ f g h i k l m n o p q r ſ ſt t u ſ

a b c d e f g h i l m n o p q r ſ t u x

a b c d c f g h i k l m n o p q r ſ t u v w z

A B C D E F G H I L M H O P Q R S T U U W

Die *romanische Schrift*, im wesentlichen die Vollendung der Karolingischen Minuskel, stand vom 9. bis zum Ende des 12. Jahrhunderts in Gebrauch. Die einzelnen Buchstaben verändern sich in dieser Periode kaum, nur ist im allgemeinen die Tendenz festzustellen, daß sie mehr und mehr von der Rundung abgehen und sich eckigen Formen zuneigen. Im besonderen ist der Buchstabe a, der nur bis zum 10. Jahrhundert oben offen und dem u ähnlich, dann aber in der aus der Unziale herkommenden Form mit Schlinge geschrieben wird, durch seine zunehmende Steilstellung und die bauchige Ausbildung der Schlinge für diese Periode charakteristisch. Beim m und n ist zu bemerken, daß die letzten Schäfte leicht weggezogen sind und — wie übrigens auch fast bei allen anderen Buchstaben — kleine Abschlußstriche erhalten. Für das Doppel-u, auch uv oder vu geschrieben, bürgert sich die Form des heutigen w ein. Auch treten nunmehr die mehrfach variierenden Z-Formen, meistens über die Mittellinie emporragend, häufiger auf. Das sogenannte „runde" s wird neben dem „langen" s verwendet, und zwar zunächst am Wortschluß, wobei insbesondere im 11. Jahrhundert durch Hochstellen eine us-Ligatur entsteht. Keulenförmige und blattförmige Verdickungen der Oberlängenansätze können, je nach ihrer Art, Anhaltspunkte für die Datierung und Lokalisierung der Handschrift geben. Die in den Texten nunmehr häufiger verwendeten Großbuchstaben gleichen sich bei unverkennbarem Zusammenhang mit den Majuskeln der Römischen Schriftperiode dem Stilcharakter an.

a b c d e f g h i l m n o p q r f ſ ſt t u v w z

a b c d e f g h í l m n o p q r ſs t u v w z

a b c d e f g h i k l m n o p q r ſs т u v w z

a b c d e f g h i ń k l m n o p q r ſs ſt т u w

a b c d e f g h i k l m n o p q r z ſs ſtr u z z

O M a b c d e f f f g h i l m n o p q r ſ ſſ s ſt t u u z r ſ I N

Die gotische Buchschrift ist dadurch gekennzeichnet, daß die einzelnen Buchstaben, mehr hoch als breit und daher schmal und schlank wirkend, am Kopf und Fuß umgeknickt („gebrochen") sind. In ihrer gereiften Ausprägung, der Textura, ist sie eine prunkhafte Kunstschrift geworden, die als Vorlage für die ersten Drucktypen diente. Feine Haarstriche als Begrenzung der scharfen Ecken und Kanten, die oftmals rein zur Zierde, aber auch schon zur Verbindung der Buchstaben untereinander verwendet werden, kommen dem gotischen Stilgefühl entgegen. Die Buchstaben selbst sind kräftig und in der die Schrift kennzeichnenden Brechung deutlich erkennbar; nur das gedrängte Beieinanderstehen, dazu bei Verwendung von „Bogenverbindungen", erschwert den Überblick des Schriftbildes speziell der Textura. Als Charakteristikum ist hervorzuheben, daß das im 12. Jahrhundert steil gestellte a (vor allem wiederum in der Textura) durch bogenförmige Ausbiegung des oberen Schaftendes zu dem doppelgeschossigen Buchstaben wird. Neben dem „langen" s wird nunmehr auch in der Wortmitte das „runde" s verwendet. Die im 11. Jahrhundert zur Unterscheidung des doppelten i gebrauchten dünnen Striche werden im 12. Jahrhundert allgemein, auch für das einfache i, verwendet und vom 14. Jahrhundert ab durch den i-Punkt ersetzt. Kennzeichnend ist ferner noch die in dieser Periode aufkommende zweite Form des r, die aus der „Bogenverbindung" or entstanden ist.

Die *gotische Kursive*, auch „Bastarda" genannt, verwischt die immerhin
wenigstens andeutungsweise erkennbar bleibende Brechung und verbindet
in zügiger Weise die Buchstaben miteinander. Dadurch entstehen, namentlich in den Ober- und Unterlängen, schwunghafte Ausbuchtungen der
Schlingen und Schleifen. Solche Schwünge dienen auch der flüssigen Verbindung mit dem nachfolgenden Buchstaben, so beim g, dessen Unterlänge als offener Bogen über die Mittellinien geworfen wird. Bogenansätze
wie der „Elefantenrüssel" oder der rückläufige Schwung im Raum der
Oberlängen, etwa bei den Buchstaben v und w, die übrigens auch die
Form eines l bzw. lb annehmen, verleihen zugleich mit der durch Druckverstärkung der Schäfte und insbesondere durch die sinnfällige Streckung
der Ober- und Unterlängen bei f und s erzielten Betonung des Senkrechten dem ganzen Schriftbild mehr, als dies vom einzelnen Buchstaben aus
erkannt werden kann, den charakteristischen Ausdruck. Das „runde" s,
stets von der Mitte aus geformt, nähert sich dem Aussehen der arabischen
Ziffer acht oder dem Majuskel B. Beim t sowohl der Buchschrift als auch
der Kursive wird, in der Schriftentwicklung der vorangegangenen Periode
vorbereitet, der Querbalken nicht mehr als aufgesetzter Schulterstrich, sondern durch den oberen Teil des Schaftes hindurchgezogen. Das z neigt
dazu, eine Unterlänge auszubilden und sich der Form der Ziffer drei zu
nähern.

Die Schrift des 16. Jahrhunderts, in den ersten Jahrzehnten in einem engen Zusammenhang mit dem Duktus der spätgotischen Periode stehend, wird nun etwas derber und ist im allgemeinen dadurch gekennzeichnet, daß in kräftiger Druckverstärkung eine auffällige Schrägrechtsbetonung der Schäfte und insbesondere der Bögen platzgreift. Dieser für die Schrift des 16. Jahrhunderts charakteristische Duktus wirkt im gesamten Schriftbild sinnfälliger, als der einzelne Buchstabe gesondert das zum Ausdruck zu bringen vermag. Charakteristisch ist im einzelnen das torförmige Doppel-f und die gleichartige Formung des ss und st. Das stufige h, das zeitweilig zu einer Unterschlinge ansetzt (wie auch bereits im 15. Jahrhundert) streckt sich in der Weise, daß daraus das Zweischlingen-h entsteht. Das e wird oftmals zweiteilig geschrieben und besteht aus einem oben offenen Bogen auf der Mittellinie und einem darüber schräggestellten Strich oder wird überhaupt nur durch Verlängerung des Auslaufschwunges des vorangehenden und den darüber abgesetzt begonnenen Ansatzschwung des nachfolgenden Buchstabens angedeutet. Werden die getrennten Teile des Buchstabens durch einen Strich verbunden, bereitet sich die Form des künftigen „kurrenten" e an. Trotz der auffälligen Schrägrechtsbetonung im Duktus stehen die über Ober- und Unterlänge reichenden f und s, zu denen sich dann das gestreckte h gesellt, senkrecht. Der vielfach in den Raum der Oberlänge führende Schwung der g-Schlinge gibt unter Umständen zur Verwechslung mit dem doppelten n im Wortschluß Anlaß, bzw. ist dieses doppelte n mit g leicht zu verwechseln.

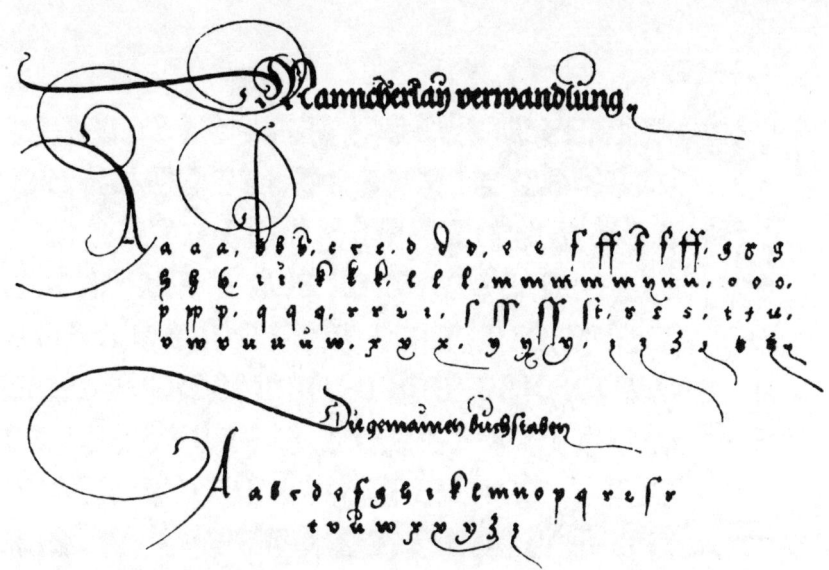

Die *deutsche Kurrentschrift*, als schulmäßige Zusammenstellung nach dem 1538 gedruckten Schreibbuch Johann Neudörffers wiedergegeben, ist für die weitere Schriftentwicklung insofern von Bedeutung, als sie die Übergangs- und eigentlichen Grundformen der noch in unserer Generation geläufigen Kurrentschrift enthält. Man nannte sie damals die „gemeine oder gelegte Current" und unterschied davon noch drei weitere Abarten: die „geschobene", bei der in etwas spitzer Manier die Buchstaben geschrägt, sozusagen gegenseitig sich schiebend, aneinandergereiht werden, dann die „gewundene", bei der alle Buchstabenteile leicht gekrümmt erscheinen, und die „gewölbte", bei der eine leichte Rundung vorherrscht. Jede dieser Abarten ist eine gut lesbare, die einzelnen Buchstaben mit kurzen feinen Schrägstrichen verbindende Schrift von zierlicher Gedrungenheit. Die Buchstaben im einzelnen weisen verschiedenerlei Formen auf, schließen sich jedoch im allgemeinen zu einer großen gemeinsamen Ähnlichkeit zusammen. Beim a bahnt sich die kurrente Form dadurch an, daß der rechte Schaft selbständig neben dem Bogen steht und beide Teile oben durch einen kleinen Strich verbunden sind; g weist sowohl die an die Textura erinnernde als auch die kursive Form auf; h ist stufig geformt; das p unterscheidet sich gelegentlich vom v nur durch den Abstrich; während x durch den Abstrich sowohl dem r als dem v gleicht und y ebenfalls dem v ähnelt; r kommt in der geraden wie in der runden Schreibweise vor und die in der deutschen Sprache häufigen Kosonantenverdoppelungen ff, pp, ss und st werden feststehende Ligaturen.

Die Großbuchstaben der deutschen Kurrentschrift weisen mannigfache Formen und Varianten auf. Viele von ihnen sind so verschnörkelt, daß man nur schwer die Grundform zu erkennen vermag. Im Schreibbüchlein von Wolfgang Fugger (1553), aus dem obige Zusammenstellung entnommen ist, wird für die Gestaltung der Großbuchstaben die Anleitung gegeben: „Es sollen der kleinen Zünglein nit zu vil in einen Buchstab gemacht werden, denn durch die Ville der kleinen Zünglein wird der Buchstab bedeckt und unkendtlich gemacht, verliert auch sein gute Art und Proportz". Dabei handelt es sich aber nicht allein um die verschnörkelten Zutaten, die die Erkennbarkeit erschweren; vielmehr sind die Buchstaben selbst in gewissen Formen einander zum Verwechseln ähnlich, so z. B. das B und G oder C und E oder K und R. Selbst bei Buchstaben, die in ihrer Form sonst keinerlei innere Beziehungen zueinander aufweisen, ergeben sich Annäherungen, die das Erkennen stark beeinträchtigen, so zwischen dem aus der Kursive stammenden Schlingen-D und dem als Großbuchstabe verwendeten runden s oder sogar zwischen D und V oder zwischen E und L. Die gedankliche Zerlegung des einzelnen Buchstabens in seine Bestandteile und deren Zurückführung auf die jeweilige Grundform wird dabei vielfach kaum zum eindeutigen Lesen eines solchen, aus seiner Gestalt geratenen Buchstabens ausreichen. Vielmehr muß man durch Vergleich im jeweiligen Text und Berücksichtigung der hier in Erscheinung tretenden Schreibgewohnheiten zu versuchen trachten, die Strichführung und mit ihr das dynamische Element des Buchstabens zu erfassen.

Die Schrift des 17. Jahrhunderts ändert sich in den Formen der Einzelbuchstaben im wesentlichen kaum mehr; nur ihr Gesamtduktus unterliegt nunmehr einer rascheren Aufeinanderfolge des sich wandelnden Stil-
ausdrucks. In den ersten Jahrzehnten wirkt mehr oder weniger die auf
der Grundlage der deutschen gotischen Kanzleischrift fußende zierliche
Kurrent nach, wobei sich auch Eigenheiten bestimmter Buchstaben, z. B.
die torartigen Ligaturen st, ss und ff, dann die charakteristische Form des
Doppel-t in zeitbedingter Abwandlung halten. Auffallend ist dabei die
teilweise in das 16. Jahrhundert zurückreichende Schreibart, daß die Ober-
und Unterlängen entgegen dem allgemeinen Schriftduktus fast liegend
schräg geschrieben werden, wobei die zarte Strichführung von unten her
in einem bemerkenswerten Gegensatz zu der Schreibweise der übrigen
Buchstaben steht. Daneben formt sich die etwas freiere allgemeine Gebrauchsschrift entsprechend dem barocken Zeitgeschmack um. An charakteristischen Eigenheiten ist zu beobachten, daß das n am Wortende fast
nur als Andeutung in Form eines dem Komma ähnlich gekrümmten Ab-
striches geschrieben wird oder daß das r am oberen Teil eine kleine
Schlinge bildet, die über die Mittellinie emporragt. Der ehemalige Schulterstrich des t auf der unteren Mittellinie wird zur Verbindung mit dem
nächsten Buchstaben verwendet. In der zweiten Hälfte des Jahrhunderts
wird die Schrift etwas ausladender und setzt — z. B. beim u oder bei der
aufwärts gerichteten Strichführung des runden s oder auch sonst — zu
gekurvten Verschnörkelungen an.

Die Schrift des 18. Jahrhunderts ist dadurch gekennzeichnet, daß die Buchstaben im einzelnen gestreckt sind und die Ober- und Unterlängen sich im Schriftbild vielfach überschneiden. Dadurch entsteht der Eindruck, als ob sich die Buchstaben förmlich ineinanderschieben; häufig betont eine allgemeine Schräglage noch diesen Eindruck. Dazu kommt, daß bestimmte Buchstaben sich auf dem kürzesten Wege mit dem nachfolgenden verbinden, so beispielsweise das o zum Unterlängenansatz des f oder das a in gleicher Weise mit einem nachfolgenden s oder es wird beim pf sogleich im Bereich der Unterlänge die p-Schlinge zum f emporgeführt. Überhaupt wird diese Art des Schreibens insbesondere bei den s-Formen derart häufig angewandt, daß sie für eine bestimmte Zeitspanne als Charakteristikum gelten kann. Nicht selten besteht das s überhaupt nur aus der Unterlänge mit einer geringfügigen Andeutung der Oberlänge. Beim f formt die Strichführung analog dem s von der Mitte aus zunächst die Unterlänge und von hier aus die schmal zusammengedrückte Oberlängenschleife, die zur Mittellinie zurückführt. Das Doppel-f hat die Gestalt zweier eng nebeneinander stehender Ober- und Unterlängenschäfte, die oben durch einen zurückgeworfenen Bogen (als f-Zunge) verbunden sind. Beim sch ist das c bereits im Aufstrich vom s zum h enthalten, oftmals nur durch eine leichte Druckverstärkung angedeutet. Fast regelmäßig wird das ß als feststehende Ligatur verwendet. Die st-Ligatur ist oben gezackt. Das e erhält endgültig seine kurrente Form. Im übrigen bereitet die Schrift des 18. Jahrhunderts den Übergang zur Schreibweise der Gegenwart vor.

Die Antiqua hat ihre Wurzeln in der Renaissance, beruht aber —
gleich den gotischen Schriftformen und damit der deutschen Schrift — auf
der karolingischen Minuskel. Im 15. Jahrhundert ist die Ähnlichkeit der
einzelnen Buchstaben mit der gleichartigen Schreibweise der gotischen
Periode offensichtlich, nur unterscheiden sich beide Schriftformen dadurch, daß die Lateinschrift stärker der Rundung zuneigt. Im Gebrauch
durch die Humanisten wird das kursive Element der zeitgenössischen
Drucktypen stärker bevorzugt, indem in Anlehnung an die schräggestellte
Druckschrift auch die Schreibschrift etwas liegend geformt wird; gleich-
wohl ist aber in gewissen Schriftformen auch der Einfluß der gotischen
Schrift unverkennbar. Im Gegensatz zu den Entwicklungsformen seit dem
16. Jahrhundert wird in der Antiqua das stufige h beibehalten, das e
wandelt sich zu einer Schlinge im Mittellinienraum, das a bleibt als
Schaft mit bauchiger Schlinge, beim s unterscheidet man das lange und
das runde, das sich dann im 19. Jahrhundert in der für die „Lateinschrift"
typischen Form allein behauptet. Für das 18. Jahrhundert ist das oft nur
die Unterlänge einnehmende schrägliegende s und das einem kurrenten
h ähnliche lange s charakteristisch. Als Versalien werden die Buchstaben
der Römischen Kapitale verwendet, seit dem 17. Jahrhundert in bogigen
Schwüngen aufgelöst. Im allgemeinen ist bei der Antiqua ein stärkerer
Einfluß durch die Formen der Drucktypen gegeben als dies — mit Ausnahme der Großbuchstaben — in der gleichzeitigen Entwicklung der
deutschen Schrift zu beobachten ist.

Der Übergang zur Gegenwart

Mit der Wende zum 20. Jahrhundert setzt ein neues Bemühen ein, für die Schrift stilgerechtere und zeitgemäßere Ausdrucksformen zu schaffen. Aber es ist bezeichnend, daß diese Reformbestrebungen zunächst ausschließlich auf die Anwendung bei der Druckschrift gerichtet waren. Noch in den achtziger Jahren des 19. Jahrhunderts war unmittelbar nach der großen Kunstausstellung von 1876 ähnlich der von William Morris in England ins Leben gerufenen kunstgewerblichen Reformbewegung die Münchener Renaissance entstanden, die sich auf die eifrige Mitarbeit von Künstlern, Architekten, Wissenschaftlern, Handwerkern und Buchdruckern stützte. Man begeisterte sich an den Meisterwerken des 16. Jahrhunderts und trug keine Bedenken, sie unbekümmert der inzwischen wesentlich gewandelten kulturellen, soziologischen und wirtschaftlichen Voraussetzungen der Umwelt nachzuformen. Der „altdeutsche Stil" in Bauten, Möbeln und kunstgewerblichen Erzeugnissen nahm sich dann auch entsprechend fremd und beziehungslos inmitten des technischen Zeitalters aus. Ihrem Wesen nach konnten also diese von ehrlicher Begeisterung getragenen Bestrebungen in der an sich traditionsfeindlichen Gründerzeit keinen schöpferischen Erfolg zeitigen, weder im Durchsetzen eines neuen, allerdings nicht gewachsenen, sondern konstruierten Stiles im allgemeinen, noch in seiner Anwendung in der Schrift. Denn zu sehr hatte sich infolge der Vermassung der Druckerzeugnisse die organische Bindung zur Wesensgrundlage der Schrift gelöst, „man hatte im Siegesgefühl des großen technischen Fortschrittes das Empfinden für Harmonie, das kaum in einem anderen Kunstzweig so notwendig ist wie beim Buche, verloren" (W. H. Lange). Das eine Gute hatte diese Reformbewegung als Impuls für die weitere Entwicklung für sich: für die Schriftgestaltung war neben anderen vor allem ein so ausgezeichneter Kenner und Könner tätig wie Prof. Otto Hupp, der auch für die Druckschriftreformen im 20. Jahrhundert frühe und sehr wesentliche Beiträge leistete und in seiner temperamentvollen Art überall dafür eintrat, das Formempfinden für die Schrift sowohl nach der ästhetischen Seite hin wie im besonderen in seinen organischen Zusammenhängen neu zu wecken.

Einen Mittelpunkt fanden die Bestrebungen um eine Verbesserung der Schrift und Vertiefung des Verständnisses für sie in der seit 1895 erscheinenden und mit guten alten Schriftformen gedruckten Kunstzeitschrift „Pan", zu deren Mitarbeitern hervorragende Schriftkünstler wie Peter Behrens oder Otto Eckmann zählten. Erstmals wurden im Jahre 1900 auf der Gutenberg-Ausstellung in Mainz die neuzeitlichen Druckschriftent-

würfe von Künstlern gezeigt, darunter die „unter dem Einfluß program-
matischer Vorstellungen stehende" Behrens-Schrift, dann die formschöne
gotische Schiller-Type, die „Neudeutsch" von Otto Hupp und die Eck-
mann-Schrift, die sich um einen Ausgleich zwischen deutscher und lateinischer Schrift bemühte und zum kennzeichnenden Ausdruck des „Jugend-
stiles" im Druck wurde. Bald folgten im Anschluß an die gute Tradition
die Behrens-Antiqua in großer festlicher Form und freier Nachschöpfung
des Typencharakters des Codex argenteus oder die feierliche „Liturgisch"
von Otto Hupp und — verständnisvoll gefördert durch große Schriftgieße-
reien — zahlreiche Typenschöpfungen weiterer Künstler, von denen nur
einige wenige Namen als Begriffe ihrer Leistungen hervorgehoben werden
können: F. H. Ehmcke. F. W. Kleukens, Walter Tiemann, E. R. Weiß,
Ernst Scheidler, H. Rohde und vor allem Rudolf Koch. Hand in Hand damit setzten sich namhafte Verlage für die werkgerechte Ausstattung ihrer
Drucke ein, als erster Eugen Diederichs, zunächst in Florenz, dann in Jena,
der „von Anfang an im Buche Geist und Körper, Inhalt und Form zu
einer wahren Einheit zu verschmelzen strebte" (W. H. Lange), dann der
Insel-Verlag in Leipzig oder Georg Müller in München und eine Reihe
anderer. Dazu kamen buchtechnische Spitzenleistungen, etwa der Ernst-
Ludwig-Presse in Darmstadt, der Bremer Presse, der Ruprecht-Presse unter
F. H. Ehmcke, der Ernst-Engel-Presse in Offenbach, der Cranach-Presse in
Weimar oder die „Rudolfinischen Drucke" in Offenbach sowie zahllose
bibliophile Drucke, die nur in der Zeit nach dem ersten Weltkrieg nicht
das waren, was sie zu sein vorgaben. Vertieft und auf eine solide wissenschaftliche Grundlage gestellt wurden diese Bemühungen um eine Verbesserung des Schriftwesens im Druck durch die Erforschung der Typographie und aller damit im Zusammenhang stehender Fragen unter Betreu-
ung der Gutenberg-Gesellschaft in Mainz, deren mit auserlesenem Ge-
schmack ausgestatteten Veröffentlichungen beispielgebend sein konnten
für eine moderne und werkgerechte Anwendung des Druckes.

Die in unserem Zusammenhang nur in losen Andeutungen mögliche
Skizzierung dieser Reformbestrebungen im Buchdruck soll deutlich machen, daß sich seit dem Beginn des 20. Jahrhunderts wenigstens auf diesem
Gebiete des Schriftwesens — und übrigens hier allein — ein beachtlicher
Aufschwung anbahnte, der auch über die Grenzen Deutschlands hinaus
seine Anerkennung fand. Allerdings unterbrach diese vielversprechende
Entwicklung, die sich weiterhin vielleicht auch auf die Handschrift hätte
auswirken können, schonungslos der erste Weltkrieg. Die Nachkriegszeit
mit ihren wirtschaftlichen und politischen Nöten bot nicht die Voraussetz-
zungen dafür, an das Frühere anzuknüpfen und einen neuen Wiederauf-
bau im großen in die Wege zu leiten. Dafür machten sich Bestrebungen
breit, die aus der Zeitlage wohl verständlich sind, das Schriftwesen aber

doch ganz entscheidend verarmen ließen. Zwei Entwicklungsmomente, die dann auch für die Handschrift von grundsätzlicher Bedeutung wurden, sind da hervorzuheben: das Streben nach „Sachlichkeit" und die fortschreitende Bevorzugung der Antiqua. Wie in der Architektur (Bauhaus Dessau) und in der Kunst (Expressionismus) die abstrakte Konstruktion die organische Form zurückzudrängen suchte, verfiel man im Druckgewerbe auf die „elementare Typographie", das heißt: man verschrieb sich, um modern zu sein, der bereits in der Mitte des vergangenen Jahrhunderts übernommenen und seither vor allem in Reklametexten verwendeten Grotesk, einer schmucklosen Skelettantiqua, zu deren Ergänzung im Satzspiegel nur Punkte, Linien und Balken gestattet waren und die am kompromißlosesten jene neue Sachlichkeit zum Ausdruck zu bringen geeignet schien. Wenn sich diese extreme Form auch nur für kurze Zeit und nicht überall Geltung zu verschaffen vermochte, bereiteten solche und ähnliche Tendenzen immerhin die Voraussetzungen für den Ruf nach einer „Einheitsschrift" vor, also nach einer schematischen Beschränkung auf wenige Schriftarten einer Gattung im Druck und bei der Handschrift auf eine einzige, allgemein gültige Schriftform. Ob dabei die „deutsche" oder die „lateinische" Schrift die Grundlage der vielerörterten Schriftreform zu bilden habe, war den normalisierungseifrigen Reformern weniger eine Frage der kulturellen Verantwortung als ein Gebot der Zweckmäßigkeit. Und da die Antiqua, die ihren konstruktiven Elementen nach auf Kreisteile und Geraden zurückgeführt werden kann, gegenüber der mit Leben erfüllten Fraktur und Kurrent als klare, sachliche, unproblematische Schrift dem technischen Zeitalter besser zu entsprechen schien, hatten die Verfechter der „deutschen" Schrift einen schweren Stand. Offenbar beeindruckte es die Schriftreformer wenig, daß gerade auch das Ausland gegen die Preisgabe der ureigensten Entwicklungstradition zugunsten einer Normalisierung warnend die Stimme erhob. Ein namhafter Fachmann, der Engländer Stanley Morrison, bekennt in seinem Buche „Typen der Vergangenheit und Neuzeit": „Es wird sehr unfreundlich in der Typographie aussehen, wenn die Länder der Welt dazu kommen, genau die gleiche Schriftform zu verwenden. Ich finde, wir haben kein Recht, gegen eine deutsche Schrift Einspruch zu erheben, weil sie sich auf ihr Ursprungsland beschränkt." Und den viel gebrauchten Einwand, daß die Antiqua als moderne Schriftgattung deshalb vorzuziehen sei, um sich dem Ausland gegenüber verständlicher machen zu können, nahm ebenfalls ein Engländer, Bernhard H. Newdigate, vorweg, indem er in der Besprechung einer mit der rundgotischen Wallau-Type Rudolf Kochs gedruckten Veröffentlichung in der Zeitschrift „The London Mercury" ausführt: „An dieser Stelle hatte ich schon oft Gelegenheit zu betonen, wie leicht leserlich eine gute gotische Type ist, verglichen mit der dünnen, entarteten Antiqua, welche die Sehkraft unserer Generation verschlechtert. Eine Schrift wie die Wallau veranlaßt zu bedauern, daß der moderne deutsche Buchdruck so nach der Antiqua hinneigt, denn sie zeigt, daß die alte deutsche Überlieferung zu neuem Leben und neuer Kraft erweckt werden kann." Trotz allem Für und Wider siegte in dem Kampf um die Grundform der Einheitsschrift letzten Endes doch die Antiqua. Am 3. Januar 1941 wird in einem internen Rundschreiben der Nationalsozialistischen Deutschen Arbeiterpartei kurz und bündig verfügt, daß die Antiqua-Schrift künftig als Normalschrift zu bezeichnen sei. „Nach und nach" — so heißt es in diesem Rundschreiben weiter — „sollen sämtliche Druckerzeugnisse auf diese Normalschrift umgestellt werden. Sobald dies schulbuchmäßig möglich ist, wird in den Dorfschulen und Volksschulen nur mehr die Normalschrift gelehrt werden." Die in einem nicht gerade vorzüglichen Deutsch gefaßte Begründung zu dieser Maßnahme ist eigenartig genug, um sie der Absonderlichkeit wegen noch eigens anzuführen: „Die sogenannte gotische Schrift als eine deutsche Schrift anzusehen oder zu bezeichnen, ist falsch. In Wirklichkeit besteht die sogenannte gotische Schrift aus Schwabacher-Judenlettern. Genau wie sie sich später in den Besitz der Zeitungen setzten, setzten sich die in Deutschland ansässigen Juden bei Einführung des Buchdruckes in den Besitz der Buchdruckereien und dadurch kam es in Deutschland zu der starken Einführung der Schwabacher-Judenlettern." Damit hat der Kampf um „deutsche" oder „lateinische" Formen als Grundlage einer Einheitsschrift noch zusätzlich von außen her und autoritativ eine Entscheidung zugunsten der Antiqua gefunden. Dieser Prozeß erstreckte sich gleichzeitig auch auf die Schreibschrift. Heute steht in der Fibel unserer ABC-Schützen als alleinige Grundform der zu erlernenden Schrift tatsächlich die kalte, schmuck- und gefühllose Grotesk, die Skelettantiqua ohne Leben und inneren Schwung.

Ob damit die heranwachsende Generation von der Erlebnisgrundlage her ein inneres Verhältnis zu den unvergänglichen Schriftdenkmälern des deutschen Volkes, die zugleich Dokumente der Kultur des Abendlandes sind, gewinnen wird, ist zumindest fraglich. Es bleibt dabei nur der schwache Trost, daß infolge der Entwicklung des Schriftwesens, vor allem in seinen letzten Phasen, die ehedem lebensvollen Beziehungen zwischen Mensch und Schrift ohnehin fast zu einem Nichts zusammengeschrumpft sind. Was der mittelalterliche Schreiber in seinem eingangs zitierten Ausspruch über das Wesen des Schreibens aussagte, hat heute keine tiefere Gültigkeit mehr. Nicht mehr drei Finger formen die Schrift, die aus dem Insgesamt des Menschen hervorquillt und Ausdruck seines und seiner zeitbedingten Umwelt ganzen Wesens ist, sondern zehn Finger huschen über die Tasten der Schreibmaschine und bringen unpersönlich die Worte zu Papier, die der „Schreiber" denkt oder ein anderer diktiert.

Abbildungsübersicht mit Textübertragungen

Da die Ausführungen im Text sich nur in knappster Form auf das Wesentliche beziehen, sind die Bildbeigaben mehr als sonst nicht nur keine „Illustrationen", sondern eine vertiefende und erweiternde Ergänzung des Textes selbst. Bei der Auswahl der Schriftbeispiele sind zweierlei Gesichtspunkte berücksichtigt: Einmal sollen diese zur Kennzeichnung der in den Jahrhunderten verschiedenen und charakteristischen Schriftarten dienen; zu diesem Zwecke sind kurze Zeilenausschnitte aus Schriftsätzen genommen, die in erster Linie die jeweiligen Buchstabenformen zeigen. Zum andern soll die Veröffentlichung — wenn auch hier wiederum nur in einer bescheidenen Auswahl — Leseunterlagen bieten, um an Hand zusammenhängender Texte auf ganzseitigen Schrifttafeln eine praktische Nutzanwendung zu ermöglichen. Es sind deshalb in den folgenden Anmerkungen zu den einzelnen Schriftbeispielen jeweils deren Übertragungen beigegeben, damit auch in Einzelheiten Schriftbild mit Transskription verglichen werden kann. Die fotographischen Aufnahmen wurden zum Teil in der Lichtbildstelle des Hauptstaatsarchivs München, überwiegend aber in der Lichtbildstelle des Staatsarchivs Amberg hergestellt. Die Übertragung der Schriftbeispiele ist weitgehend buchstabengetreu vorgenommen worden; nur wurde in den Schriftbeispielen seit dem Spätmittelalter bei konsonantisch gebrauchtem u und vokalisch gebrauchtem v von diesem Grundsatz abgewichen. Die zur Halbierung durchgestrichene Eins (= ¹/₂) ist mit dem Zeichen *ȷ* wiedergegeben.

Abb. 1. D(is) M(anibus). IVL(ius) QVIETVS VIV(us) FEC(it) SIB(i) ET VERATIAE SEROTINAE CONIVGI ET [VERATIO PRIMIONI FILIO OBI(to) ANN(orum) XXX POSTERISQ(ue) SUIS. H(oc) M(onumentum) H(eredem) S(equitur)]]. — Gedenkstein aus Saaldorf bei Laufen. Vollmer: Inscriptiones Bavariae-Romanae S. 13 und Tafel VI Nr. 39.

Abb. 2. Zeilenausschnitt als Beispiel der Capitalis quadrata: *Deucalion vac(uum) ... unde homines ... pingue solum p(rimis) ... fortes inverta(nt) ...* Vergilius Augusteus. Handschrift aus dem 3. oder 4. Jh. — Steffens, Lat. Palaeographie, Suppl. Tafel 2.

Abb 3. Zeilenausschnitt als Beispiel der Capitalis rustica: *Arguto coniunx percurrit pecti(ne) ... aut dulcis musti vulcano decoq(uit) ... et foliis undam t(r)epidi despumat a(heni) ... at rubicunda ceres medio succid(itur) ...* Vergilius, Georgica. Handschrift des 5. Jhs. — Degering S. 29.

Abb. 4. *... quingenti sexages dupun / dius ob auctionem eius / ex interrogatione facta / tabellarum signatarum.* Wachstafeltriptychon aus Pompeji (23. Dezember 57). — Foerster, Urkundenlehre S. 6 und Tafel Id.

Abb. 5. ... *solutam fugitium erronem non esse / praestari quot si quis em puellam / partemve quam ex eo quis evicerit / quominus Maximum Batonis quo- / ve ea res pertinebit habere possi- / dereque recte liceat tum quanti / ea puella empta est tam pecunim* ... Arndt/ Tangl, Schrifttafeln (4. Aufl. 1904), Taf. 1a.

Abb. 6. *Cum in omnibus bonis benignitas* ... *etiam scholasticos et maxime qui a* ... *(hono) / rificentiae tuae traduntur quod* ... *non dubito domine praedicabilis* ... *oriundum ex civitate Hermu(politanorum)* ... *Thebaidos qui ex suggestione* ... Arndt/Tangl, Schrifttafeln (4. Aufl. 1906), Taf. 32A und Steffens, Supplement Taf. 3.

Abb. 7. ... *quae sunt intra civitate Ravenna seu praedia rustica / quae sunt in diversis territuriis. ex domo quae est ad / sancta Agathae Rav(ennae) secundum fidem documenti / uncias duas ex domo quae est post basilica sancti. / Victoris Rav(ennae) secundum fidem donationis uncias.* — Charta plenariae securitatis aus dem Jahre 565. Arndt/Tangl, Tafel Ic.

Abb. 8. *(...con)graecarunt totum populum et uisi sun(t) a pueris David decem et novem pueris et asa* ... Quedlinburger Itala-Fragment aus dem 4. Jh. Degering S. 26.

Abb. 9. Zeilenausschnitt. — Speculum des hl. Augustinus, Handschrift des 7. Jhs. — Ehmcke S. 12.

Abb. 10. *Bellum, quod in Thermopylis gestum est* (überschrieben in Kursive: *et) apud Salaminam nauale certamen. Athenienses Piræum muro uallant. Hyero Siracusis regnat. Aescylus tragoediarum scribtor agnoscitur.* — Aus der der Chronik des Eusebius in Bearbeitung des hl. Hieronymus; erste Hälfte des 5. Jhs. — Steffens, Supplement Tafel 7.

Abb. 11. Zeilenausschnitt als Beispiel der frühen Halbunziale: *Ergo populus isr(ae)l ita* ... *per id quod nasci di(citur)* ... *et fieri ex adoptio(ne)* ... *generatione neq(u)e* ... Handschrift aus dem Beginn des 6. Jhs. — W. H. Lange, Schriftfibel S. 26.

Abb. 12. Zeilenausschnitt als Beispiel der Halbunziale: ... *rum sorte gratulantem muni(endi)* ... *(cons)tringat iniuria. nihil extra or(dinarium)* ... *uel super in dicticium flagitetur* ... *instauratio. nulla translation(um)* — Concilia minora Galliae. Handschrift aus dem 7./8. Jh. — Degering S. 35.

Abb. 13. ... *ego enim non solum legari, sed et mori in hierusalem paratus sum pro nomine d(omi)ni nostri Jesu Christi. aries iste pietatis, quo fides quatitur euangelii retundendus est muro. mater mea et fratres mei hii sunt. quicumque faciunt uoluntatem patris mei, qui in caelis est. si credunt in Christo, faueant mihi pro eius nomine pugnaturo, si non credunt, mortui sepeliant mortuos suos. sed hoc ais* ... Kirchner, Scriptura latina libraria, Tafel 35b.

Abb. 14. ... *in arma firma pace fetera p(ro)funda in consilio corporia nubilis in colomna candore furma egregia. Autdax uelux et aspera ad catolica fidem conuersa et munus ab heresa. Dum adhuc teneretur barbaro inspirante D(e)o inquerens sciencia(m) clauem iusta morem suor(um) qualitate(m) desiderans iusticiam costodiens pietate(m)* ... Merowingische Schrift (aus dem Prolog der *Lex Salica*) in der Stiftsbibliothek St. Gallen. – Steffens, Supplement Tafel 21 c.

Abb. 15. Zeilenausschnitt einer Urkunde Karls des Großen in Merovingischer Schrift aus dem Jahre 781. – *(Chrismon) Carolus gratia d(e)i rex Francoru(m) ... te seruoru(m) d(e)i beniuola deliberatione ... conp(er)tu(m) sit omniu(m) fidelium nostroru(m) ... fluuiu(m) Fulda, ubi corpus s(an)ct(i) Bonefacii ...* – Steffens, Supplement Tafel 20.

Abb. 16. SIGNUM (Monogramm) KARLOMANNI INVICTISSIMI REGIS. Privileg König Karlmanns von Italien für das Kloster St. Maria Dodosi zu Pavia. Verona 20. November 877. – Foerster, Urkundenlehre S. 22 und Tafel 8.

Abb. 17. *ALIA. In nomine d(e)i et d(omi)ni n(ost)ri Jesu Christi Hl(udovicus) diuiina fauente clem(en)cia rex. Quicquid ad loca s(an)c(t)a impendior(um) c(on)ferre curauim(us), d(eu)m nob(is) p(ro) hoc remuneratore p(ro)mereri c(on)-fidim(us). Et ideo fideles n(ost)ros scire volum(us), qu(o)d ill(e) uenerabilis ep(iscopu)s ęc(c)l(esi)æ illius p(er) familiares celsitudinis n(ost)re pietatem n(o-st)ram flagitare c(on)fisus est, ut p(ro) elemosina n(ost)ra et augustissimor(um) p(ro)genito(rum) n(ost)ro(rum) quenda(m) fiscu(m) regalium possessionu(m), qui N. d(icitu)r, ad eandem ecclesiam (ve)l ad clerum sustentandum vel peregrinos suscipiendos concedere dignaremus, p(e)r eosdem intercessores affabilitati n(ostr)ę, conquest(us), ipsius eccl(esi)æ regulus valde tenuissimas e(ss)e, de quib(us) et n(ost)re, sublimitatis obsequio et suo ministerio satisfacere nequiret.* – Henne am Rhyn, Kulturgeschichte des deutschen Volkes, Bd. 1 S. 130.

Abb. 18. *Oba Karl then eid, then er sinemo brudher Ludhuuuige gesuor, geleistit, indi Ludhuuuig min herro, then er imo gesuor, forbrihchit: ob ih inan es iruuenden nemag, noh ih noh thero noh hein, then ih es iruuenden mag, uuidhar Karle imo ce follusti neuuirdhit.* – Könnicke, Deutscher Literaturatlas S. 8.

Abb. 19. *... supradictas novembres sic tempere t(er) hora ut uigiliarum agenda paruissimo interuallo quo fratres ad necessaria naturę, exeant, mox matutini qui in ...* – Charakteristisch das cc-förmige a neben dem unzialen a, die ct-Ligatur *(dictas)*; das mit einer Linksschlinge versehene t, die ri-Ligatur *(necessaria)* sowie e-caudata *(naturę)* und das gestürzte t *(exeant)*. Regula Sti. Benedicti, St. Galler Handschrift aus dem 9. Jh. – Ehmcke S. 20.

Abb. 20. *Inc(i)p(iu)nt cap(itu)l(a) dialogi III. Ubi multitudo hominum insperata occurrit audire Gallum de s(an)c(t)i Martini uirtutibus locuturo, ubi puellam duodecennem ab utero mutam curauit, ubi oleum sub eius benedictione creuit et ampulla cum oleo, quod benedixerat super ...* – Nach Arndt-Tangl Tafel 34 bei Ehmcke S. 22.

Abb. 21. *Dat (hagal-Rune für ga) (ga)fregin ih mit firahim / firiuuizzo meista. Dat ero ni / uuas.noh uf himil.noh paum / noh pereg ni uuas. ni noh heinig / noh sunna niscein. noh mano ...* Anfang des Wessobrunner Gebetes. Handschrift aus dem Beginn des 9. Jhs. – Eis S. 24.

Abb. 22. *Julianus namque huius Romanae eccl(esi)ę, cui d(e)o auctore deseruio, secundus defensor, qui ante fere annos defunctus est, ad me adhuc in monasterio positum crebro ueniebat mecumque conloqui de animę utilitate con-*

suerat. hic itaque mihi quadam die narrauit dicens, Theoderici regis tempori-
b(us) ... – Degering 42.

Abb. 23. *Cognoscant om(ne)s Chr(ist)i fideles, qualit(er) quidam nobilis vir et pr(es)b(yte)r n(omine) Engilp(er)ht quanda(m) com(m)utationem cu(m) domino svo Odalb(er)to archiep(iscop)o agebat. Tradidit nanq(ue) Engilb(er)t(us) pr(es)-b(yte)r cu(m) manu Engilscalchi aduocati sui in pago Isnahgouue in comitatu Orendilis in locis Tagap(er)htesheim ... – Aus dem ältesten Salzburger Tra-ditionskodex, geschrieben um 935; Chroust, Monumenta Palaeographica 1, VII/9.*

Abb. 24. *Notu(m) sit omnib(us) Chr(ist)i fidelib(us), qualit(er) quida(m) nobilis vir n(omine) Erchanger q(uo)ddam concambiu(m) decreuit facere cu(m) Frida-rico archiepiscopo. Tradidit ide(m) namq(ue) p(rae)fat(us) nobilis uir, tale(m) p(ro)p(ri)etatem quale(m) uisus e(st) habere in his duob(us) locis i(d est) Cho-linga in comitatu Popponis ... – Aus dem. zweiten Salzburger Traditionskodex, geschrieben um 973; Chroust, Monumenta Palaeographica 1, VII/10.*

Abb. 25. *Isdem uir, qui sup(ra) notatum p(re)dium donauit, potestatiua manu dedit ad altare sup(ra) nuncupati martyris sua(m) ancilla(m) nomine Zeizam et tres filios eius: Hunp(er)tu(m), Rihholfu(m), Herilungum uocitatos. necn(on) omne(m) posteritate(m) p(ro) uno denario singulis annis soluendo uel p(re)cio uni(us) nummi dando atq(ue), si eundem censu(m) trib(us) annis n(on) p(er)sol-uerint, in quarto anno omnī seruili ... – Aus dem ältesten Tegernseer Tradi-tionskodex, geschrieben um 1048/1068; Hauptstaatsarchiv München, Klosterlite-ralien Tegernsee Nr. 7, fol. 8.*

Abb. 26. *Quida(m) nobilis homo nomine Acili tradidit seruu(m) suu(m) uide-licet filiu(m)fr(atr)is sui nomine Reginoldi nomine Pertholdu(m) ad ara(m) s(ancti) Emm(erami) ea quide(m) ratione, ut quotannis V den(arios) p(er)soluat. Testes huius traditionis hi sunt: Acili, qui et hanc fecit traditione(m), Tagini, Macili, Hartuuic, Sizo, Dietker, Ruotp(er)tus (o mit überhöhtem v), Riceman. TRAD(itio) H. G. – Aus einem Regensburger Traditionskodex, geschrieben um 1075/1095; Hauptstaatsarchiv München, Klosterliteralien Regensburg – St. Em-meran Nr. 5 ½, fol. 79'.*

Abb. 27. *Traditio sororis Heliche. Notu(m) sit om(n)ib(us), q(uod) do(mi)na Helicha d(e) Ostendorf delegauit p(re)diu(m) in eade(m) uilla situ(m) sup(er) alt(are) s(ancti) Dionisii et s(an)c(t)ę Julianę Sceftlaren in die c(on)u(er)sionis suę in p(re)sent(ia) fr(atr)um suor(um) Hainrici et Gebehardi, absq(ue) om(n)i om(n)iu(m) c(on)tradictione, immo fr(atr)um suor(um) iam nominator(um) et cet(er)or(um) amicor(um) c(on)sensu. Testes: Rudolf(us) (o mit überhöhtem v) de Ursenhusen, Ekkehart de Lengendorf, Hainrih et Gebehart fr(atre)s sororis Helichę de Osterndorf, Dietrich de Staringen, Rudolf (o mit überhöhtem v) de Helfendorf, Bero campanari(us), Richolf d(e) Ursenhusen et alii plures. – Aus dem Schäftlarner Traditionskodex, geschrieben um 1172/1173; Hauptstaasarchiv München, Klosterliteralien Schäftlarn Nr. 3/I, fol. 62.*

Abb. 28. *Mulier in silentio discat cu(m) om(n)i subiectione, docere aut(em) mulieri n(on) p(er)mitto neq(ue) dominari i(n) uiru(m), sed ... Aus einer als Einband der Weißbierrechnung des Marktes Nittenau vom Jahre 1660 verwen-deten Handschrift; Staatsarchiv Amberg, Amt Wetterfeld R 2141.*

Abb. 29. ... *confoueant, quatenus si quid in utrouis reprehensibile est, alter alteri non abscondat. Illa quippe necessitudo p(ro)bat(ur) utilis et honesta, quę dum cuncta p(ro)ducit in mediu(m) et quod corrigendu(m) est corrigit et quod sanu(m) est mutuo puritatis ac sinceritatis amore custodit sicq(ue) fit, ut du(m) delinquentis culpa corrigit(ur), corripienti copiosior gr(ati)a cumuletur. Inter nonullos uirtutum* ... – Degering 63.

Abb. 30. *qualiter nos ob amorem d(e)i omnipotentis ac remed* ... *sanctoq(ue) d(e)i martyri Emmerammc deuote seruientibus* ... *animae tradiderat in loco Riut iuxta Enum fluuium* ... – Zeilenausschnitt als Beispiel einer Urkundenschrift aus der Mitte des 10. Jahrhunderts mit weit auseinandergestellten Zeilen. – Hauptstaatsarchiv München, Klosterurkunden Augsburg. – St. Stephan Nr. 1.

Abb. 31. Zeilenausschnitt als Beispiel einer Urkundenschrift aus der Mitte des 10. Jahrhunderts mit weit auseinandergestellten Zeilen und Betonung der Ober- und Unterlängen. – *memoriæ n(ost)ræ eccl(esi)e archidiac(on) ei(us)qu(e) nepotis Vualtheri* ... *adminiculo sustentat(ur) eccl(esi)a sup(ra)scripta et omniu(m)* ... *n(ost)rę sedis successor ius habeat ea, quę nos c(on)sensu omniu(m)* ... – Hauptstaatsarchiv München, Kaiserselekt Nr. 128.

Abb. 32. Zeilenausschnitt als Beispiel einer Urkundenschrift aus der Mitte des 11. Jahrhunderts. – ... *fidelibus nostris presentibus scilicet* ... – Hauptstaatsarchiv München, Kaiserselekt Nr. 371.

Abb. 33. Zeilenausschnitt als Beispiel einer Urkundenschrift mit Verzierungen der Oberlängen (Ende des 12. Jahrhunderts). – *Ob hoc disponente d(omi)no sum(us) ad regimen ęccl(esi)ar(um) assumpti* ... *diuinu(m) ip(s)is donaria largi(ta)m ueru(m) etia(m) quę pię memorię an* ... *manda roborem(us). Nouerit itaq(ue) tam p(re)sentiu(m) q(ua)m p(os)t futuror(um)* ... *clesie p(re)posit(us) suiq(ue) c(on)fr(atre)s ad nos acced(e)ntes humillima p(re)cum ap(er)* ... – Hauptstaatsarchiv München, Klosterurk. Schäftlarn Nr. 4.

Abb. 34. Zeilenausschnitt als Beispiel einer Urkundenschrift des 12. Jahrhunderts mit beginnender Brechung. – ... *bationes nos, qui rigore iusticie unicuiq(ue)* ... *fato cenobio collatam, aliquomodo inpulsa* ... – Hauptstaatsarchiv München, Kaiserselekt Nr. 888.

Abb. 35. *Capitulum Sancti Petri Ratispon(ensis) eccl(es)ie p(re)sentib(us) et futuris in p(er)petuum. Quia gesta sepe labuntur ab hominu(m) memoria, que n(on) sunt litt(er)ar(um) custodie mancipata, idcirco nos presentiu(m) litt(er)ar(um) testimonio p(re)sentib(us) (et) fut(ur)is innotescere uolumus, q(uo)d nos aream eccl(es)ie n(ost)re attinente(m) int(er) Judeos sita(m)* ... – Hauptstaatsarchiv München, Hochstiftsurkunden Regensburg (1242 Okt. 17).

Abb. 36. *Notu(m) sit o(mn)ib(us), q(ua)lit(er) marchio Dietpald(us) delegauit in man(us) Friderici aduocati p(re)diu(m) q(uo)dda(m) no(m)i(n)e Pergerdorf, ut post morte(m) ip(s)i(us) scil(icet) marchionis deo (et) s(an)c(t)e Marie i(n) Richinbach (con)t(ra)deret. Qua(m) delegatione(m) ammonit(us) ab Erchengero abb(at)e p(re)dicti loci i(n) Richinbach p(re)no(m)i(n)at(us) aduocatus Frideric(us) post obitu(m) marchionis p(er)egit. Hui(us) delegationis testes sunt: Pabo de Zollingen, Chadold(us) de Winzire, Haertwic Croph, Eberhard(us) de Sunzingen, Cristan de Harland, Hartmann(us) de Veltchirchen, Marqwart*

Scerph, Wecilo der Sahs de Ualchinstein et alii quam plures auribus tracti. —
Hauptstaatsarchiv München, Reichenbach, Kloster-Lit. Nr. 1.

Abb. 37. *Ich wil den kampf undervarn, Die wile solt du waeinen sparn. Nv
waere dv doch gevangen. Sage mir, wie ist daz ergangen. Daz ir einander
vụrdet holt.* In der Simrock'schen Übersetzung: „Diesen Kampf will ich ver-
verhindern, Das mag derweil den Schmerz dir lindern. Doch warst du nicht
gefangen? Sprich, wie ist das ergangen, daß ihr euch beide wurdet hold?" —
Aus dem Parzival-Bruchstück in der Provinzialbibliothek Amberg. A. Beck, Die
Amberger Parcifal-Fragmente und ihre Berliner und Aspersdorfer Ergänzungen.
Amberg 1902.

Abb. 38. *Wi sol ich mich behevten sprach der. Ecel vns boten sande, wes sol
ich vragen mer. Daz wir zv z'im solden riten her in daz lant ovch hat vns
menigiv maere min swester Criemhilt gesant.* — In der Simrock'schen Übersetzung: „Wie soll ich mich behüten? sprach der König her. Eetzel sandt' uns
Boten, was sollt ich fragen mehr? Daß wir zu ihm ritten her in dieses Land.
Auch hat uns manche Botschaft meine Schwester Kriemhild gesandt." —
St. Galler Handschrift des Nibelungenliedes. Hagemeyer: Gestalt und Wandel
des Reiches. Ein Bilderatlas zur Deutschen Geschichte. Berlin 1944, Tafel VI
(nach S. 140).

Abb. 39. *In ein vremde niwe / Paul(us) der gotes getriue. / Hete ir tempel hie
un(d) da / beide verre un(de) na / Vnd die aelter besehen / des kunde er
deste baz v(er)iehen.* — Von den Warnstettischen Vormundschaftsrechnungen
1645/46 abgelöster Pergamenteinband. Staatsarchiv Amberg, Sulzbacher Akten
Nr. 587. Zum Text vgl. Fr. Karl Köpke: Das Passional, eine Legendensammlung
des 13. Jahrhunderts. Bd. 32 der Bibl. d. gesamten dt. Nationalliteratur. Leipzig 1852.

Abb. 40. Zeilenausschnitt als Beispiel einer Urkundenschrift aus der zweiten
Hälfte des 12. Jahrhunderts. — ... *(et) eius heredib(us) ad ęcclęsię iurisdicionem
sine om(n)i contra ... hec aput Wizenah anno ab incarnacione d(omi)ni mil-
l(esi)mo ... Friderico. Testes hui(us) facti sunt Othnand(us) de ... Harht-
mann(us). Geboltus (et) Tuto de domo. Sigehardus ... Wernherus dispenslator
de Schellenb(erg)e. (et) allii ...* — Hauptstaatsarchiv München, Klosterurkunden
Weißenohe Nr. 7.

Abb. 41. *Ite(m) ad q(ue)relam Mehthildis d(i)c(t)e Schregw(er)rin p(ro)scriptus
est Gotfridus filius Hvterin. Ite(m) ad q(ue)r(elam) Hiltbrandi p(ro)scriptus est
Eberlinvs p(ro) eo, q(uo)d int(er)fecit filiu(m) suu(m).* — Nürnberger Straf- und
Achtbuch 1285—1337. Staatsarchiv Nürnberg, Amts- und Standbücher Nr. 203
fol. 1'.

Abb. 42. *Anno dominice incarnationis millesimo ducentesimo quadragesimo
secundo Henric(us) abbas hui(us) monasterii renuntians abbatie intrauit ordinem Cistersiensium aput monasteriu(m) Salmanswiler nuncupatu(m), in quo
anno decimo kalendas augusti quida(m) de confrat(ri)b(us) n(ost)re co(n)gre-
gationis Perhtold(us) Snekke cognominat(us) hic in abbate(m) eligit(ur), si
electio dici fas e(st) ubi laici int(er)sunt et eligunt. Qui elect(us) du(m) co(n)-
firmatione(m) a diocesano uidelicet Frinsingensi ep(iscop)o electionis sue humi-
lit(er) peteret. Et ipse ep(is)c(opus) Chṽnrad(us) dict(us) diuersas exceptiones
contra ip(su)m p(ro)ponens ipsamq(ue) electione(m) rennueret co(n)firmare ad*

143

metropolitanu(m) Salzpurgensem filicis recordationis Eberhardu(m) uocatu(m) appellauit, a quo cognito electionis m(od)o sollemnit(er) e(st) confirmat(us) et post n(on) multum tempus regi Chv̊nrado ad investiendum eade(m) abbatia p(re)sentat(us) obtinuit aput eum p(re)fat(us) elect(us) quod petiuit ... — Hauptstaatsarchiv München, Tegernsee, Kloster-Lit. Nr. 4.

Abb. 43. *Du bist min, ih bin din, des solt du gewis sin. Du bist beslossen in minem herzen. verlorn ist daz sluzzelin, du most (o mit v überschrieben) och immer darinne sin.* — Aus einer Tegernseer Handschrift des ausgehenden 12. Jhs. (Bayer. Staatsbibliothek, München Cod lat. 19411). Petzet-Glauning, Tafel XVI b.

Abb. 44. *Der gv̊te biscoph Guntere uone Babenberch, der hiez machen ein uil gv̊t werhc. Er hiez die sine phaphen ein gv̊t lieht machen. Eines liedes si begunden, want si di bv̊ch chunden. Ezzo begunde scriben, Wille uant die wise.* — Vogt und Koch, Geschichte der deutschen Literatur Bd. I. nach S. 72.

Abb. 45. *Sapi(enti)a cordis est in penitudine p(e)cc(at)or(um) p(re)teritor(um) in conte(m)ptu p(re)sentium co(m)modor(um) in desiderio futuror(um) p(re)- mior(um). Invenisti pla(ne...).* — Pergamenteinband der Weißbierrechnung des Marktes Nittenau 1666. Staatsarchiv Amberg, Pflegamt Wetterfeld R. 2143.

Abb. 46. *Henricus. dei gra(tia) Rom(anorum) rex (et) semp(er) aug(ustus), univ(er)sis imp(er)ii fidelibus hanc litt(er)am inspecturis imp(er)petuu(m). Cum c(ir)ca p(ro)fectu(m) imp(er)ii n(ost)ra celsitudo invigilat, cauta delib(er)a- c(i)one s(ib)i p(ro)videt, cum ea, que decrev(er)it v(e)l fec(er)it, sc(ri)pto(rum) memorie recommendat. Per p(re)sens itaq(ue) sc(ri)ptum notu(m) esse cu- pim(us) tam p(re)sentibus q(ua)m fut(ur)is, quod nos utilitati (et) lib(er)tati civitatis ...* — Aus dem Codex antiquissimus des Klosters Waldsassen. — Hauptstaatsarchiv München, Waldsassen, Kloster-Lit. Nr. 17 fol. 14.

Abb. 47. *Nov(er)int universi presentes pariter et futuri, quod ego Folcrandus cutsiaci presbiter beneficiatus in capella hospitalis s(an)c(t)i Iacobi burgii Nar- bone scripsi et complevi de manu m(e)a p(ro)p(ri)a totu(m) istu(m) libru(m). Anno d(omi)ni M⁰CCC⁰XL⁰, IX die mensis febroarii.* — Kirchner. Scriptura latina libraria Tafel 44.

Abb. 48. *Fritz Veirer, Heinricus Veirer, Walth(er)us d(ic)t(us) Mv̊nchhof, Chvn- radus Stozer et Chvnradus d(i)c(tu)s Schilher sen(tenti)ati su(n)t a civitate ad q(ui)nq(ue) annos, infra quos / si / infra q(ui)nq(ue) miliaria rep(er)ti fu(er)int, pena malefactor(um) absq(ue) om(n)i s(e)n(tenti)a punientur. Anno d(omi)ni M⁰CCC⁰VII⁰ in quad(ra)gesima c(ir)ca Gregorij.* — Nürnberger Straf- und Acht- buch 1285–1337. Staatsarchiv Nürnberg, Amts- und Standbücher Nr. 203 fol. 4'.

Abb. 49. *... als man ain ewigz rind hab(e)n soll. Wer aber, ob er das rind v(er)kauft od(er) schlug od(er) ym abgieng od(er) genome(n) wurt (u mit über- höhtem e) vo(n) kriegs weg(e)n od(er) wie er darumb kome, so soll der ege- na(n)t Lienhart ain and(er) stelln diu als gut so aß diu vorder od(er) ain ewigs lib.wachs machen vß eine(m) hus, wiß od(er) garten das gewiß si. D(i)nkel Hain- ric(us) cappellan(us), tunc domus huius ...* — Giltbuch der Deutschordens- Kommende Ulm für Giengen 1341. Staatsarchiv Neuburg/D., DO-Kommende Ulm Lit. Nr. 3 Bl. 11.

Abb. 50. *Ite(m) Heinrich Birkenzeller gıt siben malt(er) roggen, ein malter dinkelz, aht malter hab(er)n, ein vierteil ölz, vierun(d)trizzig schill(ing) h(e)ll(er), nün schill(ing) oder kez ze herbst, vier hunr, zwo gens ze vasnaht, zwei hünr. ze wiset ze wihennahte dry schill(ing), ze ost(er)n hund(er)t ey:, ze hubgeriht vier malter hab(er)n ein pfunt h(e)ll(e)r un(d) ein leit hewez.* – Salbuch der Deutschordens-Kommende Öttingen. Staatsarchiv Neuburg/D., DO-Kommende Öttingen Lit. Nr. 1 S. 104.

Abb. 51. *It(e)m ich Wilhalm Pawlstorff(er) hab gelih(e)n Angnes d(er) Munczerin vo(n) Durn(n)sritt 2 tagwerck wyssmacz, geleg(e)n in d(er) Schreg vor Haselbeck(er) varst, gena(nn)t dy Schregwysß. Anno (14)46 feria t(er)cia p(ost) Vale(n)tini.* – Bruchstück eines Paulsdorfer Lehensregisters 1438–1452. Staatsarchiv Amberg, Lehenbücher Nr. 85/IV.

Abb. 52. *Vermerckt den harnasch, so Hincko Dobrobicz mit seiner rot hat, hernach benant: Er hat auf 8 pfard 4 pancer, 4 krag(e)n und er selb ain leibharnasch und fur 3 knecht 3 vord(e)re tail und meusel, darczu 7 eysenhuet und 7 armb(ru)st.* – Musterungsbuch des Landvogtamtes Neuburg 1459. Staatsarchiv Neuburg/D. Depot Heimatverein Nr. 227 S. 4.

Abb. 53. *Item alls Mertel, pot von der lantschaft, ab gein Wienn zu meinem gnedigen h(er)ren hertzog Ludwigen gesannt ward, also vand er in nicht zu Wienn und lief furbaser zu seinen gnaden gein Ofen. Der ist daselbs auf antw(o)rt gelegen bis an den zehenten tag. Dem geben darauf zu zerung 6 ß d.* – *Item an sambstag vor Elisabeth sandt di lanndschaft zu meinem gnedigen h(er)ren hertzog Ernsten, hertzog Wilhàlm und hertzog Heinrichen lantg(ra)ve(n) Johannsen, Hannsen Haybeckn, ·di zeit v(er)wes(er), und Hans(en) Konig gein Freysingen von mercklicher des lanndes notdurft wegen. Di haben gehabt 32 Pfardt, sind aussen gewesen · 5 tag und haben v(er)tzert aller sach(e)n 10 lib. 6 ß 19 d.* – *Item an pfintztag nach Martini vaderten die v(er)wes(er) meinen h(er)ren lantgraf Johannsen gein Straubing zu der lanndschaft. Der ist daselbs gewesen mit 32 pferten bis an den achten tag und hat v(er)tzert zum Pernolt aller sachen 9 lib. 3 ß 6 d.* – Aus einem Fragment der Straubinger Landschreiberrechnung für das Jahr 1426. Staatsarchiv Landshut Rep. 18, Fasz. 864 Nr. 2519a (fol. 18).

Abb. 54. *Unnd ich Udalricus Ram von Nabpurgk, cleric(us) Regenspurger Bistumbs, von kayserlichem gewalt offenschreiber und notarius, wanne ich bey verwilligung offennlichen bekenntnusse und betzewgung, auch allen und ytzlichen obgeschriben Sachen mitsampt den genannten zewgen selbs gegenwertig gewesen pin, das alles gesehen un(d) gehort hab, hirumb hab ich dits offen instrum(m)ent daruber gemacht, mit aygner hanndt geschriben(n), unnterschriben(n), geoffnet und in dyse offne form pracht mit meynen(n) namen(n) und gewonlichen zaychen(n) betzaychent, zwe glawben aller obgeschriben sachen datzwe erfodert sunderlich und gepeten(n).* – Beglaubigungsformel des Notars Udalrich Ram auf einem Notariatsinstrument vom 26. März 1472. Staatsarchiv Amberg, Kurbayern Nr. 7430.

Abb. 55. *Albrecht Turer ist meister worden feria sex(ta) p(ost) visita(tionis) Marie a(nn)o etc. 68. Et dedit X fl. statwer(ung).* – Aus dem Nürnberger Bürger- und Meisterbuch 1462/95; Staatsarchiv Nürnberg, Reichsstadt Nürnberg/ Standbücher Nr. 305, fol. 97.

Abb. 56. *Ulricus Graue zu Wirtemberg etc. Unsern günstlichen grus zuvor, lieben besunden. Nachdem die Böheim den hochgebornen fursten unsern lieben h(er)rn und swager, hertzog Ludwigen, beschedigen, sin wir in will(e)n, demselben unserm lieben h(er)ren und swager, unsern lieben sone, mit einem reisigen zug zu dienst zu schicken. Demnach wir uch ernstlich bitten, ir wolt uns drissig gewappent wolgerüst lyhen von wegen unsers lieben h(er)ren und swehers von Brandenb(ur)g und die gen Elwangen bescheiden uff mitwoch zu nacht nach unser lieben frowen tag assumpt(i)o(n)is nechstkomende gericht, da dannen mit andern gen Heidenheim zu unserm lieben son(n)e zu komen an die erst herberg und dann fuer aber zu tun, des sie werden bescheide(n) und wiewol wir uns des von unsers lieb(e)n h(er)rn und swehers von Brandenb(ur)g wegen zu uch v(er)sehen, yedoch begeren wir hievon uwer v(er)schriben antwurt mit dem botten. Dat(um) Stutgart uff sontag nach Jacobij apo(stoli) anno etc. (14)72.* – Briefkonzept eines Schreibens des Grafen Ulrich zu Württemberg vom 26. Juli 1472. Aus einem Akt, betreffend verschiedene Irrungen des Markgrafen Albrecht von Brandenburg mit dem Herzog Ludwig in Baiern und der Reichsstadt Nürnberg, wie auch einige unter den Herzogen in Baiern entstandene Mißhelligkeiten 1463/1472. Staatsarchiv Bamberg, Bestand Hofrat Ansbach-Bayreuth Nr. 199.

Abb. 57. *Item ein gut zu Dürrenfarenpach, gena(nn)t d(er) heylig(e)n gut, gibt jerlich hundert und virtzig hall(er) 16 keß oder für 1 keß 8 h(a)l(ler). 15 hüner. Das gut gehört zu der Halbwegnin jartag. Sixti. und ist des Schusters erb.* – Salbuch von St. Lorenz zu Nürnberg 1460. Staatsarchiv Nürnberg, Nürnberger Salbücher Nr. 3 fol. 57'.

Abb. 58. *1462. Anno domini milesimo quadrigentesimo sexagesimo secundo, sabbato post annuncciac(i)onis gloriose virginis Marie ist das puch angefange(n) worde(n), darinnen alle hantwerck und die meist(er) auff denselben hantwercken werden und auch die newen burger, die man ye zum newen rate umb sant Walpurgen tage und darnach im jare eyntzingen eynnympt, begriffen und geschriben steen.* – Nürnberger Bürger- und Meisterbuch 1462–1495. Staatsarchiv Nürnberg, Nürnberger Standbücher Nr. 305, Titelblatt.

Abb. 59. *Nota Hanns Gebel zu d(er) Heselmull, annd(er)s genant Hanns Hartfogel, ist mit Lux lantschr(eiber) überkomen von seins guts weg(en) zu d(er) Heselmull und hat sich an mein gnedig(en) h(er)n v(er)mannt und gibt alle jar ein vastnachthennen auf den kasten zu Amb(er)g von dem gut er aufsitzt und von Contz Alharten an in komen ist und er im heymlich für freyes aygen v(er)kauft het und doch zu lehen von meinem gnedig(en) h(er)n get. Act(um) montag nach Invo(ca)vit anno etc. (14)64.* – Aus dem Salbuch des Gerichts und Amtes Amberg 1464. Staatsarchiv Amberg, Standbücher Nr. 50 fol. 7.

Abb. 60–65. Wortbeispiele für Abkürzungen aus einer Niederschrift (Mitte des 15. Jhs.) im Staatsarchiv für Oberbayern, München GR 510/56 a.

Abb. 66. Wortbeispiele als Abkürzungen aus Abb. 112 (Mitte des 16. Jhs.).

Abb. 67. *Als ma(n) zalt von Christi gepurd tausent vierhundert und im ains und sechtzigisten jar an freytag nach sannd Margret(e)n tag der heyligen iunckfrawen hab ich Johannes Fritz von Passaw, ar. d(er) zeyt des edel(e)n und vest(e)n herr(e)n Artolffen von Trenbach von sand Mertt(e)n vogt und phleger ze Kam(er) gerichtschreiber, das vorgeschrib(e)n puch ausgeschrib(e)n ze Kamer*

146

in dem geschloß, ze lieb und gevallen dem benant(e)n meinem genadigen h(e)rrn, und wer füran das oder ander pucher schreib(e)n well lassen, der bedarff ze mir nitt fragen, aber zum wein geen verred ich nicht. — Petzet-Glauning, Tafel 61.

Abb. 68. Ego H(er)degnus de Grindlach notu(m) facio p(re)senciu(m) inspectorib(us) univ(er)sis, q(uo)d ego de admissione co(n)sensus H(er)degeni, filii mei k(a)r(issi)mi, illas duas curias in Oberntenne, quas Cvnradus d(ic)t(u)s Scholer et H(er)mannus d(ic)t(us) Grimme coloni ibidem nu(n)c inhabitant atq(ue) colunt, inclito d(omi)no meo Frid(er)ico burg(gra)vio de Nurenb(er)g, quia ip(s)as ab eodem d(omi)no meo Frid(er)ico burg(ra)vio in feudo tenui et habui, cum delib(er)ato animo liberas resignavi et idem d(omi)n(u)s meus Fri. burg(ra)vius p(re)d(ic)tas duas curias viris honorab(i)lib(us) ac religiosis d(omi)nis et fr(atr)ib(us) domus tevthunicor(um) in Virnsp(er)ch cum lib(er)a manum suar(um) elargit(i)o(n)e cu(m) iure, quo potuit et debebat, univ(er)so p(ro)p(ri)etatis tytulo dedit, co(n)tribuit, et donavit. In cuius rei testimoniu(m) d(omi)nis et fratrib(us) p(re)d(ic)te domus in Virnsp(er)ch dedi presente(m) litt(er)am cum mei sigilli robore co(m)munitam. Dat(um) et actu(m) in Kadolsp(ur)ch anno d(omi)ni M°CC° nonag(esimo) septimo in die inventionis s(anc)te crucis. — Hauptstaatsarchiv München, Ritterorden Urk. Nr. 5307/2 (1297 Mai 3).

Abb. 69. Ich Joh(anne)s lantschrib(er) zu Sultzpach un(d) die burg(er) d(e)z ratz daselb(e)n bekennen, daz wir dise vzschrift von wort zu wort gelesen un(d) v(er)hort (o mit e überschrieben) hab(e)n un(d) daz si geleich mit den v(er)sigelt(e)n briefen ubereintragent. Darvmb hab(e)n wir unser insigel darvf gedruckt. Et cet(er)a Lator. — Rückvermerk zweier vidimierter Urkunden Rudolfs von Habsburg. Germanisches Nationalmuseum Nürnberg Nr. 10, 193.

Abb. 70. Zeilenausschnitt aus einer Urkunde K. Ludwigs d. Baiern für den Hochmeister des Deutschen Ordens Dietrich v. Aldenburg 1337. Prunkausfertigung einer Urkunde mit figuraler Ausschmückung des Namens des Urkundenausstellers. — Arndt-Tangl, Tafel Nr. 94.

Abb. 71. Ich Altman Kemnat(er), an der zeit richt(er) zu Amberg, und wir, dy schepf(e)n daselbs, bekennen offenlich mit dem brief, daz fur vns kom in gericht Osanna dy Paulserynn mit vorsprechen vnd alz sy klagt von dez Ave Maria wegen, daz man singet zu sand Merttein zu Amberg, Hintz Otten dem sneyd(er), purg(er) doselbs, vmb zwen und sibentzikch haller der stat werung zu Amberg jerlichs zinß freys martr(echt), also hat sy von des vorgeschr(ieben) Ave Maria wegen behabt mit vollg, mit frag, mit urtail vnd mit dem rechten alz recht ist, daz demselben Ave Maria d(er) vorgeschr(ieben) zins alle jar jerlich geb(e)n vnd geraicht sol werd(e)n aus des egen(ann)t(e)n Otten stadel zenechst an dez Pyburg(er) haus, in d(er) stat zu Amb(er)g geleg(e)n, d(er) vormal(e)n Fridr(ich) des Awrachsen gewesen ist vnd aus sein(er) zugehörung und auch yedez jars auf sand Johanns tag ze sunben(er)n od(er) ye an dem nechsten tag darnach mit der zwispilld. Des ward dem obgen(ann)t(e)n Ave Maria von gericht vnd mit vrtail d(er) brif ertailt mit dez gerichtz insigel der stat zu Amberg besigelt, der geb(e)n ist an sand Vrlreichs abent nach Christy gepurt drewtzeh(e)nhund(er)t jar vnd in dem sibenundnewntzigisten jar. — Stadtarchiv Amberg, Urk. Nr. 252.

Abb. 72. Ausschnitt aus einer Kolumne der 42-zeiligen Bibel Gutenbergs um 1454/55. — Benzing-Presser, Fünfhundert Jahre Mainzer Buchdruck, Mainz 1952, Tafel 1.

Abb. 73. Ausschnitt aus der Schlußschrift der 48-zeiligen Bibel, 1462 gedruckt von Fust und Schöffer in Mainz. – Benzing-Presser, Fünfhundert Jahre Mainzer Buchdruck, Mainz 1952, Tafel 3

Abb. 74. Schlußschrift des Mainzer Catholicon-Druckes 1460. – Benzing-Presser, Tafel 12.

Abb. 75. Aus der deutsch guldin Bibel von St. Ulrich und Afra in Augsburg 1475. – Degering S. 139.

Abb. 76. NOTA DAS SALPVCH des spitals zu Amberg, darin geschriben stet all zins rant güllt auch ecker gerten wissen holttzstet und anders, so das genant spital aufzeheben hat, und darzu gehörig in der stat Amberg purcgeding (und auf dem lande). – Salbuch des Amberger Spitals 1494. Staatsarchiv Amberg, Standbücher Nr. 4, Titelblatt.

Abb. 77. Schlußschrift eines Druckes von Erhard Ratdold, Augsburg, aus dem Jahre 1486. – Nadler, Lit.Gesch. (Propyläen-Verlag, Berlin), Bd. I.

Abb. 78. Ausschnitt aus einem aus dem Jahre 1464 stammenden Druck von Adolf Rusch in Straßburg. – Ehmcke S. 34.

Abb. 79. Schlußschrift einer von Sweynheim und Pannartz in Rom im Jahre 1468 gedruckten Lactantius-Ausgabe. – Degering S. 130.

Abb. 80. Aus einem Pestblatt, gedruckt von Günther Zainer in Augsburg 1479. – Lange, Schriftfibel S. 63.

Abb. 81. Aus der Hypnerotomachia Poliphili, gedruckt von Aldus Manutius, Venedig 1499. – Lange, Schriftfibel S. 77.

Abb. 82. Ausschnitt aus einer von Aldus Manutius in Venedig im Jahre 1501 gedruckten Vergil-Ausgabe. – Ehmcke S. 42.

Abb. 83. Clauß, Die Schwabacher Schrift in Vergangenheit und Gegenwart. Monographien des Buchgewerbes, Bd. X, Leipzig o. J. S. 25.

Abb. 84. Aus der Bambergischen Halsgerichtsordnung, gedruckt von Johann Schöffer in Mainz im Jahre 1508. – Benzing-Presser, Tafel 11.

Abb. 85. Aus dem Gebetbuch Kaiser Maximilians I., gedruckt von Johannes Schönsperger in Augsburg im Jahre 1513. – Klingspor S. 94/95.

Abb. 86. Aus dem Theuerdank, gedruckt von Johannes Schönsperger in Augsburg im Jahre 1517. – Degering S. 164.

Abb. 87. Aus Albrecht Dürer, Etliche Unterricht zu Befestigung, gedruckt 1527. – Ehmcke S. 53.

Abb. 88. Aus Magister Joh. Hagius, Ein treffliche Predigt von des Menschen Tod, gedruckt von Hans Bürger und Michael Mühlmarckart, Eger 1572.

Abb. 89. Aus dem Oberpfälzischen Maut- und Accis-Mandat, 1769. – Staatsarchiv Amberg, Amtsbücherei GF 6.

Abb. 90. *Gerechent uff heut dinstag nach assumpt(i)o(nis) Ma(r)ie anno etc. LXXX s(e)c(un)do. mit Hannsen Hiltn(er), forstmeister(r) zu Lichtenfels, von allem einneme(n) und außgeb(e)n an gelde und getreide, keß, hüner und eyern(n) den forst berürende von dem sontag leta(r)e zu mitfast(e)n anno etc. LXXXI biß wid(er) uff den sontag leta(r)e zu mitfaste(n) anno etc. LXXX s(e)c(un)do. Und der gedacht Hanns Hiltner ist meinem g(nädigen) h(er)rn uber allen abtzugk und außgeb(e)n inhalt sein(er) rechnu(n)g von forstampt an gelt zinsen entrich(te)n schuldig IIIᶜXVI gulde(n) III lib. X d I heller u(t) (pa)t(et) calculo. Item XXIII lb. III d an gelt für LXXXXIX vaß/ausgebessert aus: vasch]nachthen(nen), die hen(nen) zu VII d gerechent u(t) (pa)t(et) computac(i)on(e). Item X lb. XV d an gelt für Iᶜ V keß, den keß . . .* – Aus der Forstamtsrechnung Lichtenfels 1481/82. Staatsarchiv Bamberg, Ämterrechnung Nr. 38601 fol. 52.

Abb. 91. *Durchleuchtig(er) hochgeborn(er) furst und herr. Mein schuldig unt(er)tenig dinst sind e(uer) f(ürstlichen) g(naden) zuvoran berait. Gnedig(er) herr, nachdem sich e. f. g. bedenck(e)n woll(e)n hie zwischen weinnecht(e)n des hinter(e)n pergs halb(e)n etc. fug ich euer g(naden) zu wiss(e)n, wo ma(n) so spet solt ansez(e)n, das d(er) nit mocht gewurcht werd(e)n vnd wurd zu spat, ma(n) mocht des wassers alspald nit heb(e)n. Das ha(n) ich e. f. g. nit well(e)n v(er)halt(en), damit bevelch ich mich e. f. g. Datum sonntag nach Martini a(nn)o im 1500. [Rentmaister auff dem Norckaw Erasmus Saurzapff].* – Staatsarchiv Neuburg/D., Depot Heimatverein Nr. 195.

Abb. 92. *. . . quas tamen, ut ipse Virgilius significaverat, post se memorandum reliquit. Neque enim aliter istud nobis fuerat audendum, q(uam) ex voluntate vatis maxime venerandi, cuius quasi numine instigante: pigre sine dubio propter difficultatem operis: verumtamen non sine spe prosperi successus agressi sumus tenuem admodum et pene viduatam corpore materiam, quae tam exilis, est, ut in consumatione quidam totius operis annumerari velut particula possit laboris nostri, per se vero et quasi suis finibus terminata nullomodo speciose confici. Nam et multa sunt eius quasi membra, de quibus aliquid possumus affari, tamen eadem tam exigua sunt, quod aiunt Graeci . . .* Aus Columella, De re rustica (Handschrift aus dem Jahre 1488). Steffens, Supplement Tafel 44 b.

Abb. 93. *S. D. cariss(ime) frater. Oro filiu(m) dei dominu(m) nostru(m) Iesu(m) Christu(m) crucifixu(m) pro nobis et resuscitatu(m), custodem ecclesiae suae, ut te et ecclesia(m) tua(m) domestica(m) servet et gubernet.* – Anfang eines Schreibens Phil. Melanchthons vom 10. November 1554 in einem Ehestreitakt von 1554/57. Staatsarchiv Amberg, Manuskriptensammlung Nr. 4 Bl. 39.

Abb. 94. Urkunde der Universität Wittenberg vom 28. Januar 1548 über die Magisterprüfung des Ulrich Sicinger aus Worms mit Unterschrift von Philipp Melanchthon. – Staatsarchiv Amberg, Manuskriptensammlung Nr. 3.

Abb. 95. *Bis centum et viginti quatuor rationes dubitandi seu argumenta non unius loci sed plurium authoritatibus non scriptis alibi comprobata.* – Aus einem Inventar Herzog Ottheinrichs vom Jahre 1556. Staatsarchiv Neuburg/D., Depot Heimatverein Nr. 52 S. 138.

Abb. 96. *Officia plebanorum: Pappnberge(n)sis, Schonbrunne(n)sis, Hambacensis et aliorum, vetera et olim usitata, pastori et ecclesiae Schluchtanae debita, hisce verbis (com)prehensa reperta sunt.* – Pfarrei Schlicht b. Vilseck, Pfarreiregister.

Abb. 97. *Unnd baldt hernach im 40. capittel am endt sagt er: Quod Deus non vult, ut uxor se viro praebeat pro adiutorio crucem. Daß ist sovil geredt: Gott will nit, daß ein weib, so er dem man zur gehulff erschaffenn, sein creutz oder fegteuffel sein soll.* – Aus einem Ehestreitakt von 1554/57. Staatsarchiv Amberg, Manuskriptensammlung Nr. 4 Bl. 12.

Abb. 98. *... solchen tag angetzaigt und dan wie ir von unserm landricht(er) und landschreiber zu Weid(en) weid(er) vernemen werdet, zu handeln erindert und ermant hab(en), wolt(en) [wir euch hinwider nit pergen] (1531).* – Staatsarchiv Amberg, Landgrafschaft Leuchtenberg Nr. 1713 A.

Abb. 99. *I(tem). Erstlich get die pfar sambt ir zugehorung zu unnser lieben frauen von dem gotzhaus ze lechen, die dann disser zeit maister Wolffgang(us) Aigner techandt zu lechen vo(n) dem gotzhaus inne(n) hat undt v(er)west.* – Aus dem Lehenbuch des Benediktinerinnenklosters in Neuburg 1517/18. Staatsarchiv Neuburg/D., Benediktinerinnenkloster Neuburg Lit. 4 fol. 31.

Abb. 100. *Wir Reinhert grave ze Leiningen, h(err)n ze Westerburg etc., der Pfalz in Bairn v(i)zd(om), entbiet(en) allen und jed(e)n pfarrern, vicarien, pfarrverwesern und predigern in der Pfalz (durchgestrichen: in Bairn uns) des obern furstenthumbs zu Bairn seßhafft und wonend uns(er)n gunstig(en) grus zuvor und fug(en) euch ze wissen.* – Eingeheftetes Konzeptblatt vom 28. Feber 1513 in der Landsassenmatrikel der Oberpfalz 1518–1570. Staatsarchiv Amberg, Standbücher Nr. 215 fol. 278.

Abb. 101. *Den edlen hochgelerten und weissen vesten gnädigen herren herzogs Wilhelms und herzogs Ludwigs in obern und nidern Bayern etc. loblichen reten und regiment in Burckhausen, unsern gnädigen herren.* – Staatsarchiv Neuburg/D., Depot Heimatverein Nr. 126.

Abb. 102. *Si hett keyn wissen warlich nit, dan was ir der Nickel gesagt, der von Blawen hett sy nit wissen lassen, was er gehandelt.* – Aus der Verhörsniederschrift wegen eines Mordes (1530). Staatsarchiv Amberg, Landgrafschaft Leuchtenberg Nr. 1713 A.

Abb. 103. *No(ta) mein genedig(er) herr hat auf dits schreib(e)n kain anntwort geb(e)n, aber meiner g(nädigen) frauen zu ziehen erlaubt. Act(um) pfintztags nach Bartholomej A(nn)o etc. 38.* – Staatsarchiv Neuburg/D., Pfalz-Neuburg Akten Nr. 6417 Bl. 57.

Abb. 104. *Der markknecht hat vonn wegen deß Rupels sein andere recht hinder sich gestandten als anwalt.* – Gerichtsbuch des Klosterrichteramtes Kastl; Eintragung aus dem Jahre 1547. Staatsarchiv Amberg, Standbücher Nr. 240 I. fol. 34.

Abb. 105. *Ein gemaine oder gelegte Corrent unnd Handtschriefft. Wir die hernachbenanten Albrecht Bregniczer, Cristoff Diefstainer, Endres Fronhauser, Geörg Haubenhaun, Jacob Klainberger unnd Ludwig Munntztaller etc. Bekhennen samptlich, sunderlich unnd unverschiedenlich mit disem offen brief fur unns, alle unsere erben unnd nachkhommen, das wir rechter unnd redlicher schuld schuldig worden sein, unnd gelten söllen Dem Erbarn Sebastian Klingennawer Nemlich Achttausendt gulden Reinisch in Munntz, je funfzehen Patzen oder Ainundzwaintzig grosch(en) / oder zwölfer / fur ein gulden*

Reinisch in muntz gerechnet etc. – Aus dem Formularienbuch Wolfgang Fuggers, Nürnberg 1553 in Clauß, Die Schwabacher Schrift in Vergangenheit und Gegenwart. Monographie des Buchgewerbes Bd. X, Leipzig (o. J.), S. 24.

Abb. 106. *Joannis Essleri Maguntini speculum astrologoru(m) una cum Joannis de Regiomonte de cometae magnitudine longitudineq(ue) ac de loco eius vero problematibus. 16. Norimbergae apud Frider(icum) Peyp(um) 31.* – Aus einem Inventar Herzog Ottheinrichs vom Jahre 1556. Staatsarchiv Neuburg/D., Depot Heimatverein Nr. 52 S. 156.

Abb. 107. *Dieweill das menschlich wesen, auch ein jede chriestennliche commun fürnemblich durch befurderung unnd eifferige suechung Gottes ehre unnd worts unnd dan auch durch erbare politische guette satzung, ordnungen und gleichmessige fursehung der obrigkait inn bestendigs gedeihen gefurdert unnd zu wachsender wolfart gebracht werden mag, So hatt ein erbarer rath diser furstliche(n) stadt Laugingen irem bevolchnem und tragendem ampt, auch denn pflichtenn nach, damit sy dann dem durchleuchtigenn hochgebornenn furstenn und herrn, herrn Othainrichenn, pfaltzgravenn bey Rein, hertzogenn zu Bayern etc. irem gnedigen herrn unnd landtsfursten verwannt seindt, uß schuldiger treuen unnd one mitl zu gemainer burgerschafft nutz, wolfardt unnd gedeien nachvolgende ordnung, satzung und policey (darob sie entlich und mit ernst zu haltenn gedenckenn, auch nach gelegenhaitt furfallennder notthurfft darin enderung unnd besserung zu thon, hiemit vorbehaltenn) furgenomenn. Anfangs wollen sy uß vätterlicher anmuttung ain erbare burgerschafft und alle inwonner mitt [treuen erinnert und vermanet haben, das sie sament- und sonderlich, alte und jung, die predig und verkundung des seligmachenden Gottes mit vleiß besuechen . . .]* – Polizeiordnung der Stadt Lauingen vom Jahre 1555. Staatsarchiv Neuburg/D., Pfalz-Neuburg Akten Nr. 6953 Blatt 6.

Abb. 108. Titelblatt des Gesprächbüchleins Johann Neudorffers d. Ä. über Schriftunterweisung. Nürnberg 1549. – Degering S. 179 und Kapr S. 77.

Abb. 109. *Der Fridl mit der leren taschen, gein Amberg darff er Nymmer naschen, het er aber Taschen vol, so dörffte er gein Amberg wol.* – Spottvers auf Pfalzgraf Friedrich II. Staatsarchiv Amberg, Oberpfälzische Religionssachen Nr. 829.

Abb. 110. *Fürsichtig erber weis lieb herren. Dieweil ich for lengst geneigt wer gewest, E(uer) W(eisheit) mit meinem kleinwirdigen gemel zu einer gedechtn(us) zu fereren, hab ich doch solchs aus mangel meiner geringscheczigen werck underlassen müesen, dieweil ich gewüst, das ich mit denselben for E(uer) W(eisheit) nit ganz wol het müegen besten. Nachdem ich aber diese vergangen zeit ein thafel gemalt und darauf mer fleis dan ander gemel gelegt hab, acht ich nyemant wirdiger, die zu einer gedechtnus zu behalten dan E(uer) W(eisheit). Derhalb ich auch dieselben hiemit ferer, underthenigs vleis pittent, die wölle diese mein kleine schenck gefellig und günstlich anemen, und mein günstig lieb herren, wie biesher ich albeg gefunden hab, sein und beleiben. Das will ich mit aller underthenikeit um eure weisheit zuferdienen geflissen sein. Euer Weisheit undertheniger Albrecht Dürer.* – Eigenhändiger Widmungsbrief Albrecht Dürers an den Rat der Stadt Nürnberg zu den Tafelbildern der Vier Apostel (1526 vor dem 6. Oktober). Staatsarchiv Nürnberg. S. I. L. 79 Nr. 15 Bd. 12.

Abb. 111: *Ro. III. Es ist hie kein unterscheid. Sie sind alzumal sunder, und mangeln des rhumes (,) den sie an Got haben sollen, und werden on verdienst gerecht aus seiner Gnade durch Christum Jesum etc. Johannes Bugenhagen Pomer(anus) d(octor) MDxlij.* – Herse, Stammbuch eines Wittenberger Studenten 1542. Berlin 1927; Ausschnitt aus Tafel 2.

Abb. 112. *... soll, und dagegen alle erbbrieff sampt den reversen / wo einiche v(orhanden) / zu Kelhaim auf einen benan(n)ten tag in beisein bed(er) hochgenannte parteien v(er)ordneten ubergeb(en) und casirt werd(en) und sie p(rae)laten schuldig sein, denselben mairen, so hievor erbrecht gehapt, on einige weitere bezahlung solch erbrecht zu halten, auch darüber newe erbbrieff zu geb(en) und reverß zu empfah(en) oder sonst mit denen, so hievor nit erbrecht gehapt, d(er)g(e)stalt zu v(er)gleich(en), damit pfaltz ...* – Konzeptentwurf eines Schreibens vom 12. August 1559. Staatsarchiv Neuburg/Do. Bestand Pfalz-Neuburg Nr. 6407/II.

Abb. 113. *... das thun, das ain lehenman seinen(n) lehenherrn(n) schuldig. Daruber hat er von weg(en) seins herrn(n) mit gewendlich lehenpflicht gethan wie sich geburt. Geschehen pfintztag nach Reminiscere Anno etc. xlv-t(en).* – Staatsarchiv Amberg, Lehenbücher Nr. 230 fol. 136.

Abb. 114. *Ist zu beschaidt ime Wunderer geben, mein genediger herr welle mit ime Pudner rechnen und gelt gebenn, damit er ine Wunderern zufriden stelle.* – Gerichtsbuch des Klosteramtes Kastl 1544 ff., Staatsarchiv Amberg, Standbücher Nr. 240/I.

Abb. 115. *Des zu warer unnd gewisser urkundt hab ich mit vleis erbetten den edlen und vesten Paulsenn Pulgelnn, richter des stiftts Castel, und ettlich des raths daselbs, das sie solchs in ir gerichtsbuch verleibt unnd schreibenn habenn lassenn. Geschehen uff sontag Invocavit anno etc. (15)52.* – Gerichtsbuch des Klosterrichteramtes Kastl 1544 ff., Staatsarchiv Amberg, Standbücher Nr. 240/I.

Abb. 116. *Ist die sachen zu erkanthnus des rechtens gesetzt worden unnd die urthail, das inen erdacht, zwischen hie unnd dem nehren recht(en) geben unnd mitgethailt worden.* – Gerichtsbuch des Klosterrichteramtes Kastl 1544 ff. Staatsarchiv Amberg, Standbücher Nr. 240/I.

Abb. 117. *It(em) vj (6) lib. iiij (4) ß xxiiij (24) d gefallen jerlich im marckt zu Pressat von den xxiiij (24) hueb(e)n, vornen in Walburgis und Michaelis geltzinß(e)n benent, nemlich von einer yeden hueb(e)n xij (12) kese, ye einen kese zu v ♩ (5 ½) d gerech(e)nt, tut ij^c lxxxviij (288) kese.* – Aus dem Salbuch des Kastenamtes Kemnath 1497. Staatsarchiv Amberg, Standbücher Nr. 444 fol. 140.

Abb. 118: *Su(mm)a(rum) ut s(upra) vj^c xlij (642) gulden v^{c}lxxv (575) l(i)b. xxiiij (24) d. Fa(cit) in gold vij^{c}xj (711) gulden xxiiij♩ (23 ½) d, den gulden fur viij (8) l(i)b. x (10) d gerechet.* – Aus dem Stiftregister Onolzbach 1492/1499. Staatsarchiv Nürnberg, Ansbacher Oberamtsakten Nr. 117 fol. 38.

Abb. 119.   1492
        Sequit(ur) wievil weinß die p(er)son im kele(r) gehabt hab(e)n.

	Petri im 92. jar		anno etc. 93	
D(omi)n(u)s decanus	vij	*(7) maß*	lxiiij	*(64) maß*
Scolastic(us)	lviij	*(58)*	lxxxxiij	*(93)*
P(rae)dicator	vj ♩^{c}xxxiij	*(683)*	viij^{c}lxv	*(865)*

152

Custus	xljᶜxxx	(4130)	xlvᶜxxx	(4530)
Knortz	iiijᶜxv	(415)	vᶜx	(510)
Steiner	ijᶜ	(200)	ijᶜ	(200)
Dun(n)agel	vjᶜv	(605)	iiijᶜ	(400)
Cantzler	vᶜxxv	(525)	vjᶜxxv	(625)
Horn(er)	jᶜv	(105)	jᶜx	(110)
Branpach	nichil		l	(50)
Sewß	nichil		xx	(20)
Vmbehaue(n)	l	(50)	jᶜv	(105)
Koburger	i ᶜx	(160)	ijᶜxv	(215)
Schew	lx	(60)	i ᶜ	(150)
Kindt	iiij xx	(370)	iijᶜlxv	(365)
Pfortner	xx	(20)	xlij	(42)
Mulich	nichil		jᶜlxx	(170)

Su(mm)a(rum) anno etc. 92 vij^m
iijᶜ lxxxviij (7388) maß an
ritt(er) Kilian

Su(mm)a(rum) anno etc. 93 viij^m
iiijᶜlxxiiij (8474) maß an ritt(er) Kilian. D(er) ist ab, gilt nym(m)er.

Restat daß ditz jars 92 die obgemelte(n) p(er)son eyngespart hab(e)n xᶜ lxxxvj
(1086) maß, die mache(n) xvj (16) eym(er) xxx (30) maß. – Staatsarchiv Nürnberg. Ansbacher Oberamtsakten Nr. 117 (Stift Onolzbach) fol. 27.

Abb. 120. Sum(m)a haubtrecht tuet alles lx (60) g(u)ld(en) lj (51) kr(euzer). –
Aus dem Rechnungsbuch 1529 des Propstamtes Füssen. Staatsarchiv Neu-
burg/D., Hochstift Augsburg Nr. 2961 fol. 6.

Abb. 121. Menninger, Kulturgeschichte der Zahlen. Breslau 1934 S. 274.

Abb. 122. Zahlen aus den trigonometrischen Tabellen des Jean de Lignière
(Johannes de Lyneriis) 1320:

15	30	164	30	16	2	3	30	30	149	30	30	27	8
16	0	164	0	16	32	18	31	0	149	0	30	54	8
16	30	163	30	17	2	27	31	30	148	30	31	21	0
17	0	163	0	17	32	33	32	0	148	0	31	47	43
17	30	162	30	18	2	32	32	30	147	30	32	14	17
18	0	162	0	18	32	28	33	0	147	0	32	40	42

Bibliotheca medii aevi manuscripta. Pars altera. Einhundert Handschriften des
Mittelalters vom zehnten bis zum fünfzehnten Jahrhundert. Katalog 90 Jaques
Rosenthal, München (o. J.).

Abb. 123. Summa aller außgab, darunter auch die 2600 f. hingelih(en) gellt
thut 9199 f. 4 ß 25 1/2 d. – Aus der Reichenbacher Rechnung 1572. Staatsarchiv
Amberg, Pflegamt Wetterfeld R. 263.

Abb. 124. Wohlgeborn Edl Gestreng und Hochgelärte freundlich geliebde
herrn und gute freundt. Denselben seint mein freundtwillige dinst, auch alles
liebs und gutts zuvorn. Und habe aus dem an mich vom 22. Marty jungsthin
abgangenem schreiben gar gern vernohmen, das auf beschehenes ersuchen sie
bey dem verwalter zum Newen Gepeu die verordnung gethan, damit zu Irer
Kay(serlichen) M(ajes)t(ä)t, unsers allergenedigsten herrn, notturfften und
schlagung einer gewießen anzahl bedingter reutterrüsstungen dem plattner zu

153

Eger Bartlme Eckhardten das darzue bedurfftige plech auf erfolgende meine specification willig abgefolget werden solte. Aldieweiln dann gemachten überschlag nach ernenter plattner zu denn angedingten rüstungen bieß in funfhunder centen plech bedürfftig sein wirdt, allß will ich sy ersucht haben, die weittere unbeschwerte verfuegung zu thun, daß ihme plattner [besagte funfhundert centen plech umb baare bezahlung nach und nach abgefolget werden möge, wie sie bestes wohl zuthun wißen, und verbleibe denselben angenembe freundtschafft hinwiederumb zu erzaigen iederzeit willig. Geben Prag den 9. aprilis anno (1)622. Albrecht Wentzel Eusebius von Waldstein . . . bestelter obrister zue roß und fueß.] (Eigenhändig dazugeschrieben:) der herren dienstwilliger (Unterschrift). – Staatsarchiv Amberg, Bestand Dreißigjähriger Krieg Nr. 754.

Abb. 125. *Auß bevelch deß durchleuchtigst(en) furst(en) unnd herrn, herrn Wolffganng Wilhelmen, pfaltzgravens bei Rhein etc., unsers g(nädig)st(en) fursten.* – Niederschrift aus dem Jahre 1622. Staatsarchiv Neuburg/D., Pfalz-Neuburg Akten Nr. 5947 Bl. 12.

Abb. 126. *Burgermeister undt rathes alhie Attestation nach ist General Picolominj mit der Kayß(erlichen) Armee in Böhmen gangen, ist zue abbachung Comissbrodt abgeben worden.* – Steuerrechnung des Amtes Parkstein 1640. Staatsarchiv Amberg, Pflegamt Parkstein Nr. 831, Anhang fol. 6'.

Abb. 127. *Resolution uff nechstgesätzte erinnerungspuncten. 1/.Ufm 1. puncto soll Hannß Michel Müller uff der Goldtmuhl, die Schneißmühl, wie er dieselbe bißhero gehabt, biß uff andere verordnung, weiter geniesen. 2/. Soll berckmeister* (durchgestrichen: *bei*) *den Müller dahin halten, das derselbe die wasserseig anerbottenermaßen ehisten zum bestandt wider saubere und zu recht bringe. 3/. Soll ein probierofen, weiln man deßelben unumbgänglichen bedörfftig, uff nechsten costen gemacht und verrechnet werden. 4/. Soll das zechenhauß gedeckt und fleiß angewendet werden, ob daßelbe, biß mans zum berckwerg wider bedörfftig, umb einen zinß zuuberlaßen. 5/. Bleibt bei anbefohlener verordnung. 6/. Das fluder zu der schmelzhutten mach(en) zu laßen.* Actum Goldtcronach den 11. Junij anno 1624. S. Hofman, Johann Röhm, Wolff Frosch. – Aus einem Akt Bergwerkssachen 1564/1624 der Kriegs- und Domänenkammer Bayreuth. Staatsarchiv Bamberg, Bestand Hofkammer Bayreuth (Kriegs- und Domänenkammer) Nr. 17151.

Abb. 128. *Auch hochgeborner fürst, freundtlicher lieber bruder unnd gevatter bedankhen gegen e(uer) l(iebden) wir uns freundtlich wegen der communicirten particularien unnsers eltern bruders herrn Wolfgang Wilhelms, pfalzgravens bey Rhein etc. verrichtung in denen Haag betreffendt, freundtbrüderlich gesinnent, unns den weitern verlauf unnbeschwerdt uberschreiben zu laßen.* – Niederschrift aus dem Jahre 1630. Staatsarchiv Neuburg/D., Pfalz-Neuburg Akten Nr. 6543.

Abb. 129. *Summa aller Steuer der seqeuestrirten [!] underthannen der Hoffmarckhung zue Windischen Eschenbach 71 f 56 kr(euze)r. Restirt völlig.* – Steuerrechnung des Amtes Parkstein. Staatsarchiv Amberg, Pflegamt Parkstein Nr. 831 S. 19.

Abb. 130. *Nun Ihr werdett mir hiemitt unnd zuegegen gewhonliche lehenpflicht thun, geloben unnd schweren, d(aß) Ihr unnd meinen nachkommen,* dan einem jeden fruemesser alhie, getreu unnd gewher sein, unsern schad(en) warnen unnd frommen getreulich werben, unnd do Ihr verschwigene lehen wüstett oder noch erfürett, die d(er) fruemeß abgetragen unnd endzogen wären od(er) noch würd(en), d(aß) Ihr dieselben wollett anzeigen, vermeld(en) unnd nicht verschweign, auch keinen and(er)n lehenherrn über dieß lehen gewinnen, die auch nirgendt and(er)st verrechten, vertheidigen unnd versprechen dan für mir unnd meinen nachkommend(en) od(er) wo Ihr von unß hingewisen werdet, auch ohne mein und meiner nachkommend(en) vorwissen unnd v(er)willigung, solches nicht verend(er)n unnd v(er)wend(en), auch solches bessern unnd nitt ergern, iedoch ohne deren daranstossend(en) schad(en) unnd nachtheyl, Euere zinß zu rechter gebürlich(er) zeitt richten unnd zhalen unnd sonsten alleß thuen, waß einem treuen lehemann aignett, gebürtt und zustehett, treulich unnd ohne alleß geverdt. Der Aydt: Wie mir izt vorgesagt unnd ich mitt treuen gelobt hab, dem will ich nachkommen treulich unnd ohne alleß geverdt, als bitte ich mir Gott unnd die heyligen zu helffen. Amen. – Lehenseid aus dem Urbar und Zinsbuch der Frühmesse Eckelsheim 1612. Staatsarchiv Bamberg, Standbücher Nr. 5137/1 fol. 8'.

Abb. 131. *Meinen fr(eundlichen) gruß und dienst zuvor, fr(eundlicher) lieber Bruder. Uff churf(ürstlicher) Regirung anbegeren (der den Kauffbrieff wegen Kretschenreith de A(nno) 1540 zuzuschickhen) wiße, d(a)z ich noch nie zu diesen alltten originalien kommen können: sond(er)n solche fohrtan in der Hirschbergischen Vormundere und ihrer advocaten hende zu Eger sein.* – Staatsarchiv Amberg, AG Erbendorf Nr. 552 fol. 190.

Abb. 132. *... schafft – welche wir vermuthen, daß sie e(uer) l(ieb)d(en) daselbst gebühre – keine superiorität, vielweniger einiges ius religionis nach sich führe, dannen ...* – Aus einem Akt betr. die Einführung des Simultaneums in Wildenreuth 1663. Staatsarchiv Amberg, Pflegamt Parkstein Nr. 510 S. 26.

Abb. 133. *Den 18. feb(ruaris) a(nno) 1663 erlegt Bartlme Geyrhoß seiner muett(er) Catharina d(as) auf Weychennechten 1662 v(er)fahlne Zihl alß 15 f in beysein Geörg Fisch(er) unnd(er)vogt.* – Staatsarchiv Neuburg/D., Hochstift Augsburg, Pflegämter Nr. 720 S. 67.

Abb. 134. *Alß haben wir dieselbe nicht weniger freundvetterlich ersuchen wellen, Ihr den von unß beschehenen wohlgemeinten Vorschlag ebenmäßig gefallen, inzwischen aber die Verordnung an die Ihrige ergehen zue laßen, daß mit aller thädtligkeit in Ecclesiasticis et Politicis gegen den von ...* – Niederschrift aus dem Jahre 1663. Staatsarchiv Amberg, Amt Parkstein Nr. 510 S. 1.

Abb. 135. *F(rater) Bernard(us) abbas in Stambs, pro tempore S(ancti) Ord(inis) Cist(erciensium) per superiorem Germaniam congregationis praeses.* – Staatsarchiv Amberg, Klöster Nr. 585.

Abb. 136. *Hoc transumptum cum suo vero originali in omnibus concordare attestor ego Nicolaus Reible, in s(anc)t(a) apostolica et caesarea authoritatibus notari(us) publicus, civis Bamberg(ensis) in fidem apposito signeto notariatus mei consueto subscripsi.* – Staatsarchiv Amberg, Klöster Nr. 585.

Abb. 137. *Herr Canzler und die frau von St. Emmeram, so mir schon 2 mahl alle ehr angethan, befelchen sich ihr Gnaden gar schon, rogavit me enixe ut sim advocat(us) sedul(us) apud R(everentissi)mum meum ut R(everendissi)mus*

dignetur esse Patron(us) apud R(everendissi)mu(m) Osterhoveniensem p(ro)pter
suu(m) Affinem Rumpelzhofer qui iteru(m) se cupit sistere, rogat modo miseri-
cordiam poenitentiae. R(everendissi)mus accipiet litteras: wans miglig ist,
wollen sich ihr Gnaden zum H(errn) Prelaten von Osterhofen bemiehen und
in der sach guetter Patron sein. Herr Canzler und die frau werden es sehr hoch
achten und dankbar sein. Mecht wol hören einen menschen von P(ater) Ab-
undo gueth reden vel in urbe vel pago. multa adhuc a me petit transmittenda;
cui respondeo: wan er wider alher wirdt geschickt werden, kan er alles wider
an seinem ohrt finden, so darf es nitt vil hin und wider fieren. Plura p(ro)
hac vice nil scio, spero me brevi visuum R(everendissi)mu(m) ubi plura,
quaeso mittat mihi R(everendissi)mus illu(m) equulu(m) P(atris) Abundi et con-
tent(us) sum, na(m) non dubito, es werde oft iez etwas zue raisen geben. R(e-
verendissi)mus S(ancti) Em(m)erami wird iez mächtig fort tringen auf die
übergab wegen der zeitt, so iez am bequemsten ist, wegen Zehetbeschreibungen
et multa alia. Maneo fideliter. R(everendissi)mae et Ampl(i)ss(issi)mae suae P(ie-
ta)tis et gratiosissimae d(e)vo(tion)is fili(us) sincere obedientissim(us) Fr(ater)
Guido (manu propr)ia. – Staatsarchiv Amberg, Klöster 585.

Abb. 138. *Freye Herberg uf diesem Güettl neben gehörigen ligerstatt und
einem pödl zu dessen getraidt, auch einen plaz zu stehlung einer Khue aus-
genom(m)en, mit dem beding, wann ...* – Aus einem Übergabevertrag vom
Jahre 1712 im Briefprotokollbuch des Richteramtes Neuhaus 1707–1714. Staatsarchiv Amberg, Amtsgericht Neustadt/WN. BriefProt. 1707/14 fol. 172.

Abb. 139. *P(ost) S(criptum). Die Kirchen belangend ist von allen vorgezogen
worden, die Architectur unten auch zu machen, ich andwordt, es wehr ja in
der Cappellen zu Versaile auch bögen unten her, so ist die antwort, daß manns
wegen der niderichen hed thun müssen, dahero so viel pas reillieve und bilt-
hauerarbeit darin und noch mehrere ursache. Den Sahl gegen daß Closter zu
ist er anietzo groß genug und damit zur musique oder andrer Action Euer
Hochfürstl(lichen) Gnaden nicht wegen Cupiren der stigen [)in(] durch ein
offenen gang zu gehen hetten, ist daß große zim(m)er, welches auch in 2 ge-
theilet kan werd(en), gemacht, und die folge der Zimer desto grosser gemacht
worden, welches auch App(r)obation hat. Die Kuchel hett gegen den garten
mehrer licht alß in den Höffen, weilen der boden von denen Höffen höher ist
alß der boden in den garten und die Fenster in die Souterrain nicht so hoch
komen können.* – Nachschrift zu einem Schreiben Balthasar Neumanns an den
Fürstbischof von Würzburg, datiert Paris am 15. März 1723. Staatsarchiv Würzburg. Bausachen 355/I, Blatt 78.

Abb. 140. *Warbey der Mayr(schen) Wittib als Kauffers Muettern Zeutt Lebens
die freye herberg oder uf den unvergleichenden fahl fur solche Semel pro
Semper funfzig gulden zubezallen bedungen, auch ein khue im ...* – Briefprotokollbuch des Richteramtes Neuhaus 1707–1714. Staatsarchiv Amberg,
Amtsgericht Neustadt/WN, BriefProt. 1707/14 fol. 22.

Abb. 141. *Kauffsbeyständter seint aufs v(er)khauffers seithen Hanns Georg
Marckh unnd bey dem Kauffer Johannes Haderer, beede von Bernstein.* – Aus
einem Kaufbrief vom 26. Jänner 1747 im Briefprotokollbuch des Richteramtes
Neuhaus 1742–1748. Staatsarchiv Amberg, Amtsgericht Neustadt/WN, Brief-
Prot. 1742/48 fol. 138.

Abb. 142. *SchuldtTransportBrief p(e)r 300 f. Andere Prandtner, holzm(eist)er
und bsüzer des Lehens zum Grölln, und dessen Ehewürthin Eva Auerin, in*

beystandtschafft Geörge Stockhers an der BreetsMühl Bekhennen allhero für sich und ihre Erben und verbitten der hochwohlgebohrnen Frauen, Frauen Maria Franzisca Elisabetha, des hochwohlgebohrnen Herrn, Herrn Adam Antonj Wilhellm Freyherrns von Großdorff auff Rheisperg und Paspach etc. Gemählin und dero hochfreyh(errlich)en Erben ainen SchuldtTransportbrief p(e)r 300 f., welche S(umm)a Gelt vorhero Martin Schider v(er)mög briefs vom 29ten Decembris 1725 alldahin zuthuen schuldig gewes(en), nunmehro aber gegen Cassierung dess(en) auf ihne Prandtner et uxore mit vorbehaltener eintrettungsföhle zubezahlen khommen, v(er)schreiben und v(er)pfendten hierumben all dero v(er)mögen in ge(ner)e, in specie aber d(er)en besüzentes Lehen zum wid(er)hollten Grölln mit allen rechtlichen Ein- und Zuegehörungen, wie rechts- und Landtsgebreuchig ist. – Staatsarchiv für Oberbayern, München. Br. Pr. Fasz. 152.

Abb. 143. *Viertens stipuliret wordten, daß die künftige guettsbesizere schuldig seyn sollen, dieselbe noch ein Jahr lang in der costt und gleidung gratis zugedulten, auch ... – Aus einem Pfandschaftsbrief vom 9. Dezember 1799 im Breifprotokollbuch des Landrichteramtes Amberg 1749. Staatsarchiv Amberg, Amtsgericht Amberg Nr. 159.*

Abb. 144. *Act(um) den 15. Novembris 1779. Johann Christian Maul, Schulmeister von Hopfenohe, sagt aus, daß er sich noch erinnern könne, das der Raß und der Jud beym ihm gewesen, welch beeden er ein zedelein geschrieben, er könnte sich aber unmöglich erinnern wegen so langer zeit, was er ihnen aufgeschrieben. – Verhörsprotokollbuch des Klosterrichteramtes Michelfeld 1774–1783. Staatsarchiv Amberg, Amtsgericht Auerbach Nr. 47/6 fol. 132.*

Abb. 145. *Ihro König(liche) hochheit sassen in der Mitte auf einen rothsameten mit goldenen Porten verbramten Lehnsessel, deroselben zu rechten gedachte Frau Obristhofmeisterin Comte de Peron, Zur Linken aber Ihro Hochfürst(liche) Eminenz auf einem Ordinari Sessl. Die Tafel dauerte bis 9 Uhr nachts, um welche zeit auch die Princesin von ihro hochf(ü)r(s)t(lichen) Emi(nenz) in dero retirade zuruckbegleittet wurde. Montags fruhe um 7 uhr, als der zum aufbruch bestimten Zeit, beliebten ihro König(liche) hochheit sich aus dero retirada zu erheben, wessentwegen Ihro hochf(ü)r(s)t(lich)e Eminenz sich zeitlich alda einfanden und höchstdieselben mit vorgehenden hochf(ü)r(s)t(lichen) Cortegio an der Hand bis zur grossen Residenz Pforten führten und sich alda beurlaubten. – Aus einem Bericht über den Empfang Maria Theresias als Königin von Böhmen in Passau anläßlich ihrer Durchreise nach Frankfurt 1745. Staatsarchiv Landshut. Rep. 113 Fasz. 3 aus Nr. 16, fol. 50.*

Abb. 146. *... und ihm gesagt, er Schrems aber habe es dem Schmidschmeister[!] in gut(em) vertrauen gesagt, das aber d(er)selbe solches zu Aurbach gesagt habe, könne er auch nichts darfür. – Aus einer Niederschrift vom Jahre 1781 im Verhörprotokoll des Klosterrichteramtes Michelfeld 1774–1783. Staatsarchiv Amberg, Amtsgericht Auerbach Nr. 47/6 fol. 171.*

Abb. 147. *Viertens wenn eine dieser beed(en) Töchter im leedigen Stande ab intestato versterben solte, so falt die Ausfertigung zum gutt zuruk; das uberigbleibende Vermögen aber Erbt uber abzug der Unkösten die uberlebende Schwester allein mit Ausschluß des guttsubernähmers und der Eltern. – Aus einem Übergabevertrag vom 23. Oktober 1795 im Briefprotokollbuch des Herr-*

schaftsgerichtes Alteneglofsheim 1795. Staatsarchiv Amberg. Amtsgericht Regensburg Nr. 965 fol. 18'.

Abb. 148. *Sollte Austrägler aus rechtserheblichen Ursachen aus den Winkel zu ziehen bemüßiget seyn, so müssen für diesen jährlich 8 fl bezahlt werden, und die Naturalien müßen auf eine Stunde weit demselben nachgeführt werden.* − Briefprotokollbuch des Landgerichtes Neustadt/WN 1813/14, 1. Halbjahr fol. 82 im Staatsarchiv Amberg.

Abb. 149. *Die Druckschrift: Liederbüchlein für frohe Gesellschaften von Johan(n) Kiem(m)er betr.* − Aktenbetreff auf einer Regierungsentschließung aus dem Jahre 1826. Staatsarchiv Amberg, Bezirksamt Amberg Nr. 299, Prod. 23.

Abb. 150 *Zweckförderlich wird es sein, wenn die Regierungsforstbeamten bei ihren Inspicirungen dem vorliegenden Gegenstande ihre Aufmerksamkeit widmen, auf das Lokalpersonal, wo es dessen bedarf, belehrend einwirken und allenfalls obwaltende irrige Ansichten und Zweifel von vorne herein berichtigen und heben. Die Einsendung der vervollständigten Schema's an das königl(iche) Staatsministerium der Finanzen, beziehungsweise an das Ministerial-Forsteinrichtungsbureau hätte alsbald nach bewerkstelligter Revision von Seite des Regierungs-Forstbureau, und spätestens bis Ende Jän(n)er 1851 zu erfolgen.* − Aus einem vervielfältigten Generalakt der Regierung der Oberpfalz, Kammer der Forsten. − Staatsarchiv Amberg.

Abb. 151. *Es übergiebt nemlich der Haberstumpf seinem Schwiegersohne Egid Raß sein ganzes Mühlanwesen.* − Briefprotokollbuch des Landgerichtes Neustadt/WN 1813/14, 1. Halbjahr fol. 42' im Staatsarchiv Amberg.

Abb. 152. *Hiemit sind beede Theile einverstanden, geloben obrigkeitlich an und unterschreiben sich nach nochmals geschehener Vorlesung eigenhändig. Regenstauf den 30. Juli 1814.* − Aus einer Eintragung im Briefprotokollbuch des Landgerichtes Regenstauf 1813/14 im Staatsarchiv Amberg.

Abb. 153. *In denen bey der Pfarrey Hegnenbach liegenden Akten hat sich Nichts vorgefunden, daß jemals ein Bauschilling bestanden sey, sondern diese Pfarrbaulichkeiten wurden schon in früherer Zeit von dem Kloster Heiligen Kreuz zu Augsburg als Orts- und Patronatsherrschaft bestritten, und nun werden selbe im(m)erhin von dem Königlichen Aerar bestritten.* − Aus einem Aktenstück vom Jahre 1828. Staatsarchiv Neuburg/D., Bezirksamt Wertingen Nr. 189 Bl. 42.

Abb. 154. *Anton Hofman(n) vom Rosenhof wegen Beeinträchtigung einer Wiesenwässerung betr(effend).* − Staatsarchiv Amberg, Regierung der Oberpfalz, Abgabe 1949 Nr. 8892.

Abb. 155. *... Durchlaß gebauet werde, und daß mir daß Wasser, welches sich auf unsern Gründen sammelt, keinen ...* − Aus dem gleichen Akt wie Abb. 154.

Abb. 156. *(Durchgestrichen: Zu) Als Heurathszeugen waren gegenwärtig von Seiten des Hochzeiters Sebastian Heindl, Revierförster von Pillenhofen, von Seite(n) der Braut Mathias Schifferl, Drechslermeister und Steuervorgeher von Pillenhofen. Hiemit wurde gegenwärtige Verhandlung beschlossen und nach geschehener Vorlesung und Bestättigung von den Paciscenten und Zeugen* *eigenhändig unterschrieben. Pillenhofen den 28. Juli 1814.* – Staatsarchiv Amberg, Briefprotokollbuch des Landgerichtes Regenstauf 1813/14.

Abb. 157. *Heinrich Heberlein in Etzenricht, K(önigliches) Bezirksamt Neustadt a/WN, hat darum nachgesucht, daß ihm in seinem Betriebe an den in den Sommermonaten auf Wochentage fallenden Feiertagen, wie Johanni, Peter und Paul, Mariä Himmelfahrt und Mariä Geburt das Arbeiten gestattet werde.* Aus einem 1904 geschriebenen Akt. Staatsarchiv Amberg, Regierung der Oberpfalz, Abg. 1949 Nr. 9260/2.

Die auf den Seiten 122–133 zusammengestellten Alphabete sind zum weitaus überwiegenden Teil den im Text wiedergegebenen Schriftbeispielen entnommen, damit jeweils der Einzelbuchstabe in seiner Stellung im Wortbild wieder aufgesucht werden kann. Varianten der Buchstaben innerhalb desselben Schriftsatzes sind dabei im allgemeinen nicht berücksichtigt; vielmehr sollen die Alphabet-Reihen, als annähernd „typische" Beispiele zu Entwicklungsgruppen zusammengefaßt, die im Zusammenhang dargestellte Schriftentwicklung übersichtsweise ergänzen. Im einzelnen dienten dazu folgende Unterlagen:

Seite 122: 1) Arndt-Tangl Taf. 31b; 2) Abb. 2; 3) Abb. 3; 4) Arndt-Tangl Taf. 4a; 5) Arndt-Tangl Taf. 33e.

Seite 123: 1) Abb. 4; 2) Abb. 6; 3) Abb. 7; 4) Abb. 13.

Seite 124: 1) Arndt-Tangl Taf. 7a; 2) Arndt-Tangl Taf. 9a; 3) Arndt-Tangl Taf. 11; 4) Abb. 19.

Seite 125: 1) Abb. 21; 2) Abb. 24; 3) Abb. 25; 4) Abb. 26; 5) und 6) Abb. 27.

Seite 126: 1) Abb. 43; 2) Abb. 44; 3) Abb. 38; 4) Abb. 42; 5) Abb. 46; 6) Staatsarchiv Amberg, Abgelöster Einband (Bestand Waldsassen Nr. 2374).

Seite 127: 1) Abb. 48; 2) Abb. 49; 3) Abb. 53; 4) Abb. 51; 5) Abb. 59; 6) Abb. 67.

Seite 128: 1) Abb. 99; 2) Staatsarchiv Amberg, Standbücher Nr. 215; 3) Staatsarchiv Amberg, Standbücher Nr. 240; 4) Abb. 114; 5) Abb. 115.

Seite 129: Steffens, Supplement Taf. 46c.

Seite 130: Wolfgang Fuggers Schreibbüchlein „Ein nutzlich und wolgegrundt Formular manncherley schöner schriefften". Vollständige Faksimile-Ausgabe des 1553 in Nürnberg erschienenen Werkes. Leipzig 1958.

Seite 131: 1) Abb. 130; 2) Abb. 125; 3) Abb. 124; 4) Abb. 131; 5) Staatsarchiv Amberg, AG Auerbach Nr. 47/6; 6) Abb. 134.

Seite 132: 1) Abb. 138; 2) Abb. 145; 3) Abb. 143; 4) Abb. 144; 5) Abb. 147.

Seite 133: 1) Abb. 29; 2) Abb. 95; 3) Abb. 106; 4) Abb. 96; 5) Staatsarchiv Amberg, Klöster Nr. 585; 6) Abb. 136.

Schrifttumsübersicht

Arndt W. – Tangl M.: Schrifttafeln zur Erlernung der lateinischen Paläographie. Heft 1 u. 2 (4. Aufl.) Berlin 1904, Heft 3 (2. Aufl.) 1907.

Arnswaldt W. K. v.: Handschriftenkunde für Familienforscher. Praktikum für Familienforscher, Heft 12. Leipzig 1925.

Baesecke G.: Lichtdrucke nach althochdeutschen Handschriften. Halle/Saale 1926.

Bauckner A.: Einführung in das mittelalterliche Schrifttum. Sammlung Kösel. Kempten o. J. (1923).

Benzing J. – Presser H.: Fünfhundert Jahre Mainzer Buchdruck. Festgabe zum 70. Geburtstag von Aloys Ruppel. Mainz 1952.

Bischoff B.: Paläographie. In: Deutsche Philologie im Aufriß, hgg. von W. Stammler. Berlin/München o. J. (2. Aufl.).

Bischoff B.: Deutsches Schrifttum zur Lateinischen Paläographie und Handschriftenforschung. Scriptorium 7, 1953.

Bischoff B.: Die südostdeutschen Schreibschulen und Bibliotheken der Karolingerzeit I. (1940).

Brandi K.: Unsere Schrift. Drei Abhandlungen zur Einführung in die Geschichte der Schrift und des Buchdrucks. Göttingen 1911.

Brandt A. von: Werkzeug des Historikers. Eine Einführung in die Historischen Hilfswissenschaften. (Urban-Bücher. Die wissenschaftliche Taschenbuchreihe, hgg. von Fritz Ernst; Bd. 33.) Stuttgart 1958.

Bretholz B.: Lateinische Paläographie. Grundriß der Geschichtswissenschaft, hgg. G. Meister. Bd. I. Abt. 1. Leipzig/Berlin (2. Aufl.) 1912.

Bruckner A.: Scriptoria medii aevi Helvetica. Denkmäler schweizerischer Schreibkunst des Mittelalters. Genf 1935.

Capelli A.: Lexicon abbreviaturarum. Wörterbuch lateinischer und italienischer Abkürzungen. Leipzig (2. Aufl.) 1928.

Chroust A.: Monumenta palaeographica. Denkmäler der Schreibkunst des Mittelalters. Abt. 1: Schrifttafeln in lateinischer und deutscher Sprache. München 1901/35.

Clauß H.: Die Schwabacher Schrift in Vergangenheit und Gegenwart. Monographie des Buchgewerbes, Bd. X, Leipzig o. J.

Crous E. – Kirchner J.: Die gotischen Schriftarten. Leipzig 1928.

Degering H.: Die Schrift. Atlas der Schriftformen des Abendlandes vom Altertum bis zum Ausgang des 18. Jahrhunderts. Tübingen (3. Aufl.) 1952.

Delitsch H.: Geschichte der abendländischen Schreibschriftformen. Leipzig 1928.

Ehmcke F. H.: Die historische Entwicklung der abendländischen Schriftformen. Ravensburg 1927.

Eis G.: Altdeutsche Handschriften. 41 Texte und Tafeln mit einer Einleitung und Erläuterungen. München 1949.

Fichtenau H.: Mensch und Schrift im Mittelalter. Veröffentlichungen des Instituts für österreichische Geschichtsforschung, Bd. 5. Wien 1946.

Ficker J. – Winkelmann O.: Handschriftenproben des 16. Jahrhunderts nach Straßburger Originalen, Straßburg 1902/05.

Foerster H.: Abriß der lateinischen Paläographie. Bern o. J. (1949).
Foerster H.: Mittelalterliche Buch- und Urkundenschriften. Bern o. J. (1950).
Foerster H.: Urkundenlehre in Abbildungen. Bern 1951.
Fugger W.: Ein nützlich und wolgegründt Formular mancherley schöner
    Schriften. Nürnberg 1953; Faksimile-Ausgabe Leipzig 1958.
Grun P. A.: Leseschlüssel zu unserer alten Schrift. Sippenbücherei Heft 10/11,
    Görlitz 1935.
Gutenberg-Gesellschaft Mainz: Gutenberg-Jahrbuch, begründet und herausge-
    gegeben von A. Ruppel 1926 ff. – Jahresberichte und Beilagen 1902–1930.
    – Kleine Drucke der Gutenberg-Gesellschaft 1926 ff. – Festschriften für
    Gutenberg 1900 (2 Bde.), 1901, 1925.
Hessel A.: Die Schrift der Reichskanzlei seit dem Interregnum und die Entste-
    hung der Fraktur. (Nachrichten der Göttinger Gesellschaft der Wissen-
    schaften, Phil.-hist. Klasse, Neue Folge II.) Göttingen 1937.
Hirsch H.: Gotik und Renaissance in der Entwicklung unserer Schrift (Alma-
    nach der Wiener Akademie der Wissenschaften). Wien. 1932.
Hurm O.: Schriftform und Schreibwerkzeug. Die Handhabung der Schreibwerk-
    zeuge und ihr formbildender Einfluß auf die Antiqua bis zum Einsetzen
    der Gotik. Wien 1928.
Jensen H.: Die Schrift in Vergangenheit und Gegenwart. Glückstadt/Hamburg
    o. J. (1935).
Kapr A.: Johann Neudörffer d. Ä. Leipzig 1956.
Kirchner J.: Scriptura latina libraria. München 1955.
Kirchner J.: Germanistische Handschriftenpraxis. München 1950.
Kirchner J.: Lexikon des Buchwesens. 4 Bde. Stuttgart 1952/56.
Klingspor K.: Über Schönheit von Schrift und Druck. Frankfurt/Main. 1949.
Koennecke G.: Deutscher Literaturatlas. Marburg 1909.
Lange W. H.: Das Buch im Wandel der Zeiten. Frankfurt/Main (6. Aufl.) o. J.
    (1951).
Lange W. H.: Schriftfibel. Geschichte der abendländischen Schrift von den An-
    fängen bis zur Gegenwart. Wiesbaden (3. Aufl.) o. J. (1953).
Lehmann P.: Lateinische Paläographie. Einleitung in die klassische Altertums-
    wissenschaft, Bd. 1. Leipzig (3. Aufl.) 1925.
Löffler K.: Einführung in die Handschriftenkunde. Leipzig 1929.
Mehring G.: Schrift und Schrifttum. Zur Einführung in archivalische Arbeiten
    auf dem Gebiete der Orts- und Landesgeschichte. Stuttgart 1931.
Mehring G.: Schriftproben aus Urbaren und Lagerbüchern des 14. bis 18. Jahr-
    hunderts im Württ. Staatsarchiv. Stuttgart 1935.
Mentz A.: Geschichte der griechisch-römischen Schrift bis zur Erfindung des
    Buchdruckes. Leipzig 1920.
Mentz A.: Handschriften der Reformationszeit. Tabulae in usum scolarum.
    Bonn 1912.
Milkau F.: Handbuch der Bibliothekswissenschaften. Bd. 1: Schrift und Buch.
    (2. Aufl. hgg. v. Gg. Leyh), Wiesbaden 1952.
Paoli C. – Lohmeyer K.: Grundriß der lateinischen Paläographie und Urkun-
    denlehre. Innsbruck 1885, 3. Aufl. des 1. Teiles 1902.
Petrau A.: Schrift und Schriften im Leben der Völker. Essen (2. Aufl.) 1944.
Petzet E. – Glauning O.: Deutsche Schrifttafeln des 9. bis 16. Jahrhunderts aus
    Handschriften der kgl. Hof- und Staatsbibliothek in München. München/
    Leipzig 1910/30.
Renker A.: Das Buch vom Papier. (Wiesbaden) 3. Aufl. 1950.
Ruppel A.: Johannes Gutenberg. Sein Leben und sein Werk. Berlin (2. Aufl.)
    1947.

Santifaller L.: Beiträge zur Geschichte der Beschreibstoffe im Mittelalter, mit besonderer Berücksichtigung der päpstlichen Kanzlei. (Mitteilungen des Instituts für österreichische Geschichtsforschung, Erg Bd. 16, Heft 1.) Wien 1953.

Sattler P. – Sella G. v.: Bibliographie zur Geschichte der Schrift bis 1930. Linz 1935.

Schramm A.: Schreib- und Buchwesen einst und jetzt. Leipzig o. J.

Seeliger G.: Urkunden und Siegel in Nachbildungen für den akademischen Unterricht. Heft 2.: Brackmann A., Papsturkunden. Heft 3.: Redlich O. – Groß L., Privaturkunden. 1914.

Steffens F.: Lateinische Paläographie. 125 Tafeln. Berlin (2. Aufl.) 1929.

Sybel H. v. – Sickel Th. v.: Kaiserurkunden in Abbildungen. Von Pipin bis Maximilian. 317 Urkunden auf 331 Tafeln. Berlin 1880/91.

Thommen R.: Schriftproben aus Basler Handschriften des 14. bis 16. Jahrhunderts. Basel (2. Aufl.) 1908.

Traube L.: Vorlesungen und Abhandlungen. Bd. 1: Paläographie und Handschriftenkunde. München 1909.

Tschichold J.: Geschichte der Schrift in Bildern. Hamburger Beiträge zur Buchkunde, Bd. 4. Hamburg/Basel 1941.

Wattenbach W.: Das Schriftwesen im Mittelalter. Leipzig (3. Aufl.) 1896.

Wattenbach W.: Anleitung zur lateinischen Paläographie. Leipzig 1872 (2. Aufl.).

Wessely C.: Schrifttafeln zur älteren lateinischen Paläographie. Leipzig 1928.

Wilhelm Fr.: Corpus der altdeutschen Originalurkunden bis zum Jahre 1300. Berlin 1932 ff.

Wilpert G. v.: Deutsche Literatur in Bildern. Stuttgart o. J. (1957).

Weitere Publikationen aus dem Verlag Degener & Co.

Hermann Metzke: **Lexikon der historischen Krankheitsbezeichnungen (Grundwissen Genealogie 2)** 1995. ND 2005. 125 S., Br., **€ 9,80** (ISBN 978-3-7686-1051-3)

Fritz Verdenhalven: **Familienkundliches Wörterbuch (Grundwissen Genealogie 3)** 3., überarb. u. erw. Aufl. 1992. ND 2008. 154 S., Br., **€ 9,80** (ISBN 978-3-7686-1042-1)

Fritz Verdenhalven: **Alte Meß- und Währungssysteme aus dem deutschen Sprachgebiet (Grundwissen Genealogie 4)** 1993. ND 2011. 124 S., Br., **€ 11,90** (ISBN 978-3-7686-1036-0)

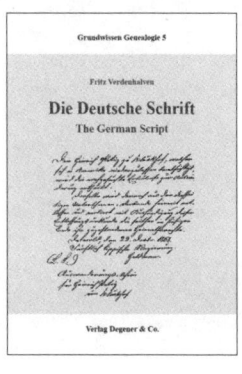

Fritz Verdenhalven: **Die Deutsche Schrift – The German Script. Ein Übungsbuch (Grundwissen Genealogie 5)** 2. Aufl. 1991, ND 2011. 152 S., 66 Abb., Br. **€ 12,90** (ISBN 978-3-7686-1040-7)

Wolfgang Ribbe und Eckart Henning: **Taschenbuch für Familiengeschichtsforschung** 13. Aufl. 2006. 350 S. mit zahlr. Abb., Festeinband, **mit CD-Rom, € 27,90** (ISBN 978-3-7686-1065-0)

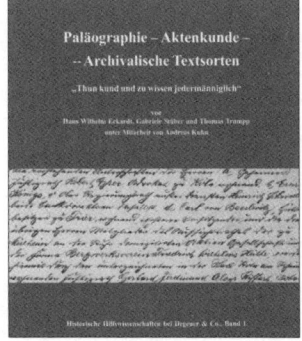

Hans Wilhelm Eckardt, Gabriele Stüber und Thomas Trumpp unter Mitarbeit von Andreas Kuhn: **Paläographie – Aktenkunde – Archivalische Textsorten. „Thun kund und zu wissen jedermänniglich" (Historische Hilfswissenschaften bei Degener & Co. 1)** 2005. 276 S., zahlr. Abb., Ft. 21 x 24 cm, Br., **€ 19,80** (ISBN 978-3-7686-1064-3)